中国图书馆事业发展报告 2010

中国图书馆学会
国 家 图 书 馆 编

國家圖書館出版社

图书在版编目（CIP）数据

中国图书馆事业发展报告2010／中国图书馆学会，国家图书馆编．—北京：国家图书馆出版社，2011.10

ISBN 978-7-5013-4675-2

Ⅰ.①中… Ⅱ.①中… ②中… Ⅲ.①图书馆事业—研究报告—中国—2010 Ⅳ.①G259.2-53

中国版本图书馆CIP数据核字（2011）第193092号

责任编辑：高　爽　李家儒

书名　中国图书馆事业发展报告2010

著者　中国图书馆学会　国家图书馆　编

出版　国家图书馆出版社（原北京图书馆出版社）
（100034 北京市西城区文津街7号）

发行　010-66139745　66151313　66175620　66126153
66174391（传真）　66126156（门市部）

E-mail　btsfxb@nlc.gov.cn（邮购）

Website　www.nlcpress.com→投稿中心

经销　新华书店

印刷　北京科信印刷有限公司

开本　880×1230（毫米）　1/32

印张　8.375

版次　2011年10月第1版　2011年10月第1次印刷

字数　220千字

书号　ISBN 978-7-5013-4675-2

定价　36.00元

编写说明

本《报告》反映2009年度中国图书馆事业发展基本情况。

本《报告》由国家图书馆资助、中国图书馆学会组织编纂，得到学会各分支机构、首都图书馆及有关专家学者鼎力支持，谨致谢忱！

项目负责：严向东　霍瑞娟

项目执行：马　骏

执 笔 人：

综合报告：柯　平　贾东琴　肖　雪　洪秋兰

分报告一（国家图书馆）：孙一钢　谢万幸　朱彦荣

分报告二（公共图书馆）：陈　坚　张　娟　陈人语　宋艳萍

分报告三（高校图书馆）：王　波

分报告四（专业图书馆）：刘细文　赵树宜

分报告五：

党校图书馆：郝　莉　刘魁明

团校图书馆：郑丹娘　王　曦

军队院校图书馆：刘家坤　丁立平

医院图书馆：张文举

中小学图书馆：骆桂明

工会图书馆：阎　伟

分报告六（图书馆学教育）：肖希明　唐　义　谷聪聪

分报告七（图书馆学研究）：刘兹恒

分报告八（中国图书馆学会）：孙学雷

目　　录

综合报告

分报告

综合报告

2009年中国图书馆事业面临大好发展形势：一方面，新中国迎来六十华诞。六十年的沧桑巨变，六十年的光辉岁月，促使我国图书馆事业进行全面的回顾与总结，为图书馆事业的发展提供更大机遇。另一方面，我国各类型图书馆全面发展。一批图书馆在历经百年沧桑之后，喜迎百年华诞，纷纷开展百年馆庆活动，展现百年硕果，在现有成就上为新的发展谋求契机。2009年的中国图书馆事业，在2008年成就的基础上取得了新的发展与突破。

一、发展概况

（一）图书馆系统与基本数据

2009年我国全面落实应对国际金融危机的一揽子计划和政策措施，国民经济形势总体向好，全年国内生产总值335 353亿元，比上年增长8.7%。第三产业增加值142 918亿元，增长8.9%。[①] 宏观经济增长为全社会公共文化建设的投入提供坚实的物质基础，国民经济的平稳提升为图书馆事业的发展提供良好的发展基础。在这一背景下，以国家图书馆为龙头，公共、高校和专业三大类型图书馆为支柱，其他类型图书馆为骨干的我国图书馆系统得到了新的发展。

---

① 中华人民共和国2009年国民经济和社会发展统计公报［EB/OL］.［2010－02－25］. http：//www. stats. gov. cn/tjgb/ndtjgb/qgndtjgb/t20100225_402622945. htm

1. 国家图书馆

整体规模：国家图书馆二期新馆建成后，国家图书馆成为亚洲第一大图书馆，排在世界第三位。① 国家图书馆公用房屋建筑面积达 25.371 万平方米，其中书库面积达 4.853 万平方米，阅览室面积 6.629 万平方米，书刊阅览室面积 6.524 万平方米，电子阅览室 0.105 万平方米，阅览室坐席 6550 个。

财政投入：2009 年国家图书馆的财政投入也有明显增加，从 2008 年的 37 038 万元增加到 49 040 万元，增加了 12 002 万元，同比增长 32.4%；国家图书馆财政总支出为 58 163 万元，与 2008 年相比增加了 12 981 万元，增幅为 28.7%；新增藏量购置费 16 898 万元，比上年增长 2106 万元。

资源建设：2009 年国家图书馆进一步加强馆藏资源建设，总藏书量达 2778.311 万册（件），包括图书 1090.518 万册、古籍 192.51 万册、善本 27.739 万册、报刊 1329.927 万册、视听文献 157.747 万册、数字资源总量达 327.8TB（其中自建资源 239.1TB）、其他 200.119 万册，计算机设备达 2382 台，电子阅览室终端 236 个。这些自建资源绝大部分已经通过网络向全国乃至全球用户提供免费服务。②

读者服务：2009 年，国家图书馆接待到馆读者总计 5 209 103 人次，与 2008 年相比，增加 58.82%；全馆流通书刊 26 913 838 册次，与 2008 年相比，增加 70.48%；办理读者证卡 22.95 万个，与 2008 年相比，增加 51.58%；各类咨询为 41.78 万件，与 2008 年相比，增加 40.11%；培训、讲座、参观、展览等各项活动共接待读者 41.52 万人次，其中开办公益性讲座 213 场，接待参观 295

① 李致忠．国家图书馆百年沿革与传承［J］．中国图书馆学报，2009（5）：13-20

② 新华网．国家图书馆读者创新高［EB/OL］．［2010-12-09］．http：//cd. qq. com/a/20100109/001058. htm

场，举办展览49场，举办其他活动379场，可见国家图书馆已经成为公众重要的公共文化活动场所。数字资源的逐步丰富，大大提升了国家图书馆网站的访问量，2009年访问量达4.4亿人次，同比增长141.99%。

人力资源：截至2009年底，国家图书馆正式工作人员1365人，其中正副高级专业技术人员189人，中级专业技术人员657人。

其他：2009年国家图书馆在提供基本公共服务的基础上，走向现代化、多元化和多样化的不断拓展的公共服务。国家图书馆推出首个中国法律文献专题阅览室，为社会提供专题文献服务。国家图书馆还成立“海外中国文献研究中心”，致力于发扬中国国家图书馆海外中国学文献收藏传统，促进馆藏建设和文献研究利用，使中国国家图书馆成为海外中国学文献典藏、研究与服务中心。

2. 公共图书馆[①]

根据《文化文物统计年鉴2010》的统计，本报告将公共图书馆2009年统计数据与2008年数据进行对比，分析2009年我国公共图书馆的发展情况。

数量与规模：截至2009年底，全国公共图书馆共有2849个，比2008年增加30个，增幅为1.1%。其中，独立建制的少年儿童图书馆91个，亦比2008年的88个有小幅增长。2009年全国公共图书馆公用房屋建筑面积也有所增加，达824.961万平方米（含儿童图书馆22.319万平方米），其中书库面积达189.816万平方米，阅览室面积196.854万平方米，书刊阅览室面积140.384万平方米，电子阅览室27.846万平方米，阅览室坐席594 969个，少儿阅览室坐席数为150 558个。

财政投入：“十一五”期间，公共文化服务体系受到普遍重视，随着“十二五”规划的制订，国家日益重视对公共事业的财

① 本报告所列数据不包括国家图书馆相关数据。

政投入，截至2009年底国家对公共文化的总投入是292.32亿元，比2008年的248.04亿元，增加了44.28亿元。随着国家对全国文化事业投入的加大，2009年全国公共图书馆事业的财政投入也有明显增加，公共图书馆财政投入从2008年的440 579万元增加到501 768万元，增加了61 189万元，同比增长13.9%，其中上海总财政投入最高，达55 912万元，比2008年增加11 959万元，西藏投入最低，为609万元，与去年相比增加38万元。公共图书馆新增馆藏量购置费87 506万元，比2008年增长18 466万元，全国人均购书费为0.782元，比2008年增加0.077元，但地区差异较大，最高的为上海，达8.584元，最低的为贵州，仅有0.161元。

资源建设：国家对公共图书馆事业财政投入的加大，直接影响图书馆资源建设的大幅度提高，2009年全国各省市公共图书馆的总藏量达55 742万册（件），比上年增加3375万册（件）。全国人均藏书达0.4册，和2008年的人均藏书量持平，其中上海最高，为3.4册，河南、河北、安徽、贵州、西藏较低，为0.2册。2009年全国地方公共图书馆新购图书达2856万册，比2008年的2036万册增加820万册。2009年全国公共图书馆总藏量55 742万册，包括图书42 582.4万册、古籍2552.2万册、善本217.608万册、报刊5914.5万册、视听文献2677万册、其他4568.6万册，计算机设备达123 825台，电子阅览室终端71 914个。

读者服务：2009年全国公共图书馆流通总人次达316 467万人次，比2008年27 813万人次增加521万人次，上升13.8%，书刊外借25 636万册次，上升11.6%；发放图书借阅证1727万个，上升20.0%；全国公共图书馆组织各类讲座达31 064次、参与人数达596.1万人次，举办各种展览达9277次、参观人次达1 786.364万人次，举办各种培训共计14 589次。同时，在2009年公共图书馆重视延伸服务，公共图书馆流动车书刊借阅人次达486.882万人次，公共图书馆流动车书刊借阅册次达904.649万册次，分馆数量达5834个。

人力资源：公共图书馆从业人员 51 298 人（其中少儿馆 1774 人），比 2008 年增加 661 人，增幅为 1.3%。其中高级职称 3988 人，中级职称 16 085 人。

3. 高校图书馆

整体规模：2009 年全国共有普通高等学校和成人高等学校 2689 所，比上年增加 26 所，增长了 0.97%。其中，普通高等学校 2305 所，比上年增加 42 所；成人高等学校 384 所，比上年减少 16 所。[①] 高校图书馆建筑设备方面，“教育部高校图书馆事实数据库”中各馆自报的数据表明，2009 年，随着一批新建图书馆的投入使用，高校图书馆的总建筑面积持续增长，在建新馆建筑面积的平均值高于 2008 年，新建高校图书馆的建筑质量有所提高，有 4 家获得鲁班奖。2009 年，468 所高校图书馆的现有建筑面积总计约为 925 万平方米，馆均约为 1.98 万平方米，比 2008 年的 1.79 万平方米有所增加。2009 年，有 103 所高校图书馆上报在建新馆的建筑面积，在建馆舍设计建筑面积的总和约为 213 万平方米，馆均约为 2.1 万平方米，略高于 2008 年的 2 万平方米，仍处于连年增长状态。

资源建设：“教育部高校图书馆事实数据库”中各馆自报的数据表明，2009 年国家对高校图书馆的经费投入稳定，均值略高于前两年，但差距不大。高校图书馆在经费的使用方面，用于采购纸质文献的经费约是采购电子资源的 2.16 倍，但采购纸质文献的经费连年走低，而采购电子资源的经费连年走高。2009 年，466 所高校图书馆的文献资源购置及相关费用总计约为 16 亿元，馆均约为 344 万元，高于 2008 年的 309 万元和 2007 年的 327 万元，低于 2006 年的 388 万元。纸质文献资源方面，466 所高校图书馆的纸质文献采购费总额约为 10.7 亿元，低于 2008 年的 14.6 亿元，馆均

① 中国教育报. 2009 年全国教育事业发展统计公报［EB/OL］.［2010 - 12 - 09］. http://baike.baidu.com/view/4098213.htm?fr = ala0_ 1_ 1

约为230万元，低于2008年的233万元、2007年的257万元和2006年的288万元；电子文献资源方面，468所高校图书馆的电子资源采购费总额约为4.98亿元，馆均约为106.5万元，约占馆均文献资源购置费的32%，高于2008年的94.4万元和2007年的82万元。

人力资源：2009年高校图书馆人力资源减员增效，学历、素质不断提高。"教育部高校图书馆事实数据库"中各馆自报的数据表明，2009年，虽然馆舍面积和馆藏数量持续增长，馆均正式职工人数却保持稳定。468所高校图书馆的正式职工总人数为2.23万人，馆均正式职工人数约为47.63人，略高于2008年的46.7人，少于2007年的48人。468所高校图书馆中，有专职馆长420名，兼职馆长46名；有39所设常务副馆长，还有2所不设正馆长；男馆长为362名，女馆长为106名；253位馆长拥有正高职称，179位馆长拥有副高职称；99位馆长拥有博士学位，113位馆长拥有硕士学位，237位馆长拥有本科学历，19名馆长拥有大专及以下学历。468所高校图书馆中，123所拥有获得博士学位的职工，共233人，馆均0.5人。

4. 专业图书馆

整体规模：在科学技术领域，中国科学院国家科学图书馆（包括文献情报中心、资源环境科学信息中心、成都文献情报中心和武汉文献情报中心四个机构）是我国最大的专业图书馆。其中，中国科学院文献情报中心与其他重要的专业图书馆——工程技术图书馆（中国科学技术信息研究所、机械工业信息研究院、冶金工业信息标准研究院、中国化工信息中心）、中国农业科学院图书馆、中国医学科学院图书馆等，共同组成国家科技图书文献中心（NSTL）。在人文社会科学领域，中国社会科学院图书馆及各地方社会科学院图书馆形成全国人文社会科学的文献信息保障体系。

资源建设：2009年中国科学院国家科学图书馆累计开通数据库152个，当年新增数据库17个，中外文全文期刊超过2万种，外文电子科技专著和科技会议论文集超过5万种，中文电子图书超过12万种；中国社会科学院图书馆共引进中外文数据库102个，西文全文电子期刊近8000种，中文电子期刊5400种，西文电子图书19万种，中文电子图书8900余种。2009年采购的数据库包括全文电子期刊数据库14个，电子书数据库3个，文摘索引型数据库2个，数值型数据库4个，全文报纸库2个，古籍数据库2个，参考工具类数据库4个，研究报告/资讯类数据库7个，学位论文/会议论文类数据库1个。中国科学技术信息研究所开通数据库54个，包含网络版期刊5778种，有效提升了数字资源的保障力度。中国林科院图书馆引进了20多个国内外数据库，其中全文数据库17个，文摘库3个，拥有各类数字化的中文林业科技文献全文4000多万篇，外文文摘数据库3000多万条，网络版学术期刊700多种。2009年中国解放军医学图书馆积极提高数字资源比例，突出军事医学特色，新订“Karger期刊和医学电子丛书数据库”等8个数据库，数据库达到57个；采集外文期刊5580种（其中纸本刊1078种、电子刊4849种），中文期刊9495种（其中纸本刊1491种、电子刊9327种），中文图书3665种、5353册，外文图书216种，学位论文3297册，会议汇编253册。中国地质图书馆作为地矿行业图书馆，注意保持中国地质图书馆的资源特色，全面收集国内外地学文献，2009年采购中外文地学印本图书和地图3679册，中外文期刊1020种，采集各类电子资源数据库29个。此外，一些专业图书馆还重视加强古籍资源建设，中医研究院图书馆2009年新增古籍90种，完成了部分私人藏书调研与鉴定；军事科学图书馆通过普查，馆藏古籍9400余种、10.7万余册，其中1795年前的善本古籍650余种，截至2009年底，共完成其中359部古籍的普查登记工作。

读者服务：2009年，中国科学院国家科学图书馆文献全文下载量达到2880万篇，原文传递服务超过11万余篇，满足率达到94%。同时国家科学图书馆继续普及面向研究所的学科化信息服务，继续加强用户培训，全年到所培训 671 场，到所和利用其他场合等培训用户达 18 222 人次。学科馆员通过到所、电话、MSN、QQ、电子邮件、表单、实时等多种方式，解答用户咨询 27 988 个。2009 年中国社会科学院图书馆数据库的使用量稳中有升，全年共下载中外文电子期刊全文 25.8 万篇，下载各类资讯信息、报纸全文等 83.5 万篇，电子阅览室服务 4000 余人次；图书流通总量54 659册次，接待读者总量 23 671 人次，中文图书流通量 43 434 册次，接待读者 18 371 人次，外文图书流通量 11 225 册次，接待读者 5300 人次；期刊阅览总量 4100 人次，中文期刊阅览 3300 人次，外文期刊阅览 800 人次；Questionpoint 实时咨询 69 个，邮件咨询 76 个，电话咨询 1350 个，CASHL 平台文献传递 170 笔；读者服务中心累计接待办理各类业务读者 1343 人次。2009 年中国林业信息网的用户访问量达到 50 多万人次，自建数据库资源的用户下载记录数达到 40 万条，引进的数字化资源镜像站点和网络版全文期刊数据库的用户访问量累计达到 150 多万人次，全院用户累计下载文献原文达到 210 多万篇。中国标准研究院标准信息所积极开辟新的服务业务，并结合现有的资源进行学科化、专门化服务，截至 2009 年 12 月底，全馆共接待到馆读者 4600 余人次，标准文献借阅量 5000 余篇，接待电话文献服务 3 万余次，邮件服务 2 万次，处理各类订单近万个，复印 25 万余页，打印 220 多万页。

5. 其他类型图书馆

中小学图书馆

截至 2009 年底，全国共有小学 28.02 万所，比上年减少 2.07 万所；全国共有初中学校 5.63 万所（其中职业初中 0.02 万所），比上年减少 0.16 万所；全国普通高中 14 607 所，比上年减少 599 所。这些数据显示了中小学图书馆发展数量有下降趋势。

工会图书馆

截至2009年底，全国基层工会共有直属文化宫、俱乐部3.5万个，专职工作人员62.6万人，比上年增加3.9万人，增长6.6%，馆藏图书1万册以上的直属图书馆1.9万个；全国县及县级以上地方工会共有直属文化宫、俱乐部1453个，专职工作人员12.0万人，比上年增加2680人，增长2.3%，馆藏图书1万册以上的直属图书馆503个。[①] 2009年工会图书馆委员会的工作主要是继续围绕全国工会"职工书屋"建设开展工作。截至2009年，全总工会扶持建设的1000家全国工会"职工书屋"示范点已经全部投入使用，各地工会自建的"职工书屋"已达9800多家，"职工书屋"建设正逐步走上规范有序的良性发展轨道。[②]

医院图书馆

截至2009年底，全国卫生机构总数（含村卫生室）916 571个，其中二级以上医疗卫生机构7756个（三级医院1233个，二级医院6523个），[③] 与2008年的7972相比，减少了2.71%。但全国医院建设仍处于发展时期，一些医院新建了医疗大楼，随之医院图书馆的馆舍得到了相应的扩展，书库、阅览室及网络环境等基础设施得到扩充。2009年，全国医院图书馆馆舍面积扩大了11 000平方米。2009年全国医院图书馆加大经费投入，年购书总经费为6—7亿元。各地医院图书馆把电子资源建设和纸质本文献建设有效结合起来，电子信息资源建设已成为医院图书馆资源建设的重要内

① 中华全国总工会研究室．2009年工会组织和工会工作发展状况统计公报［EB/OL］．［2010-12-09］. http：//stats. acftu. org/template/10002/file. jsp? aid =167

② 2009年全国工会"职工书屋"图书配送工作启动［EB/OL］．［2010-12-09］．http：//archive. wenming. cn/zt/2009-04/22/content_ 16318970. htm

③ 国家卫生部．2009年我国卫生事业发展统计公报［EB/OL］．［2010-12-09］．http：//www. moh. gov. cn/publicfiles/business/htmlfiles/mohwsbwstjxxzx/s8208/201004/46556. htm

容。2009 年，全国各地医院图书馆新增医学图书约 2300 册，中文期刊保持常态，新增外文网络期刊 800 余种，纸质外文期刊进一步缩减，共削减 500 余种。特色数据库建设得到发展，现已运行的特色数据库有“疾病数据库”、“药品数据库”、“循证医学证据数据库”、“禽流感专题数据库”等。据统计，2009 年，各地医院图书馆人才建设出现了新的势头，相当数量的专业人才进入医院图书馆工作，医院图书馆工作人员数量达 3 万人左右，同时医院图书馆加强了馆员专业培训，2009 年全国医院图书馆工作人员受训次数达 1000 人次，培训费用达 300 多万元。

军队院校图书馆

随着军队院校教育改革的不断深入，全军院校紧紧围绕教学中心任务，大力加强图书馆建设，在办馆条件、文献资源、信息服务、人才队伍建设等方面，取得丰硕成果，为高素质军事人才培养提供了有力支撑。截至 2009 年底，军队院校拥有图书馆 90 个，馆舍总面积达 57 万平方米，阅览座位有 6 万多个，电子阅览机位 1.3 万个。军队院校图书馆以军事特色资源为重点，信息资源日益丰富，全军院校图书馆建设了内容丰富、特色鲜明的 14 个通用信息资源库、18 个军兵种专业数字图书馆和 190 多个重点学科专业网站，共集成信息资源 820TB,① 构建了统一的军队院校数字图书馆门户网站。

此外，党校图书馆和团校图书馆系统也具有相当规模。

总体来说，各类型图书馆在 2009 年实现了平稳发展。各类型图书馆在各自的领域中承担着重要的社会职责，不断完善自身建设，共同推动整个图书馆体系的全面持续发展。

---

① 军队院校图书馆建设 20 年来成果丰硕 [EB/OL]. [2010-12-13]. http://chn.chinamil.com.cn/jsyx/2009-12/09/content_4093023.htm

（二）图书馆行业组织

1. 图书馆行政和业务管理机构

全国公共图书馆系统在行政上归属文化部社会文化司，社会文化司下设的图书馆处负责指导全国公共图书馆事业及制定相关政策等。省市县各级公共图书馆由当地文化行政管理部门统一管辖。2009 年在文化体制改革中，有些地方文化局与广播电视局、新闻出版局（版权局）合并成立“文广新局”，各级公共图书馆由当地文化行政管理部门统一管辖。

教育部高等学校图书情报工作指导委员会及各省市图工委对全国及地方高校图书馆具有业务指导和管理的职能。2009 年 7 月教育部高等学校图书情报工作指导委员会完成了换届工作，成立了由 66 名委员组成的第三届委员会，委员会的组织结构在原队伍建设工作组、文献资源建设工作组、信息素质教育工作组、高职高专工作组、期刊工作组五个工作组的基础上，新增服务创新工作组。为适应高校图书馆党务工作的发展需要，2009 年 9 月由北京大学、清华大学及电子科技大学图书馆倡议发起召开了“第一届高等学校图书馆党务工作研讨会”。[①]

专业图书馆及其他各类型图书馆一般附属于所在机构，受所在机构的统一领导与管理，同时在业务上接受行业组织的指导与协调。

2. 图书馆联盟与合作组织

我国的图书馆组织有全国性的图书馆协作网络联盟和地区性的图书馆协作网络联盟组成。全国性的图书馆协作网络有中国数字图书馆联盟（CDLP）、中国高等教育文献保障系统（CALIS）、国家

① 全国高校图工委．首届高等学校图书馆党务工作研讨会在电子科技大学召开［EB/OL］．［2010-12-09］．http：//162.105.140.111/tugongwei/info/detail.asp? lngID＝536

科技图书文献中心（NSTL）等。

2009 年 CALIS 在各个方面也有所进展。受新技术影响，CALIS 技术中心正式确立了 CALIS 数字图书馆云计算策略和技术框架作为 CALIS 下一代数字图书馆的技术发展路线，进一步适应新的技术环境。2009 年 9 月由 CALIS 联合目录项目组主持编写制定的《中华人民共和国国家标准·连续性资源著录规则（GB/T 3792.3—2009）》正式出版发布，为进一步规范我国连续性资源著录提供规则。此外，截至 2009 年底，CALIS 的 CCC 系统的数据总量已达到 3246 万条，2009 年新增的数据总量达到 915 万条。

国家科技图书文献中心（NSTL）是根据国务院领导的批示于 2000 年 6 月 12 日组建的一个虚拟的科技文献信息服务机构，中心设办公室，负责科技文献信息资源共建共享工作的组织、协调与管理。2009 年 NSTL 取得进一步发展，OUP、IOP、Turpion、Nature 四家回溯期刊数据库正式向全国开放，并在全国各地批准增加多家服务站，如南昌、贵阳、银川、长沙、石家庄等。2009 年是 NSTL 制定"十二五"规划的重要一年，经过多次会议讨论、征求意见，初步形成国家科技图书文献中心"十二五"发展规划初稿，并于 2009 年 11 月举办了以数字图书馆协同服务机制与策略为主题的"数字图书馆高层论坛"，为我国数字图书馆发展提供理论与实践参考。①

近年来地区性图书馆联盟发展较快，比较著名的地区图书馆联盟包括上海市文献资源共建共享协作网、北京市公共图书馆信息服务网络、天津高校数字图书馆、北京市北三环学院路地区高校图书馆联合体、吉林省图书馆联盟等。2009 年广东省公共、教育、科技系统图书馆强强联合，建成珠江三角洲数字图书馆联盟。2009 年 11 月，"天津公共图书馆电子图书共享系统"的启动仪式在天

① 庆祝国家科技文献信息中心十周年［EB/OL］.［2010-12-12］. http://tenth-anniversary.nstl.gov.cn/fzlc.html

津图书馆举行，着手筹建天津公共图书馆电子图书共享系统。

3. 图书馆学会和协会

目前，从国家到地方已形成以中国图书馆学会为龙头的较为完善的学（协）会组织体系。

中国图书馆学会是全国图书馆行业最重要的学术团体。2009年是中国图书馆学会的换届年。2009 年 7 月，中国图书馆学会召开第八次全国会员代表大会，修改了《中国图书馆学会章程》，选举产生由 138 名理事组成的第八届理事会，实现了新老理事会的成功交接，为学会发展奠定了组织基础。同时学会任命了学术研究、编译出版、图书馆交流与合作、阅读推广 4 个专门工作委员会的主任和副主任，工作开拓创新，体现时代特色。第八届学术研究委员会于 2009 年 9 月 22—24 日在上海成立，对部分专业委员会进行了调整和更名，新增图书馆管理专业委员会、图书馆社会合作研究专业委员会、图书馆员研究专业委员会、图书馆统计与评价专业委员会 4 个专业委员会；将原少儿图书馆专业委员会调整为未成年人图书馆服务专业委员会，委员中增加了来自公共图书馆少儿部和中小学图书馆的代表；将原标引与编目专业委员会更名为信息组织专业委员会，原图书馆学教育与培训专业委员会更名为图书馆学教育专业委员会，形成了 19 个专业委员会的主体架构。第八届阅读推广委员会于 2009 年 9 月 27 日在苏州成立，将原来“科普与阅读指导委员会”正式更名为“阅读推广委员会”，本届委员会扩充组织机构，下设阅读文化研究、推荐书目、藏书文化研究、图书馆与社会阅读、媒体与阅读、青少年阅读推广、大学生阅读、经典阅读、网络与数字阅读、阅读与心理健康、图书评论、图书馆讲坛推广、社区与乡村阅读、图书馆与科普阅读及残疾人阅读等 15 个专业委员会。第八届交流与合作委员会于 2009 年 12 月 31 日在国家图书馆成立，研究建立共享合作机制、编辑电子通讯、鼓励机构和个人加入国际图联等具体工作，制订了未来工作计划。2009 年是中国图书馆学会成立 30 周年，也是回顾与总结的一年。2009 年 7 月 6 日中国图书馆学会举行了“纪念中国图书馆学会成立 30 周年座谈会”，展示中国图书馆学会走过的 30 年历程，对未来发展进行展望。学会编辑出版会刊《中国图书馆学报》（双月刊）和《中国图书馆学会工作通讯》（双月刊）。2009 年《中国图书馆学报》进一步提高办刊质量，蝉联图书馆专业期刊排名第一，《中国图书馆学报》英文年刊创办，这标志着中国图书馆学会会刊逐步向国际化方向迈进。2009 年，中国图书馆学会在内部协作、对外交流、法制建设、人员培训等诸多方面做出了不懈的努力，取得了显著的成绩。学会为会员服务的能力稳步提升，首次设立了“中国图书馆学会青年人才奖”，全国 27 个机构和组织参与推荐，最终 15 位青年人才获奖；首次设立了“会员论坛之星”奖，20 位参与中国图书馆学会网上“会员论坛”征文的会员获奖。2009 年新发展个人会员 1332 人，单位会员 14 个，完成了会员数据库和“会员论坛”的更新与维护。

除全国范围内具有业务指导职能的中国图书馆学会外，还有全国性与地方性的各类专门图书馆学会与协会。全国性分系统图书馆学会与协会遍布文化、教育等领域。

文化领域以全国中小型公共图书馆联合会为代表。全国中小型公共图书馆联合会创建于 1996 年（其前身为中国地市县公共图书馆馆长联谊会，2002 年正式更名为全国中小型公共图书馆联合会），是为适应改革开放和中小型公共图书馆的发展需要，促进中小型公共图书馆的沟通、交流和共同发展，本着“大手拉小手，东部拉西部联中部”的宗旨，自愿组织的社会团体机构，是联系中小图书馆工作者的桥梁和纽带，是发展我国图书馆事业的重要社会力量。联合会的建立和发展，加强了中小图书馆发展的动力和活力，对推动全国图书馆事业的发展起到了积极的促进作用，已成为我国图书馆界具有一定影响的民间组织。联合会每年举办一次工作研讨会，2009 年 5 月，在天津市召开了以“中小型公共图书馆的科学发展与创新”为主题的第十四届全国中小型公共图书馆联合会年会。

教育领域有中国图书馆学会高校图书馆分会（2004年10月成立）、全国党校文献信息学会（1987年11月成立）、全国高等财经教育研究会图书资料专业委员会（2007年5月成立）等。

地方性的图书馆学会在各省市建立，如上海市图书馆学会、常州市图书馆学会等。地方性图书馆协会不断增多，如上海图书馆行业协会、常州市中小学图书馆协会、湖北省职教图书馆协会、十堰图书馆协会等。这些地方学会和协会在图书馆事业及与外界联系中起到了重要作用。

（三）图书馆人才培养与科学研究

1. 图书馆培训与图书馆学教育

2009年我国图书馆学教育取得重大发展。目前我国的图书馆学主要分为学历教育与非学历教育两类。非学历教育主要为针对图书馆工作人员的各类培训、继续教育等项目。学历教育已形成一个包括本科生、硕士研究生、博士研究生以及博士后流动站的层次较为完整的图书馆学教育体系。截至2009年底，我国图书馆学专业本科教育点为30个，分布在我国东北、华北、华南、华中、西北、西南等各地区，分布逐渐走向均衡。我国图书馆学专业硕士研究生教育近年来发展迅速，从2001年到2008年间，我国的图书馆学专业硕士研究生教育点已经从18个增加到了43个，2009年的数量与2008年持平。图书馆也开始参与图书馆学硕士的培养工作，截至2009年，全国共有22所高校图书馆拥有图书馆学或情报学硕士点。图书馆学博士学位授予点增加至8个，分布于北京大学、武汉大学、中国科学院文献情报中心、南京大学、南京政治学院上海分院、南开大学、中山大学和吉林大学。2009年，在已有北京大学、武汉大学、中国人民大学、南京大学、中国科学技术信息研究所5个图书馆学博士后流动站的基础上，增加了南开大学博士后科研流动站和国家图书馆博士后科研工作站。国家图书馆博士后科研工作站于 2009 年 6 月 18 日正式揭牌，这是我国首家在图书馆设立的博士后科研工作站，也是培养图书馆专业人才的最高平台。博士后流动站与工作站的发展标志着我国图书馆学教育越来越重视高层次人才培养。

教育部高等学校图书馆学学科教学指导委员会是专门指导全国图书馆学专业本科教学的教学指导专家组织。该委员会 2009 年 11 月召开的第三次工作会议暨系主任联席会议讨论了《中国图书馆学教育发展战略报告》初稿和《高等学校图书馆学本科指导性专业规范》修订稿，围绕报告和规范提出了修改意见。①

“图书馆、情报与档案管理”学科评议组是国务院学位委员会下设的专家组织，专门负责全国研究生教育的有关工作，包括硕士、博士的授权点的审核评议等。该评议组于 2009 年进行了换届，形成第六届国务院学位委员会图书馆、情报与档案管理学科评议组。此外，中国图书馆学会图书馆学教育专业委员会，在指导图书馆学教育方面也起着重要作用。

2. 图书馆学研究与出版

当前，我国图书馆学研究除了教育机构外还包括图书馆、研究院等，已经形成了以图书馆、高校、科研院所等为研究主体，以各级各类科研项目为支撑的研究体系。

（1）研究机构。除高校图书馆学院系、图书情报研究所等承担大量的科研任务外，高校图书馆已经成为图书馆学研究的新生力量，通过拓展原有部门职能或者组建专门研究部门、研究团队的方式，开展教学科研实践。如清华大学科技史暨古文献研究所、北京大学数字图书馆研究所、上海交通大学图书馆情报科学技术研究所、海南大学历史文化研究所等。

---

① 教育部高等学校图书馆学学科教学指导委员会第三次工作会议暨系主任联席会议召开［J］. 中国图书馆学报，2010（1）：19

国家图书馆发展研究院，除担负全国图书馆标准化技术委员会秘书处等职责，又下设研究生教育办公室、图书馆学研究所、数字图书馆研究所、古文献研究所、期刊编辑部等部门，为国家图书馆及有关组织机构的重大决策开展广泛而深入的调查论证。

此外，2009 年 11 月，深圳图书馆成立公共图书馆研究院，开展公共图书馆的专门研究，以促进公共图书馆理论与事业的发展，在公共图书馆界产生了较大的影响。

（2）出版机构与专业图书。除了教育、研究机构，相关的杂志社和出版社也为图书馆事业的学术发展道路铺就了坚实的平台。国家图书馆出版社是国内唯一的图书馆学情报学的专业出版社，2009 年迎来了 30 周年社庆，建社以来经过两次改名（1996 年书目文献出版社更名为北京图书馆出版社，2008 年北京图书馆出版社更名为国家图书馆出版社）。2009 年被评为全国百佳图书出版单位，30 年来共出版图书 3800 余种，其中图书馆学、情报学、信息资源管理专业图书 700 余种。① 2009 年国家图书馆出版社出版各类著述 225 种。② 根据当当网的数据，2009 年已出版图书馆学、档案学相关著作达 180 种。③

（3）专业期刊与论文。截至 2009 年底，共有图书馆、情报与文献学期刊近百种，其中 2009 年，CSSCI 来源期刊 20 种，包括《中国图书馆学报》《大学图书馆学报》《情报学报》《图书情报工作》《情报理论与实践》《图书情报知识》《图书馆》《现代图书情

---

① 郭又陵．发展中的国家图书馆出版社［G］//国家图书馆出版社．国家图书馆出版社三十年图书总目（1979—2009）．北京：国家图书馆出版社，2009

② 国家图书馆出版社．2009 年出版书目［EB/OL］．［2010-12-09］．http：//www. nlcpress. com/cn/zyxz/Result. asp

③ 2009 年出版图书馆学图书辑录［EB/OL］．［2010-12-09］．http：//libseeker. bokee. com/viewdiary. 42951026. html

报技术》《情报资料工作》《图书馆建设》《情报科学》《图书馆论坛》《图书馆杂志》《国家图书馆学刊》《图书馆工作与研究》《情报杂志》《图书馆学研究》《图书与情报》《档案学研究》《档案学通讯》。2008 年版的北大中文核心期刊有关图书馆与情报的期刊有 17 种。[①] 对于研究论文，仅从中国期刊网（CNKI）“图书馆学、图书馆事业”专题数据库的收录情况看，2009 年我国发表图书馆学研究论文总量高达 20 121 篇，比 2008 年的 18 468 篇增长了约 8.9%。2009 年我国图书情报期刊论文学科高被引机构有武汉大学、北京大学、中山大学、南开大学、南京大学、清华大学、郑州大学、国家图书馆、华东师范大学、中国科学院国家科学图书馆；学科高被引作者有范并思、柯平、蒋永福、肖希明、于良芝、任树怀、初景利、刘兹恒、李国新、王知津、陈传夫、吴慰慈、程焕文、王子舟、袁红军、李春旺、王世伟、吴建中、苏新宁、黄宗忠。[②] 各级各类的科研项目为图书馆学研究提供了有力支持。

（4）基金项目。2009 年，国家社会科学基金确立图书馆学研究重点项目 1 项，一般项目 36 项，青年项目 29 项，超过 2008 年的 61 项。[③] 教育部人文社会科学研究项目“图书情报文献学”立项一般项目 60 个，其中规划项目 28 个，青年项目 32 个。[④] 另外尚有大量的课题在中国图书馆学会、各地文化部门和教育部门等的研

---

① CSSCI 来源期刊 2008—2009 选刊说明［EB/OL］.［2010-12-09］. http://kyc.zjei.net/xiazai/104491.pdf

② 曾建勋. 2010 年版中国期刊高被引指数［M］. 北京：科学技术文献出版社，2010：200-216

③ 全国哲学社会科学规划办公室. 2009 年度国家社会科学基金项目立项资助课题名单［EB/OL］.［2010-07-05］. http://www.npopss-cn.gov.cn/2009sj/2009060309lxmd.htm

④ 教育部司局函件. 关于 2009 年教育部人文科学社会研究一般项目评审结果的公示［EB/OL］.［2010-09-05］. http://www.sinoss.net/2009/1022/17669.html

究项目中立项。

（5）专业会议。2009年，在全国举办了一系列国际与国内的专业研讨会议，深入探讨了业界面临的重要理论与实践问题，促进了理论研究与实际工作的发展。

国际性专业学术会议主要有：国际图联资源采访与建设专业委员会、中国图书馆学会资源建设与共享专业委员会和中国科技情报学会主办的“数字资源建设与共享研讨会”（2月26日）；陈一心家族基金会主办的“中国农村学校图书馆发展——把基本做好”第二届国际研讨会（4月25—27日）；中国法学法律网合作机制、中国图书馆学会学术研究委员会、美国华盛顿大学法学院联合主办的“中外政府信息制度比较研讨会”（5月26日）；中国教育部高等学校法学学科教学指导委员会、国际法学图书馆协会、美国法学图书馆协会联合主办的“中美法律信息及图书馆研讨会”（5月28—30日）；上海交通大学凯原法学院主办的“综合性大学法律图书馆建设与发展国际研讨会”（6月3日）；首都师范大学电子文献研究所和国学传播中心主办的“第二届中国古籍数字化国际研讨会”（8月18—20日）；国家图书馆主办的“图书馆的国际化——促进知识的全球共享国际研讨会”（9月9日）；东华大学主办、美国图书馆协会（ALA）协办的“中美图书馆国际研讨会”（11月18日）等。

全国性专业学术会议主要有：中国图书馆学会和国家古籍保护中心共同主办的“中国图书馆学会2009新年峰会暨《全国古籍保护工作条例》研讨会”（1月13—14日）；中国科学院国家科学图书馆主办的“数字图书馆与开放源码软件学术研讨会”（3月12—14日）；中国图书馆学会、天津市图书馆学会、全国中小型公共图书馆联合会联合主办的“全国中小型公共图书馆联合会2009年研讨会”（5月27日）；中国图书馆学会社区和乡镇图书馆专业委员会主办的“第八届中国社区乡镇图书馆发展战略研讨会”（8月4—6日）；中国图书馆学会专业图书馆分会主办的“2009年学术年会”（9 月 17—21 日）；国家图书馆主办的“第二届全国馆际互借与文献传递研讨会”（10 月 14—16 日）；重庆大学图书馆和中国图书馆学会数字图书馆专业委员会联合举办的“第四届中国图书馆 Lib2. 09 年会”（10 月 23 日）；北京大学信息管理系主办的“全国图书馆学博士生学术会议”（11 月 27—28 日）；全国高校图工委期刊专业委员会主办的“全国高校图书馆第十二届期刊工作学术研讨会暨期刊委员会成立二十周年纪念会”（11 月 12—14 日）；中国图书馆学会举办的“2009 中国图书馆学会年会暨三十周年会庆大会”（11 月 3—4 日）；教育部高等学校图书情报工作指导委员会主办的“全国高校图书馆信息服务社会化学术研讨会”（11 月 7—12 日）；由中国图书馆学会高校图书馆分会、中国图书馆学会建筑与设备专业委员会、西南交通大学图书馆和台湾大学图书馆联合主办的“第三届海峡两岸大学图书馆建筑学术研讨会”（11 月 25—27 日）；教育部高等学校图书情报工作指导委员会、中国图书馆学会图书馆管理专业委员会和上海交通大学图书馆联合主办的第二届“图书馆管理与服务创新论坛”（12 月 15—16 日）等。各地还举办有各类专业性学术会议。

（6）优秀成果评奖。2009 年度最突出的奖项是教育部人文社会科学成果奖。2009 年 9 月，教育部评出高等学校科学研究优秀成果奖（人文社会科学）共 648 项，其中一等奖 38 项、二等奖 205 项、三等奖 392 项、成果普及奖 13 项。图书、情报与文献学评出一等奖 2 项（论文《概念地图在知识表示和知识评价中的应用》；论文《图书馆业态的变化与发展趋势》）、二等奖 4 项（研究报告《关于加强我国电子文件科学管理的报告》；著作《中国旧书业百年》；著作《基于信息理解的信息构建》；著作《图书馆知识管理研究》）、三等奖 8 项（论文《图书馆 2. 0：构建新的图书馆服务》；论文《基于 XML 的全文检索原型系统的设计与实现》；著作《可移动文化遗产保护策略》；著作《四库全书总目编纂考》；著作《图书馆精神》；著作《期刊信息资源建设研究》；论文《基于本体的数字图书馆信息检索模型研究》；论文《档案充分利用的措施保障——档案充分利用问题研究之四》）。

二、发展成就

2009年，我国图书馆事业在各个方面都得到了很大的发展，呈现出了良好的发展态势，其中在图书馆事业的全面发展、社会责任感、文化共享和全民阅读、服务体系和功能、图书馆评估、法制和标准化、新技术应用等九个方面取得了令人瞩目的成就。

（一）图书馆事业全面发展

1. 各类型图书馆协调发展

2009年，国民经济的复苏对我国图书馆发展产生积极影响，国家、各级主管部门继续加大对图书馆的投入，使得各级各类图书馆得到不同程度发展，公共图书馆表现得尤为突出。2009年我国公共图书馆机构增加30座，分馆数量也增加到5834个，同时资源建设、从业人员数量也有明显增加。高校图书馆与专业图书馆都实现了进一步的发展，中小学图书馆也受到重视，实现快速发展，逐步成为三大支柱图书馆外的一种非常重要的图书馆类型。同时，其他不同类型的图书馆，如医院图书馆、军校图书馆、工会图书馆等都得到了不同程度的发展。我国图书馆事业在整体上已达到一定规模，图书馆的类型结构包含了国家图书馆、公共图书馆、专业图书馆、高校图书馆及其他类型图书馆，类型结构基本完整，主体类型明显。社区图书馆与工会图书馆、军校图书馆等其他类型图书馆正在迅速发展，立体化整体架构正在形成。从整体来看，2009年我国图书馆事业基本呈现出各类型图书馆全面、协调发展的态势。

2. 图书馆与其他文化事业协同发展

2009年是《国家“十一五”时期文化发展规划纲要》颁布的第四年，各级政府继续加大文化事业的投入，全国文化事业费用达

292.32 亿元，比 2008 年增加 44.28 亿元，同比增长 17.85%，占国家财政比重为 0.39%。我国公共图书馆在公共文化服务大背景下取得显著发展成就。与此同时，图书馆也开始关注与其他公共文化事业机构的协调发展，与博物馆、文化馆、艺术馆合作，联合为公众提供服务。

乡镇综合文化站是政府举办的提供公共文化服务、指导基层文化工作和协助管理农村文化市场的公益性事业单位，是集书报刊阅读、宣传教育、文艺娱乐、科普培训、信息服务等各类文化活动于一体，服务于当地农村群众的综合性公共文化机构。农家书屋是为满足农民文化需要，在行政村建立的、农民自己管理的、能提供农民实用的书报刊和音像电子产品阅读视听条件的公益性文化服务设施。2009 年中央财政又安排农家书屋专项资金 13.954 亿元，中西部地区建成 109 093 个农家书屋，东部地区建成 75 373 个农家书屋。

加强县级图书馆、文化馆建设。2009 年，中央财政安排县级两馆修缮专项资金 3.03 亿元，对全国面积未达标的县级两馆维修改造给予资金补助，解决面积狭小、设施落后等问题，使其具备良好的服务条件。

继续推进全国文化信息资源共享工程。2009 年中央财政资金继续安排 7.1 亿元，截至 2009 年底，全国已建成各级中心和基层服务点 75.7 万个，拥有专兼职工作人员 68 万人，资源总量达 90TB。其中县级支中心达到 2814 个，覆盖率 96%；乡镇基层服务点 1.52 万个，覆盖率 44%；村基层服务点 45.75 万个，覆盖率 75%。总之，图书馆与各种形式的公共文化服务机构，通过采用多种合作方式，实现资源共享，协调发展。

3. 灾后图书馆重建见成效

大灾有难，大爱无疆。“5·12”大地震之后，灾区人民在经历了失去家园的痛，失去亲人的痛，忍受伤残的痛之后，在国家、各级政府、国际友人的援助之下，开始振作重建家园。2009 年

“5·12”大地震一周年之际，灾区重建工作已经取得突破进展。灾区图书馆在经历灾难洗礼之后，在国际、国家、各级政府、图书馆行业学会、志愿者的资助与帮助下，开始逐渐恢复。为了继续发挥图书馆社会职能，灾区各图书馆以流动阅览室等形式，利用有限资源为灾区人民提供各种教育、阅读、娱乐服务，抚慰着灾区人民的心灵，丰富着灾区群众的文化生活。如广汉图书馆组成了“公共图书馆文化安民心理安抚服务小分队”，在广汉灾民安置点开展文化安民、心理安抚活动，并构建“爱心活动室”、“爱心图书室”。都江堰市图书馆不畏震魔开展百场“文化共享工程、流动音乐图书馆”，青川图书馆开办了爱心书屋，绵阳市图书馆开展了到市民身边的流动服务等。[①] 同时，灾区图书馆在这一年之中关注图书馆重建，对新馆进行选址与规划，并正式施工建设。此外，灾区图书馆关注加强队伍建设，提高政治思想素质，确保“5·12”以来图书馆职工人心稳定，保持积极向上的工作态度和作风。最后，灾区图书馆开展了一系列地方文献与图书的收集与抢救工作，争取保障特色资源完整性。

图书馆灾后重建是图书馆界十分关注的事情。在2009年11月中国图书馆学会年会中，第一分会场就以“不朽的图书馆精神：汶川地震与家园重建”为主题，让来自地震重灾区的图书馆馆长和代表对汶川地震后各类型图书馆整体受损情况和灾后图书馆重建问题进行了总结、反思、分析与研究，并出版了中国图书馆学会2009年学术年会优秀论文专集——《不朽的图书馆精神：汶川地震与家园重建》。

总之，在2009年一年中灾区图书馆从新馆建设、组织队伍建设、资源恢复与收集、文化共享工程恢复等方面进行灾后重建，并取得一定成就。总结、分析、研究汶川地震与图书馆事业的各种相

---

① 中国图书馆学会．汶川震区消息［EB/OL］．［2010－09－05］．http：//www. lsc. org. cn/CN/News/2009-05/EnableSite_ ReadNews2322431341241971200. html

关问题，成为近一年多来图书馆界关注的课题。各种关注灾后图书馆建设方面的学术研究明显增加，各种反映抗震救灾主题的著作大量出现，其中一本题为《大震不屈 大爱无疆——赈灾重建：图书馆在行动》的图片展览书籍生动地反映了全国图书馆界抗震救灾的情况，值得关注。

（二）强化图书馆社会责任感

2009 年图书馆事业与社会的联系更加紧密，在科学发展观的指导下，通过志愿者行动和参与建国 60 周年国庆系列活动，使得图书馆的社会责任感得到进一步强化。

1. 图书馆志愿者行动结硕果

图书馆志愿者行动作为我国图书馆界的一项创举，秉承奉献、友爱、互助、进步的精神，奉行无偿、公益、利他的准则，秉承智慧与服务的图书馆理念，充分发挥图书馆学专家人才的资源优势，以“志愿者”形式开展基层图书馆管理者专业培训，是一项“图书馆人帮助图书馆人”的大型行业援助活动。自 2006 年以来，图书馆志愿者行动连续三年为基层图书馆提供支援服务，促进图书馆事业的全面和谐发展。2009 年 7 月 15 日至 8 月 10 日，“志愿者行动——基层图书馆馆长培训”活动在重庆、宁夏、江西、海南、云南等地展开，622 名基层图书馆馆长和业务骨干参加了培训。2009 年该项目继续纳入国家图书馆“基层图书馆服务行动”和“中国科协继续教育示范项目”，获得政府财力支持，为志愿者活动的成功实施奠定基础。项目的实施，为全国图书馆提供志愿服务，使文化共享工程的培训工作与图书馆系统的培训有机结合，极大发挥了图书馆的社会职能，加快了公共文化服务体系建设，促进了基层图书馆管理与服务的全面发展。志愿者行动产生了巨大的社会效益和良好的社会反响，引起各级主管部门的高度重视，获得“2009 年度文化部服务创新奖”，树立了图书馆面向基层、公益惠民、合作发展的社会形象。

2. 图书馆展示建国60周年成就

图书馆工作与建国60周年国庆结合是2009年图书馆事业发展和公众形象塑造的亮点之一。六十年的沧桑巨变，六十年的光辉岁月，2009年的国庆节加载了更多的内涵，融入了更深的感情，被赋予了更特别的意义。为庆祝祖国母亲的60华诞，丰富广大人民群众的节日文化生活，全国各地图书馆充分利用丰富馆藏资源，开展各种图片展览、爱国主义影片演播、少儿国庆、讲座、文化沙龙等系列活动，从不同方面、多角度向广大读者展示伟大祖国的60年辉煌历程，弘扬爱国主义精神，充分发挥图书馆教育阵地的作用。2009年各图书馆系列国庆活动的成功举办，既是公共文化服务机构向祖国60华诞的献礼，更是图书馆积极参与重大社会活动的又一次具体行动。它不仅进一步激活了图书馆的文献资源，拓展了服务方式和手段，提升了服务品质，也进一步扩大了图书馆影响力，树立了图书馆良好的社会责任形象。

（三）百年馆庆引起社会高度重视

2009年是图书馆界的“百年馆庆年”，全国有八大图书馆在历经百年沧桑之后，喜迎百年华诞，纷纷开展百年馆庆活动，展现百年硕果。

1. 国家图书馆百年馆庆载入史册

以国家图书馆建馆100周年纪念大会为标志的公共图书馆百年馆庆系列活动引起社会重视，对我国图书馆事业发展产生了积极影响。在2009年9月9日国家图书馆建馆100周年庆祝大会上，中共中央政治局常委李长春同志出席并作了重要讲话。李长春同志指出：要充分发挥图书馆事业的公共文化服务职能，积极推进学习型社会建设；大力传承中华民族优秀文化，为建设中华民族共有精神家园作出贡献；坚持改革创新，不断增强图书馆事业发展的活力；积极加强对外交流，不断增强中华文化的国际影响力和竞争力；加快培养优秀人才，为图书馆事业的繁荣发展提供有力的人才保障。

李长春同志的讲话对我国图书馆事业、图书馆工作者和图书馆教育者给予了极大的鼓舞和鞭策。讲话发表后，在全国文化系统尤其是图书馆界引起强烈反响，国家图书馆和全国各级公共图书馆结合工作实际，通过集体学习、专题辅导、座谈研讨等多种形式深入学习。图书馆界一致认为，李长春同志代表党中央、国务院的讲话，是新中国成立以来，尤其是新时期以来，中央领导关于图书馆事业的一次最为系统、最为深刻的重要讲话，深刻阐述了图书馆事业作为社会主义文化建设重要组成部分的重要性，从中国特色社会主义事业“四位一体”总体布局的高度，明确指出我国图书馆事业面临的重大课题和肩负的庄严使命，并针对图书馆事业的发展，对各级党、政、文化部门和图书馆工作者提出了新的要求，使全国图书馆工作者深受鼓舞、倍感振奋。讲话吹响了图书馆事业进一步发展的号角，是指导今后一个时期图书馆事业发展的纲领性文件。讲话既具有宏观指导性，又有很强的可操作性；既立足当前，又着眼长远；既强调了图书馆在积极推动学习型社会建设进程中要充分发挥作用，又系统提出了图书馆事业发展的主要任务及政策措施，表明了党和国家高度重视和支持图书馆事业发展的鲜明态度，为图书馆事业在新世纪新阶段又好又快发展创造了更好的政策环境。

国家图书馆为纪念百年华诞编辑出版了《中国国家图书馆馆史》《中国国家图书馆馆史资料长编》《国家图书馆百年辉煌画册》《中国国家图书馆百年纪事》《国家图书馆同人文选（第四辑）》等系列纪念文集，并组织拍摄了电视专题片《百年国图》。

2. 部分省市图书馆百年馆庆引起社会关注

2009 年七省市图书馆的百年馆庆引人关注。山东省图书馆于 5 月 9 日，山西省图书馆于 7 月 17 日，陕西省图书馆于 9 月 16 日，河南省图书馆于 9 月 19 日，吉林省图书馆于 9 月 29 日，云南省图书馆于 11 月 15 日，广西桂林图书馆于 11 月 20 日，以不同的方式举行了百年馆庆的活动。文化部、各省的相关领导都对七馆百年馆庆给予了高度重视和支持。各地的百年馆庆受到了社会各界的普遍关注，有助于图书馆进一步提升其自身的社会影响力。虽然各地的百年馆庆很快就结束了，但这也意味着新的开始，在新的百年征程中，图书馆人将不断以全新的面貌、全新的模式、全新的服务手段向广大读者敞开大门，以更加舒适、便利、人性化、高质量的服务回馈社会，回报读者。

（四）文化共享和全民阅读快速推进

1. 文化共享工程全力服务基层

2009 年是文化共享工程快速推进的一年，在多个方面采取了实质性的举措。其一，各级党委、政府和文化部门高度重视。如北京市将文化共享工程列入 2009 年市人民政府折子工程；辽宁省设立了文化共享工程专职机构，并将文化共享工程列入为群众办实事的“民生工程”和“环保攻坚惠民工程”的重要内容；黑龙江省把文化共享工程作为省委、省人民政府 2009 年的十大重点工程；安徽省将文化建设纳入省人民政府目标管理考核体系，并将文化共享工程市、县级支中心建设作为一项考核指标，列入省人民政府对各市人民政府年度文化工作考核的内容之一；河南、湖南把文化共享工程建设列为省委、省人民政府承诺 2009 年为人民群众办好的十大实事之一；湖北省将文化共享工程建设纳入新农村建设规划，并逐级签署责任书。其二，各地加大投入力度，地方财政积极落实建设资金 85 557 万元，为文化共享工程顺利实施提供了有力保证。北京市在县级支中心全部建成的基础上，按照市级支中心的标准对设备进行了升级。山东省重点开展了基层规范化服务站点的创建活动，使全省规范化站点迅速增加。据了解，完成 2009 年度建设任务的有河北、山西、吉林、安徽、江西、湖北、海南、重庆、贵州、云南、陕西、甘肃和新疆生产建设兵团。四川、陕西、甘肃 900 个过渡性综合文化服务站（同时也是文化共享工程基层服务点）全部建成。其三，文化共享工程国家中心和各省级分中心资源建设工作取得较大进展。截至 2009 年底，资源量达到 90TB，比

2008 年增长 16.09TB。其四，传输方式不断创新，入户工作取得新的进展。2009 年，辽宁省积极创新，结合本省有线电视网，辅以卫星传输，在全省范围内开展了文化共享工程入户工作。其他各地也因地制宜，采取多种传输方式，保证文化共享工程资源的充分使用。一些地区通过在数字电视上开辟专用频道、IPTV 接入等多种渠道，部分实现了入户，拓展了服务范围。目前文化共享工程入户工作覆盖人口已超过 5000 万。作为我国公共文化服务体系的基础性工程，全国文化共享工程在“十一五”期间快速推进，截止到 2009 年底，已建成 1 个国家中心、33 个省级分中心、2814 个县级支中心、15 221 个乡镇基层服务点和 45.7 万个村基层服务点，覆盖全国 44% 的乡镇和 75% 的村；资源总量达到 90TB（1TB 相当于 25 万册电子图书或 926 个小时视频节目）；专兼职工作人员达 68 万名；各级中心和基层服务点累计服务超过 6.9 亿人次。

2. 全民阅读形成社会风尚

全民阅读是提高公民素质、促进社会和谐发展的重要手段，也是图书馆事业塑造自身文化形象的重要举措。2009 年是全国开展全民阅读活动的第四个年头，各地越来越多的图书馆将推动全民阅读作为自身的主要职责。2009 年 4 月 23 日，国务院总理温家宝到国家图书馆参加“世界读书日”活动。2009 年 3 月，中国图书馆学会发出了《关于开展 2009 年全民阅读活动的通知》，全国各图书馆和地方学会积极响应，开展了形式多样的全民阅读活动。中国图书馆学会新成立的阅读推广委员会及其下设的各专业委员会，配合全民阅读活动开展研究，推广领域向深度和广度延伸。2009 年 3 月至 12 月，由中国图书馆学会、中央广播电视大学共同主办“2009 湿地中国行”全国性大型公益读书活动，分为湿地知识的普及宣传、阅读与考察湿地、湿地观感与环保行动三个阶段，开展了以专题图书推荐阅读、讲座、研讨、征文竞赛等为内容的系列活动。“全民阅读赠书计划”为社会各界提供了关注阅读和赠送图书的平台，2009 年中国图书馆学会与《新华书目报》、全国古籍出版社联合会合作，向广西壮族自治区基层图书馆捐赠30万册新书。为推动全民阅读深入开展，创新全民阅读方式，各地图书馆开展了多种多样的读书活动，既有展览、讲座、培训、影视播放等常见活动形式，也有征文、评奖、书籍推介等互动性、参与性极强的活动。图书馆阅读主题越来越丰富，苏州图书馆开创了在全国很有影响的“苏州模式”，并将“阅读让城市更美”定为永恒主题。山东省图书馆学会紧紧围绕“让我们在阅读中一起成长”的2009年全民阅读活动主题，利用世界读书日、五四青年节、图书馆服务宣传周、科普宣传周、六一国际儿童节、全国科普日、国庆节等，集中开展多种形式的主题阅读活动。重庆市由文化广电局牵头，以“庆祝新中国成立六十周年，积极开展全民阅读活动”为主题，组织全市42家公共图书馆开展了第21届图书馆服务宣传周活动，以推进图书馆在全社会中的影响力，让更多的市民了解图书馆、走进图书馆、利用图书馆。阅读活动覆盖范围更广，参加阅读的对象从少儿至老人，从正常读者到盲、聋人等弱势群体，基本辐射到了社会各个阶层的不同群体。如2009年长春市图书馆开展各类全民阅读活动196次，参加人员达130 000人次。长春市图书馆与长春市委宣传部等六个部门共同举办了“长春市心理健康教育宣讲系列活动”，并与吉林省社科联联合举办“关东文化讲坛”系列讲座。另外，还举办了“城市热读”系列讲座、“女子修养学堂”。东莞图书馆开展了“东莞读书月”系列活动，举办东莞学习论坛、读书系列讲座、图书展、读书知识竞赛、“我的读书故事”征文比赛、“我喜爱的书房”设计大赛、“藏书与阅读”优秀图书推荐、“学习之家”评选、外来员工“读书学习，争做新东莞人”演讲比赛等活动并开通市民学习网。2009年深圳读书月走过了十年的历程，深圳图书馆统筹组织开展了第二届晒书大会、历届读书月推荐书目展、开心使用图书馆主题活动。深圳图书馆将“读书与人生”系列专题讲座、“年度读者”评选、“深圳晒书大会”、“阅读分享会”等阅读活动打造成自己的主题品牌。

公共阅读服务体系的核心价值在于为全民读书服务，因此，提高市民对公共图书馆的认知度，吸引、发展读者是推动全民阅读、发挥公共图书馆作用的重要任务。

（五）图书馆合作共享服务体系和功能日趋完善

2009 年全国图书馆开展资源与服务的广泛合作共享活动较活跃，图书馆服务体系间的地区性合作迅速发展。

1. 各类图书馆加快合作共享

国家图书馆加强数字图书馆分馆建设，逐步实现资源全民共享。作为全国文化信息资源共享工程的合作单位，国家图书馆在资源建设与服务等方面作出了诸多贡献。2009 年国家图书馆以“国家数字图书馆工程”建设为契机，先后在山东、四川、山西、湖北、陕西、长春、云南、广西桂林等省市建立国家数字图书馆分馆，开展数字化信息服务和各项公共文化服务，进一步拓展国家图书馆服务和实现传统图书馆业务与服务的转型。

公共图书馆间的合作共享网络仍然是重点。公共图书馆方面主要是浙江首创全省公共图书馆“一网通”影响较大，浙江网络图书馆是以浙江省文化信息资源共享工程和全省公共图书馆的传统文献与数字资源为基础，以“共建、共享、共通、共赢”为目标，运用先进的网络技术，打破地域限制，为读者提供“一站式”资源检索和文献服务的统一平台。2009 年 6 月，浙江公共图书馆系统先后成立了“浙江省公共图书馆讲座联盟”和“公共图书馆信息服务联盟”两大联盟，建立了组织机构，制定了运作机制和业务规范，规定了各成员馆的权利与义务等。2009 年 6 月，武汉城市圈公共图书馆联盟成立，整合了 9 个城市图书馆的文献信息资源，构建图书馆总书库，实现公共图书馆、高校图书馆、科研单位图书馆的共建工程。2009 年 11 月，“天津公共图书馆电子图书共享系统”启动，该系统通过城域网将市、区、县公共图书馆组成区域性的图书馆群，借助电子化、数字化、网络化的优势拓展图书馆的服务方式和服务范围，为读者提供联合目录查询、电子文献阅读、数据库资源检索、电子文献原文传递等深层次的资源服务。

除公共图书馆外，2009 年高校图书馆面向社会服务取得的成果尤为显著。吉林省图书馆联盟将服务点向乡村基层延伸，建立了吉林大学农学部图书馆苇塘村分馆，吉林大学农学部图书馆和吉林省图书馆结合当地农村实际，以满足农民致富需求为重点，为苇塘村精选了 2300 多册图书和光盘等资料。高校图书馆面向社会各个层面的服务也进一步得到发展，哈尔滨工业大学（威海）、山东大学威海分校、威海职业学院等驻威海三所高校图书馆将正式向部分社会读者开放，符合条件的社会读者只需办理一张借阅证，就可以从其中一所高校借阅图书。

2. 地区跨系统图书馆合作见成效

2009 年地区跨系统的图书馆合作引人关注。2009 年 4 月，天津市文化、教育、科研系统 20 余所图书馆资源共享正式启动，天津高校图书馆联盟与天津市图书馆等机构联合，通过资源共建共享，打造数字化图书馆联合目录共享系统，使天津市民与在校大学生共享图书资源。2009 年 9 月，《广东省公共文化服务体系建设规划》出台，积极推进全省公共、教育、科研三大系统图书馆资源共享，建成珠江三角洲数字图书馆联盟，用户只需登录联盟网站——广东省文献资源共建共享协作网（珠三角数字图书馆联盟网站），就可以免费获得数字图书馆的网上参考咨询和文献传递服务，包括 120 余万种图书、3000 余万篇期刊论文等资料。据悉，这也是我国建立的第一个跨系统覆盖全省地域的数字图书馆联盟。此外，江西省的 12 家省市公共图书馆、24 家高校图书馆及省科技情报研究所、省社会科学院图书馆协议构建江西数字资源共建共享联盟。

3. 基层图书馆服务体系逐渐完善

2009 年基层图书馆服务体系进一步完善与发展。由民政部、中央文明办、文化部、新闻出版总署、国家广电总局、中国作家协会六部门联合主办的“万家社区图书室援建和万家社区读书活动”，自2003年5月启动以来，已在全国连续开展六期。到2009年，全国共援建了11.8万个城乡社区图书室，援助图书3900多万册，约3亿多群众从中受益。

城市公共图书馆服务向基层发展。深圳市“图书馆之城”形成服务网络，全市拥有各级公共图书馆600所，还有劳务工图书馆100所，每1.5万人拥有一所社区图书馆，全市藏书超过1000万册，电子文献100万册；文化局结合“服务年”建设，加大了劳务工图书馆规划和建设力度，计划在3年内在全市新建15至20个劳务工图书馆，为劳务工提供更便利的服务。2009年以来，罗湖大力推进基层图书馆服务，建成完善的区、街道、社区三级图书馆网络，图书馆服务实现辖区全覆盖，公共文化服务质量大大提升。

（六）儿童阅读展新篇

2009年图书馆界继续为儿童阅读的发展而努力，并继续在各地图书馆广泛开展促进儿童阅读的相关活动。

“全国少年儿童阅读年”是2009年中国图书馆学会精心筹划的一项面向少年儿童，在全国范围内大力推广的活动。其目的在于贯彻落实中宣部、中央文明办、新闻出版总署《关于进一步推动全民阅读活动的通知》和文化部指示精神，隆重庆祝建国六十周年，培养全国三亿多少年儿童良好的阅读习惯，以更好地贯彻落实党中央、国务院加强未成年人思想道德教育的精神，提高少年儿童的科学文化素质，为保障全国少年儿童特别是农村留守儿童和农民工子弟的基本文化权益提供服务。

“全国少年儿童阅读年”系列活动于2009年4月至2010年4月在全国范围内展开，以少年儿童、家长、教师为主体，全年先后共举办了少儿科普图书展、少儿阅读讲故事大赛等形式多样的100余项3400场次阅读活动，共有400余万青少年踊跃参与，取得了良好的社会效益。各地根据“全国少年儿童阅读年”的指导精神，举办了一系列的相关活动，如 2009 年 6 月 1 日，在主会场广州举办少年儿童阅读年活动展示月，开展少年儿童阅读讲坛，举行各类阅读比赛活动。2009 年 9 月在重庆和北京开展少年儿童阅读年开放日活动，举办国庆 60 周年全国公共图书馆少儿科普活动展暨建国 60 年优秀科普图书书目展等。

除了全国少年儿童阅读年的一系列活动外，国内一些地区也通过不同的方式举行了促进儿童阅读发展的活动，并得到了社会的普遍关注。如 2009 年 7 月上海举办的迎世博倒计时 300 天暨上海市少年儿童暑期读书月活动、2009 年 10 月浙江举办的第五届浙江省未成年人读书节启动仪式暨浙江省未成年人读书节论坛等，这些活动不仅总结、交流了各地的先进经验，还为关心和从事未成年人教育培养工作的各界人士搭建了一个沟通的平台，体现了图书馆在促进儿童阅读发展中发挥的重要作用。

（七）公共图书馆评估再现新成就

2009 年是公共图书馆评估备受关注的一年，无论是在评估实践方面还是学术探讨方面都取得了一定的进展。

我国公共图书馆自 1993 年开展第一次全国范围内的评估以来，已经历三次评估。评估定级工作对推动全国公共图书馆事业的发展产生了良好的推动作用，全国公共图书馆的基础设施、业务建设和服务水平得到较大提高。为深入贯彻落实科学发展观和党的十七大精神，进一步加强对图书馆事业的管理，推动图书馆事业的发展，提高图书馆的工作水平，更好地发挥图书馆在全面建设小康社会和构建社会主义和谐社会中的作用，文化部于 2009 年开展了第四次全国公共图书馆评估定级工作。2009 年的评估展现了近几年公共图书馆事业所取得的新成就。

第四次公共图书馆评估指标体系展现了一些新的特点：一是注重社会效益评估。新标准提高“读者服务工作”分值，并增加了“免费开放程度”的评估，这有助于提升公共图书馆的公益形象，同时增加了公共图书馆在政府信息公开方面的服务，这体现图书馆在保证信息公平、消除数字鸿沟方面的作用，有助于和谐社会的建设。二是进一步关注图书馆的共建共享。增加“文化共享工程”一级指标，体现公共图书馆在构建公共文化服务体系方面的努力。还在“基础业务建设”下新增加了“联合编目工作”，在“业务研究、辅导、写作协调”项下单独设置“协作、协调”二级指标。三是强调图书馆特色资源建设。在“基础业务建设”下新增加“古籍保护”项，在具体标准单设“地方文献建设”项，体现本地区图书馆馆藏资源特色化建设，公共图书馆保护文化遗产的功能。总体而言，新的评估标准充分体现了社会和时代发展对图书馆提出的新要求、图书馆事业与文化事业的密切关系等宏观特点。

公共图书馆评估结果客观揭示了公共图书馆的发展现状与水平。参加此次评估的图书馆共 2234 个，占县以上图书馆总数的 79.2%，图书馆数量比 2004 年第三次评估增加了 200 个。其中省级和计划单列市图书馆 49 个；地级图书馆 314 个，占全国地级图书馆总数的 75.3%；县级图书馆 1871 个，占全国县级图书馆的 79.5%。经过各地自查上报和组织专家组实地检查，按照定级分数线要求及一、二级图书馆必备条件，全国共有一级图书馆 480 个，比第三次评估增加了 9.8%，占参加评估图书馆总数的 21.5%；二级图书馆共 410 个，比第三次评估增加了 24.0%，占参评图书馆总数的 18.4%；三级图书馆共 894 个，比上次评估增加了 39.5%，占参评地县馆总数的 40.9%。[①] 此次评估结果表明，从 2004 年第三次评估定级以来，我国公共图书馆事业处于稳步发展的态势，但也表现出我国公共图书馆事业发展的不平衡，东西部差距仍很大，如参评地区除青海、海南、西藏三个省、区外，都拥有一级图书

① 社图司．全国文化信息资源共享工程督导和公共图书馆评估工作总结会暨古籍保护工作会议在北京召开［EB/OL］．［2010-08-05］．http://www.mcprc.gov.cn/sjzz/shwhs/gzdt/201002/t20100202_76834.html

馆，其中一级图书馆数量最多的是江苏省，数量达63个，上海市参评比例、一级馆比例、上等级馆占图书馆总数比例都为全国各省、区、市之首。

（八）图书馆法制化和标准化取得突破性进展

2009年图书馆法制化工作进入实质性快速发展阶段。2009年2月17日，图书馆法立法工作正式列入全国人大“十一五”重点立法项目，同时，文化部也开始启动了《公共图书馆法》立法的相关工作，其目的在于努力构建覆盖全社会的较为完善的公共文化服务体系，保障公民的基本文化权益，促进公共图书馆事业的长远发展。

文化部、国家图书馆、中国图书馆学会于2009年2月在北京召开《公共图书馆法》立法支撑研究第一次工作会议，后又分别举行了四次支撑研究会议，对《公共图书馆法》立法进行了突破性的研究。经过十个月的努力，各专题小组在形成研究成果的基础上，提出了法律条文，文化部在这些法律条文基础上，形成了《公共图书馆法》初稿。《公共图书馆法》的制定将会对规范公共图书馆的行为，解决公共图书馆事业发展中的各种突出问题和矛盾起到重要的作用，从而促进和保障公共图书馆事业的发展。

2009年地方法规建设也取得一些进展。2009年1月4日江苏省文化厅完成《江苏省公共图书馆管理办法》的起草、调研、修改、上报各项工作，内容共36条，主要规范了公共图书馆文献资源建设、公共图书馆服务与读者权利、从业人员、保障措施、法律责任等。2009年4月，山东省《图书借阅服务规范》发布，作为地方标准由山东质量技术监督局正式发布并实施，成为首个图书借阅服务行业的政府标准。《图书借阅服务规范》不仅仅强调服务的标准化和规范化，更坚持“以人为本”的服务原则。规范围绕方便读者、满足读者的需求，要求为读者提供优质服务，规范图书借阅服务流程，将开放时间、读者借阅环境以及图书管理员的职业要求、书库管理、创造便利条件方便读者等方面给予了明确的阐释说明，将读者的利益放在了首位。① 2009 年 4 月 20 日山东省政府第 42 次常务会议通过并发布《山东省公共图书馆管理办法》，内容共 27 条，主要规范了公共图书馆的概念、设置、建设、开放服务、文献信息资源的管理与保护、法律责任等。至此，20 世纪 90 年代以来全国共有 4 个地市出台图书馆条例：深圳（1996）、内蒙古（2000）、湖北（2001）、北京（2002）；8 个地市出台图书馆管理政府规章：上海（1996 年颁布，2002 年修订）、广西（2000 年颁布，2008 年修订）、河南（2002）、浙江（2003）、乌鲁木齐（2008）、楚雄（2008）、山东（2009）、江苏（2009）。此外，广州市于 2007 年 10 月发布《广州市图书馆条例（征求意见稿）》。

在图书馆法规取得进展的同时，图书馆界着手研制新的图书馆标准。继 2008 年 11 月 11 日江西省文化厅颁布《江西省公共图书馆服务标准》、2008 年 12 月 4 日山东省质量技术监督局颁布《图书借阅服务规范（山东省地方标准）》之后，2009 年 3 月 26 日，上海市文化广播影视管理局颁布了《上海市公共图书馆行业服务标准》。为建立公共图书馆服务的国家标准，文化部组织上海图书馆等有关单位研制《公共图书馆服务标准》，该项工作自 2008 年启动以来，2009 年取得了突破进展。2009 年 2 月以来，《公共图书馆服务标准》编制课题组在起草编制过程中经过六次专家意见征询，于 9 月完成送审建议稿。此外，2009 年图书馆标准化建设还重点关注基层图书馆的标准化工作方面。为推动公共文化设施建设的科学化、法制化、规范化进程，提高公共文化设施建设项目的投资效益和管理水平，2009 年 4 月启动《乡镇综合文化站建设标准》研制工作，编制组分别在新疆、江苏等地进行实地调研，深入了解各个文化站的建设现状和存在的问题，为标准的编制工作提供

① 秦娟 . 我省《图书借阅服务规范》近日发布实施［EB/OL］. ［2010-12-23］. http：//shrb. dzwww. com/shrbxw/ylxw/200904/t20090409_ 4394635. htm

依据。

（九）图书馆新技术应用步伐加快

2009年我国的图书馆在服务中更加重视对新技术的应用，不断创新服务方式和手段，拓展、延伸服务领域，提高了图书馆服务质量。

自助图书馆进一步推广，图书馆服务跨越时空。东莞图书馆首创无人值守“永不关闭的图书馆”，推出自助图书馆和图书馆ATM，实现了每天24小时全天候服务。2009年4月由文化部立项、深圳图书馆组织研发、并被深圳市列入“图书馆之城”建设重点攻关项目的“城市街区自助图书馆系统”服务工作全面启动，有40台自助图书馆服务机分布在全市36个片区和单位。这种被市民称之为“永不关闭的图书馆”，遍布深圳六区的社区、街道，范围涉及大型社区、工业区、商业区、城中村及地铁枢纽等人口稠密地区，实现了图书馆在服务领域上的延伸，图书馆突破空间限制来到了读者身边，形成了新时期公共图书馆服务创新的新形态。“24小时自助图书馆”是深圳大力推行图书馆建设进程中思路创新的产物，有效地提高了公共图书馆文献资源的利用率；实现了管理创新，为图书馆体制改革探索了新路；实现了图书馆建设模式创新，为统筹规划图书馆布局，完善城市公共文化服务网络建设提供了新思路。

电子书、手机图书馆为读者带来全新的阅读体验。国家图书馆借助新的传媒技术，推出“一大一小”服务。该服务是指国家图书馆以电视、手机为终端，依托现代信息技术和第三代移动通信网(3G)推出的数字电视（国图空间）、国家图书馆移动服务（掌上国图）两项服务。2009年4月，厦门市图书馆开通了以手机为媒介的“掌上图书馆”服务。市民只要通过手机登录图书馆网站，即可获取图书馆免费讲座、免费电影和新书通报等信息，同时还可以通过短信进行图书查询、办理图书续借、图书预约等服务。2009年10月上海图书馆“手机图书馆”全面升级，通过访问手机网站，读者可以进行全市书目和图书馆馆藏的联合检索，获得 200 万种馆藏书刊、音像资料和文献的搜索结果，并可定位到上海图书馆以及全市 130 多家开通的分馆和服务点进行借阅。为了方便视障读者的使用，上海图书馆推出听书阅读器的外借服务。2009 年，武汉图书馆、东莞图书馆都提供了 SMS 短信服务和构建了 WAP 网站，为读者提供书目查询、借阅查阅、图书预约等服务。除公共图书馆外，2009 年大学图书馆也加快了手机、3G 等新技术应用的步伐，如南京师范大学图书馆开通了手机图书馆，通过手机为用户提供书目查询、读者借阅查询，发布图书馆新闻、公告等服务。华南理工大学图书馆建立掌上图书馆，为读者提供书目查询、借阅查询、预约、续借等一体化服务。2009 年 11 月 3 日，自助借书机、电子读报器、数字化古籍等图书馆新技术在中国图书馆学会年会上亮相。

三、发展思考

2009 年图书馆事业全面发展，成绩值得肯定，但问题也不容忽视，分析与总结当前图书馆发展中存在的一些主要问题，有助于确定或调整下一步工作的重点，促进图书馆事业全面健康发展。

（一）图书馆经费保障不足

经费是图书馆发展的基本条件，随着文献出版品种和数量的增长、文献价格的涨幅、读者数量的增加，图书馆的经费保障和落实工作依然面临挑战，在各类图书馆领域具有普遍性。

总体来讲，尽管政府和图书馆界对于经费投入不足的现状有所察觉，投入总量有所增长，但由于各级政府对保障各级图书馆正常运转的经费要求不明确、我国的图书馆经费来源较为单一、图书馆的服务效益不如经济效益来得直接和显著等原因，图书馆的经费在配套比例以及人均比重等方面都处于较低水平。目前，我国公共图书馆的经费保障仍然存在问题，主要表现在：政策没有完全落实，财政投入不足；经费结构不合理，基本服务经费无法保障。①

县级公共图书馆的发展一度被视为我国公共图书馆事业进一步发展的瓶颈，基层图书馆中存在着大量的经费紧缩与短缺的严峻现象。尽管基层图书馆因无经费而不断减少购书的问题有所缓解，但由于政府投入不足使得文献购置费不足、新书不足、总藏量不足，从而不能满足广大读者需求的局面仍然存在。而且，一些基层图书馆出现了新的问题，为保证工作人员工资和基本保障，一些公共图书馆出租转借馆舍以弥补人员或运行经费的不足，出现了压缩读者阅读空间的现象，从而影响了图书馆的服务，其根源在于政府对公共图书馆的经费保障不到位。2009 年全国县级图书馆占公共图书馆总数的 87.4%，而经费投入只占总量的 40.5%。

尽管图书馆界也呼吁增加经费，呼吁重视县级图书馆发展，呼吁中央和各级地方政府按比例配套，但至今仍无完善的解决方案和相应的政策支持。这方面与国外图书馆相比还存在较大差距，如美国为了从地方政府、州政府获得更多财政支持，各公共图书馆非常注重利用公共关系，不断与政府官员、政府委员会、企业高管及社会团体等各种组织加强联系，在图书馆内外形成有利生存与发展的氛围。协会、基金会也贡献巨大。各馆为筹集经费主动做出各种努力，如开设书店、咖啡店、卖烤制品、举办旧货市场，呼吁社区提高税收以增加图书馆资金，鼓励个人和团体向图书馆捐赠等。为获得公众支持，图书馆清晰列出令人信服的征税理由，阐明图书馆对纳税人的影响，公开资金运用的细节。公共图书馆的健康运行与服务读者的能力联系密切，社会各界对图书馆如何渡过难关也不断建言献策。② 据美国图书馆协会发布的数据，美国 2009 财年综合拨

① 吴洪珺等．公共图书馆经费保障机制研究［J］．中国图书馆学报，2010（3）：12-17

② 石烈娟．金融危机下美国公共图书馆的经费问题及其对策［J］．图书馆杂志，2010（8）：68-71

款法案增加了图书馆经费，此项拨款比 2008 年增加 1000 多万美元，达到了图书馆界呼吁的水平，也最终贯彻执行了 2003 年美国国会通过的确保公平拨给各州经费法案。①

高校图书馆的文献经费虽然在 2009 年持续增长，但是存在经费投入不平衡的现象，占全国较大比例的普通高校图书馆的文献资源购置经费远远低于“985”和“211 工程”高校图书馆的经费投入，例如，北京大学图书馆文献资源购置经费约达 3006 万元，而文献资源购置费最低的上海欧华职业技术学院图书馆，只有 6711 元。另一方面，经费预算与实际使用存在不统一的现象，实际使用中波动过大，学校为图书馆所做的经费预算难以实现，甚至存在被挤占挪用的现象。此外，还存在经费分配不合理，学科经费比例随意性大，经费使用缺少监督与管理等现象。

（二）城乡发展失衡影响全民共享效益

我国图书馆事业发展的不平衡，主要有：第一，各类型图书馆发展不平衡。当前我国的公共图书馆、高校图书馆与专业图书馆三大类型图书馆已经取得显著发展，但是中小学图书馆，军队院校、党团院校图书馆等发展较缓慢。第二，东西部发展不平衡。东南沿海地区与中西部地区间的图书馆发展不平衡，主要体现为东部沿海城市优于西北内地，华东、华南优于西南、西北。第三，同一地区的同一类型图书馆发展不平衡。例如华东地区的山东、烟台、青岛这些大城市图书馆建设较好，而广东地区也只有长江三角洲地区图书馆发展较好。

在这些不平衡的现象中城乡发展失衡现象表现得尤为突出。大中城市由于经济发达，不仅馆舍条件得到了改善，而且基本实现了

---

① 美国 2009 财年综合拨款法案增加了图书馆经费［EB/OL］.［2010-12-3］. http：//www. nlc. gov. cn/yjfw/2009/0327/article_ 810. htm

图书馆的自动化、网络化与数字化，而广大的农村地区由于受经济条件限制，技术条件落后，获取信息的途径较少，其图书馆事业发展相对滞后。城乡图书馆发展不平衡首先表现在各类型图书馆中的城乡发展失衡，如公共图书馆中的城市与农村图书馆发展之间存在差异、高校图书馆与中小学图书馆的城乡发展不平衡。其次表现在东部城乡与西部城乡也存在很大差异。最后，即使在同一地区同一类型图书馆的城乡差别也很严重。

普遍均等的公共文化服务体系建设，一定程度上缓和了事业发展中设施上的不平衡差距。中央和地方各级政府加大财政专项支付，使服务资源分配向贫困地区倾斜，建立了服务最低经费保障线，改善了贫困地区公共图书馆的办馆条件，保证了公民能享受到公共图书馆的均等服务。但也要注意到，在建设过程中要事先进行图书馆的总体规划，如果建设规模缺乏整体布局，建设中的政府职责不明确等，都可能导致图书馆建好之后面临拆迁或重建的风险。

除了因经济、设施、观念等因素造成事业发展不平衡矛盾之外，服务上的非均等性也成为2009年关注的新动向。随着公共图书馆均等服务的普及，我们必须看到，目前公共图书馆的均等服务，它只是保障了一种起点均等，真正能令公民满意的、能不断提升公民幸福感的服务，是在服务的全程中自始至终地保持均等，即所有公民享受同等质量的服务过程，这才是实质性的均等。[①] 此外，人才队伍、法律保障、资源占有量与更新速度、区域定位与规划目标等，也是影响事业发展不平衡的重要原因。图书馆事业的整体全面发展，需要经费、评估指标、法治、教育界与实践界等全方位的努力，任重而道远。

① 刘学平．服务过程均等研究：公共图书馆“普遍均等、遍及全民”服务研究的新趋势［J］．图书馆理论与实践，2010（8）：60-64

（三）图书馆评估机制有待完善

图书馆评估是图书馆业务标准化、事业发展规范化的基本手段。2009年，文化部出台了《省级图书馆评估标准》，并以此为依据，组织了对全国省一级图书馆的评估定级工作，推动图书馆评估工作的广泛开展。新的评估标准根据社会发展与业务要求在多项指标上进行了适当的调整，具有一定的指导性。但作为全国性的统一评估指南，其在实施中还存在一些具体问题，主要有如下方面：

第一，指标设置的灵活性有待加强。评估指标直接考核图书馆的各项设施配备情况以及业务运作情况，对于资源的组织、整理、收藏、利用、支撑平台等方面有较全面的涵盖，符合全国图书馆规范化的基本要求。我国图书馆事业发展显现出较大的区域性不平衡，指标设置的统一性和基本性较难在各个地方产生有针对性的效果。各具体指标项的设置可以在兼顾平衡的基础上，灵活对待目前已超越基本水准的图书馆，给予差异性的选择性指标不同权重，以鼓励它们更好地发展。

第二，指标设置的“软”性指标不够。目前的指标体系主要是从硬性设施上提出考核要求，如馆舍、馆藏、数字化等，而对资源的有效利用率、设施的人性化、服务的亲近性和热情度、服务满意度等各方面涉及很少。固然因为这些指标较难考量，在评估时需要花费大量时间和成本加以调研，考评过程中也难以有效控制其科学性，但这并不意味着这些“软”指标不重要。相反，服务的标准和效果是图书馆取得可持续发展的根本，图书馆界可以考虑另建一套关于服务评估方面的指标体系，以便与目前的“硬性”建设指标体系相结合，评估时同时进行，更全面科学地反映图书馆的实际水平。

第三，评估过程需严格把关。评估工作绝不仅仅是对当下图书馆工作优劣评判定级的标尺，更是一种风向标和指挥棒，对于做好评估定级后的图书馆工作以及四年后的下一次迎评工作，都有着极为重要的指导意义和启示作用。[①] 图书馆的规范化工作应该作为一种常态机制加以执行，评估过程中要如实反映图书馆的现状，这不仅需要各图书馆的认真配合，也需要评估团队对各项指标进行详细解读以及向参评的图书馆说明评估的目的所在。评判定级等工作应注意方式方法上的正确性，以鼓励性的评语和其实效性的后期保障措施让各级图书馆有信心如实汇报不足并加以改进。

第四，配套工作要持续跟上。图书馆工作中的标准规范并不能代表图书馆行业管理的规范性。从图书馆行业角度，相关部门以及图书馆界应为各级图书馆的健康发展提供相应的保障。如颁布图书馆行业的法律政策，在经费、人员、资源、发展各个层面实施硬性的要求；健全图书馆评估指导委员会，遴选评估专家，定期进行评估标准的修订工作；建立图书馆行业准入制度，从根本上提高图书馆从业意识、服务能力和效率；做好图书馆评估工作的后期跟踪，有效支援扶助，以保证“以评促建、评建结合”原则的科学贯彻。

第五，图书馆的评估工作还应强化透明度，向社会公布评估情况。[②] 图书馆绩效评估研究要明确战略重点，注意厘清图书馆绩效评估的研究使命、整合研究方法、加强科研队伍建设和平台搭建，并在评估中谋求纵向深入发展。[③]

图书馆评估已成为图书馆理论与事业共同关注的问题。在2009年中国图书馆学会年会中，由图书馆法律与知识产权研究专业委员会、图书馆管理专业委员会、图书馆统计与评价专业委员会联合主持的第六分会场以“图书馆管理、评价与公共图书馆立法”为主题，由中国图书馆学会用户研究与服务专业委员会主持的第十

---

① 吴林．比较 启示 思考——2009 年省级图书馆评估标准解读［J］．新世纪图书馆，2010（4）：60-62，67

② 王向军．高校图书馆评估 30 年回顾与展望［J］．图书馆理论与实践，2010（3）：67-71

③ 张玉亮．国内图书馆绩效评估研究的理论脉络及前景展望［J］．图书馆建设，2009（11）：1-4

四分会场以“图书馆服务标准与图书馆评估”为主题，都涉及图书馆评估问题。图书馆评估研究引发了更多的思考，为今后的图书馆评估提供了新的思路。

（四）图书馆与社会机构的合作比较薄弱

当前，我国图书馆在业内合作已经取得显著成就，建立了大批图书馆联盟，但是图书馆与公共文化服务体系中其他机构的合作与交流较少，同时图书馆忽视与外部其他营利性社会机构的合作。据调查，目前图书馆合作还主要依赖于行政制度安排，除了行政往来（如图书馆与政府、教育部门）和同行业务往来（如与文化馆、博物馆、群艺馆等）外，图书馆与其他文化娱乐机构、企事业单位的合作情况并不理想，合作意向和实效都相当低，最高不足 40%。与营利性机构只有少量合作，分别是信息公司（15.22%）、咨询中心（10.14%）、私营企业（9.06%）、信息中介所（7.61%），不仅在范围上比较窄，在合作频率上也比较低，尚缺乏有效的合作途径和足够的思想认识。① 由此可见，当前我国图书馆与外部社会机构尤其是营利性社会机构之间的合作还比较薄弱，有待进一步加强。

（五）图书馆学教育体系缺乏面向职业的专业学位教育

目前，我国图书馆学教育体系只包含科学学位教育，由于没有专业学位教育，因此与图书馆职业实践需求相脱钩的现象依然存在。主要体现在以下几个方面：

第一，科学学位教育认同度低，归属感不强。图书馆事业的发展需要图书馆学专业知识和专业人才的支撑。我国图书馆形象和图书馆事业在社会上的“低迷”现象，使得图书馆学专业的社会认

① 洪秋兰，柯平，弓克．公共文化服务体系中的图书馆定位和发展分析［J］．图书情报工作，2010（4）：21-25

可度一直未能达到预期水平。图书馆学专业的学生绝大多数并非出于自愿而选取该专业，而是被调剂或是仅对图书馆工作抱着清闲自在的职业期待。基于这样的事实，图书馆学专业学生很难对本专业的学习投入热情，并积极主动地寻求专业教育上的认同感，大多数学生反映了对专业的归属感低，或是存在期待与现实的落差。

第二，科学学位教育重理论，轻实践。图书馆学专业教育中各类理论性课程占有较大比重，如传统图书馆史、图书馆学基础理论、信息资源建设理论、信息组织与信息揭示、目录学或文献学等。而与数字化技术相配套的计算机编目、图书馆虚拟参考、信息检索等课程，学生们的实践操作课时很有限，在校期间能够参与图书馆实习、相关信息部门信息服务工作等的机会更是缺乏，由此造成图书馆专业学生无法在实践中及时检验所学知识，也无法形成应需而学、主动学习的良好促进机制，长期下来不利于图书馆专业教育的可持续发展。

第三，科学学位教育的单一性与事业需求的多样化存在矛盾。专业教育尽管面向社会和技术发展要求进行了课程体系和讲授方式等方面的多层次调整，但图书馆学专业教育的直接服务部门依然被视为是各类图书馆、其他公益性机构和信息部门。随着社会竞争的加剧，各部门挑选人才的标准也出现了高层次化和多样化，其提出的硕士以上学历以及图书馆学专业以外的相关专业背景，对于图书馆学专业教育是个直接的冲击。专业的人才无法匹配专业的需求，又或者说专业的人才教育无法满足专业的发展需求，教育界和实践界应该好好处理彼此的供需关系，以保证专业发展与职业发展的统一。

鉴于以上事实，图书馆界希望尽早建立行业准入制度，合理调整图书馆专业课程设置，规范图书馆职业管理，促进图书馆事业全面发展。

四、未来展望

（一）加强业内互动，拓展业际联动，完善图书馆服务体系

2008 年 6 月，IFLA 发布了第 108 号专家报告《公共图书馆、档案馆和博物馆：协作与合作趋势》，详细介绍了这些机构之间的协调合作方法，并说明它们在通过合作来支持终身学习和社区发展，作为合作伙伴参与各种文化、经济活动，扩大信息资源存取，保存文化遗产以及吸引新用户和提升核心服务能力等方面的可能性。合作已成为图书馆的国际趋势。

《国家“十一五”时期文化发展规划纲要》和建设公共文化服务体系的政策为图书馆服务体系建设提供了良好的发展机遇，各地图书馆在社会责任和职业理念的驱动下，通过总分馆建设、合作办馆模式、建设区域性服务网络等形式，推进资源共享和服务互联，力图实现全面覆盖、无所不在的服务，初步形成了较为成熟的公共图书馆服务体系。图书馆在参与全国文化信息资源共享工程、乡镇综合文化站、农家书屋工程等的建设过程中也取得了良好的社会效益。深入、扩展和完善将是未来图书馆服务体系建设的必然思路，而在行进的路途中，以下问题迫切需要我们深切关注与厉行实践。

第一，应加强业内互动。图书馆之间的合作由来已久，但主要集中在联合编目、文献资源共享等传统业务上，图书馆联盟和图书馆服务网络虽拓展了图书馆间合作的地域，但合作的内容并未呈现出更多的创新，图书馆之间仍缺乏深层的互动和深入的合作，相互在资源、人员、技术等方面的介入程度不高，在思想意识、经验教训等方面的交流、批评、反思、改善还停留在表层。因此就图书馆业内而言，在现有管理体制下，一方面要加强体系内图书馆之间的互联互通，拓新合作思路，突破地域与业务局限，加深内部的合作交流，拓展馆间的业务互动，尤其是目前公共图书馆之间的发展极不均衡，相互间的守望互助、资源共享、经验移植对于支持全行业

的发展至关重要。国家数字图书馆在各地挂牌建立分馆，浙江公共图书馆系统成立“浙江省公共图书馆讲座联盟”都是图书馆合作的良好范例。另一方面，要加强不同体系的图书馆之间的合作。《公共图书馆建设用地指标》为公共图书馆设立确立了硬性标准，但如果仅有公共图书馆的合理布局与服务而没有对一个地区各类图书馆布局与服务的宏观考量，那么“小而全”、“大而全”的资源浪费以及“鸡犬相闻，老死不相往来”的体系隔阂既阻碍了图书馆整体效能的发挥，也难以为用户提供良好的用户体验。公共馆、高校馆、科研馆等虽隶属不同行政主管部门，但图书馆的业务内容具有相似性并且在资源、人才、布局方面各有优势，相互间合作的可能性以及由此带来的效益都是显而易见的，因此要突破管理体制的窠臼，寻求适宜的多方合作之路。近几年来各地成立了跨系统的图书馆联盟，今后还需继续推进和扩展。

第二，要拓展业际联动。针对图书馆与外部社会机构合作不足的问题，图书馆界要正确认识自身所处的社会情境和自身承担的职业使命：社会情境是信息和知识社会中提供与图书馆相似性服务的机构发展迅猛，图书馆生存和发展空间不再是简单的图书馆行业本身，而是整个信息产业，图书馆再不能是“躲进小楼成一统”，而要主动寻求社会合作和发展机遇；职业使命是图书馆服务作为公共物品，要为社会知识的公平享有矢志追求。因此，图书馆一方面要减少对行政制度安排的依赖，要更加开放，主动与当地政治、经济、文化发展相融汇，与自身所处的环境相结合，在保持公益性的同时与营利性机构合作，发展对社会、企业的培训教育、信息咨询、情报研究工作，探求服务渠道的扩展。上海图书馆上海科学技术情报研究所正式推出面向中小企业提供公益性图书情报服务的平台——创之源@上图，东莞图书馆计划实施为企业开展信息服务的工作项目，这些都是图书馆主动“走出去”的典范。另一方面，图书馆要集聚各类机构的力量，与工会、残联、福利院、学校、出版社、媒体、企业、民间组织和个人合作，发挥主导作用，通过寻求最佳的合作切入点，深入社区和民众，促进社会阅读，为弱势群体提供知识援助，为用户提供身边的知识服务。国家科学图书馆在2008年就实施了涵盖数字科研、教育、出版、管理、社区等领域“跨界集成”的数字服务战略，这是图书馆业际联动跨出的一大步，但更多的图书馆还需跟进。

第三，图书馆服务体系要继续向乡镇延伸。农业大国和城乡二元体制的国情状况决定了：一方面，农村的文化服务如何到位、文化氛围如何塑造、文化素质如何提升关系重大；另一方面，农村文化意识淡漠、文化基础薄弱、文化设施缺乏，为公共文化服务体系建设提出了巨大挑战，图书馆也概莫能外。在未来发展中，如何实现乡镇农村图书馆服务的全覆盖、如何保证其长期存在并提供规范服务、如何能让其生发出内在的生长力将是图书馆界和政府部门需要共同面对、思考和着力解决的关键问题。从服务网络建设来看，我国的农村图书馆服务体系要以公共图书馆为主体，以县级图书馆为中心辐射乡镇和农村馆（室），加强基层图书馆（室）建设，城市以市级图书馆为中心辐射社区馆，两相并举共同构建一种有机联系的星形网状结构的服务体系。从具体操作看，农村图书馆服务体系的建设可主要借助共享工程、农村书屋、村通工程的相关资源，通过城市图书馆向乡镇图书馆的服务延伸先提供一定的外部力量支援，形成一定的基础之后再培育乡镇图书馆稳定的自身建制和服务。另外，可鼓励社会力量（包括NGO组织和个人）参与乡镇图书馆建设，他们紧贴基层，行动更加实际有效，这将会对目前基层公共文化资源供给不足（尤其是公共图书馆事业）提供有益补充。要确立农村公共图书馆在农村公共文化服务体系中的主导地位，统筹协调农村图书馆与文化馆、农村书屋与图书馆的关系。逐步打破县乡村的图书馆和文化馆两条线，保持县图书馆和县文化馆的中心职能；乡镇以下实行两馆合一体制：在乡镇，整合镇图书馆、镇中学图书馆和文化站，成为“镇文化图书中心”；在行政村，整合村级图书室、文化活动室以及农村书屋，成为“村文化图书站

(室)”，系统整合农村公共文化资源，实现农村公共文化资源共建共享。①

第四，改革管理体制，促进服务体系的可持续发展。图书馆服务体系和图书馆建设标准虽然实现了服务点的全面覆盖与合理布局，但是还需要新的管理体制提供新的支撑和保障。从长远可持续发展来看，层累叠加的行政体制和条块分割的管理体制以及对应的分级财政体制会是很强的制约因素。跨体系的图书馆合作如何进行规划和监管？各方付出和收益如何分配？图书馆合作的经费来源、资产权归属、人事安排、服务规范如何进行协调和保障？这一系列问题都需要予以解决。因此，图书馆服务体系的改善除了行业合作的完善，还需要不断呼唤管理体制的变革，加强自上而下的协调和资源调配。

对于用户而言，没有界域的服务才是最好的服务。在建设图书馆服务体系的进程中，还存在一些界域和障碍需要我们不断突破，在此进程中更要倡导图书馆的多方深入合作，突出合作服务的优势、加强沟通强度和经验交流、提高主体意识、鼓励最佳案例的剖析与学习、支持思想创新和社会融入，形成网络化的图书馆服务体系，提高图书馆界的整体服务能力。

(二) 科学制订图书馆“十二五”发展规划

战略规划在我国图书馆的必要性和重要性反映在三个层面：从社会层面，图书馆战略规划是我国社会环境发展的要求；从事业层面，图书馆战略规划是我国图书馆事业发展的要求；从业务层面，图书馆战略规划是我国图书馆工作和业务发展的要求。图书馆战略规划研究可分为两大类：图书馆个体战略规划和图书馆事业战略规划。前者的研究重点在于建立模型与战略文本规范，解决我国各个

① 柯平等著．公共图书馆的文化功能——在社会公共文化服务体系中的作用［M］．上海：上海交通大学出版社，2010：300-303

图书馆战略决策的指导问题。后者的研究重点在于国家和地区的图书馆重大战略决策，从科学发展观和可持续发展视角解决全国图书馆事业的不平衡发展问题、与社会整体发展不适应不协同的问题、发展数量与质量的矛盾问题、发展速度与效益的关系问题等等。根据国家社会科学基金“十一五”重点项目“公共文化服务体系中的图书馆战略规划模型与实证研究”（项目编号：08ATQ001）的调查，1146 个有效样本中，认为制定图书馆战略规划非常有必要的为 540 个，占 47.1%，认为有必要的 563 个，占 49.1%，两者合计 1003 个，占全部统计样本的 96.2%，图书馆战略规划的重要性已得到共识。[①] 我国图书馆界对于战略规划的需求为图书馆战略规划的发展提供了思想上的准备和行动上的动力。

随着“十二五”的到来，各图书馆要早日启动制订“十二五”发展规划。国家图书馆自 2003 年被列为文化体制改革试点单位以来，确立了“人才兴馆、科技强馆、服务立馆”三大发展战略，2009 年启动了“十二五”规划的前期调研，并由此制定出《国家图书馆“十二五”规划起草提纲》。国家图书馆对于战略规划的重视和制订工作，对其他图书馆发展规划制订将起着引领和示范作用。各类型图书馆要抓住“十二五”这一大好机遇，按照战略规划的理论，科学制订“十二五”期间各个图书馆的战略规划和图书馆事业的整体发展规划，使我国图书馆战略规划理论与实践提高到一个新的水平。

（三）加强新技术在图书馆应用的管理

技术是图书馆发展的直接助推力，技术的每次变革都会对图书馆的发展带来深远影响。

2008 年 10 月，J. Grifey 提出“云图书馆员”的新概念，认为

① 柯平，陈昊琳．基于实证的图书馆战略规划需求研究［J］．图书情报知识．2010（6）：25-30，39

云计算的到来将使图书馆员依托云而非实体图书馆提供服务。2009年初，Michael Stephens 预测图书馆界 2009 年技术趋势，将云计算列为十大技术趋势之首。[①] 2009 年 5 月，R. Wallis 和 F. Haugen 等人提出了“云计算图书馆”的新概念，表明图书馆界已找到了一个能够聚合云计算在图书馆应用的新术语。2009 年被媒体称为“云计算元年”，从 2009 年 OCLC 宣布将向它的会员图书馆提供“基于云的”、Web 规模的、协作式的图书馆管理服务开始，基于 WorldCat 书目数据的 Web 级协作型图书馆管理服务便成为图书馆界第一个真正意义的云计算服务，[②] 云计算逐渐成为图书馆技术应用的一个热点。

在数字环境中，云计算、网格、对等网、RFID、数据挖掘、语义网、软件即服务（SaaS）、开源软件、Lib2. 0、SOA 各种新技术应用层出不穷，自助图书馆、手机图书馆、掌上数字图书馆、电子图书阅读器等新产品为图书馆服务注入了活力。以“虚拟”、“智能”、“移动”为发展方向的新技术甚至引发了对图书馆空间、馆藏、职能、管理与服务模式的重新思考。面对新技术，我们热切欢迎，但在思想和实践上也需要做好充分准备。

第一，要积极引入和应用新技术。技术的运用大大扩展了图书馆的服务空间，使图书馆从一个固定场所成为一种用户环境，成为任何地点都可以利用的知识服务。因此，图书馆应积极引入和应用新技术，通过手机、移动终端、街区自助系统将图书馆服务切实辐射到社区和用户身边。随着深圳市“城市街区 24 小时自助图书馆系统”的成功，预计在未来几年国内一些具备条件的图书馆也将启用这一新技术服务。

---

① Stephens，M. Ten Trends & Technologies for 2009［EB/OL］．［2009-12-08］．http：//tametheweb. com/2009/01/12/ten-trends-technologies-for-2009/

② 刘炜．图书馆需要一朵怎样的“云”？［J］．大学图书馆学报，2009（4）：2-6

对于图书馆现有系统和技术要根据情况进行更新，在界面设计、信息架构、内容安排、功能提供等方面进行革新和完善。但也要考虑我国地区差异、馆际差异、设施和人员差异以及技术成熟度差异等的实际情况，从本馆实际出发，以用户需求为导向，选择适用的技术，发展适用的项目；在科学调研和规划基础上，逐步的、分阶段的发展技术体系。① 另外，新技术往往耗资不菲，例如拥有一台“自助图书馆服务机”就需要投入 40 万，还不包括长期的运行、维护费用，因此在引入和推广过程中，如何获取经费并有持续性的投入、如何提高技术成熟度和降低成本是需要重点考虑的问题。

第二，新技术要有新思维。各种新技术不仅是资源与系统，更是新的环境与服务思想的更变。开源软件、Lib2.0 应用以及自助系统等的运用都主张开放、互动、面向服务、用户参与和共享，这对于更新图书馆传统的读者观、服务观是一种很好的外部冲击。因而在新技术环境中图书馆需要重新反思书目数据为核心的思维定势，以开放化的视野、以用户和服务为导向树立新思维，尊重用户的自我导向、关注和研究用户行为、挖掘用户需求、重视用户管理和教育、吸引用户参与，迅速扩大自己在网络空间的渗透度、显现度、相关度和可关联性，形成自己的网络空间服务模式。另外，新技术运用也冲击着图书馆传统的工作内容，图书馆和图书馆员应承担一个角色：利用技术进步和信息增长，由此创建数字的和物理的门户网站，用户通过它可以进入并找到可用、可靠和重要知识的路径。② 为此，图书馆要重视从信息中剥离、提取出知识，将职业竞争力附着于知识内核上，通过知识库、知识发现、知识地图、知识

① 朱强等．以开放的心态迎接新的信息技术——2009 年信息技术在图书馆的应用［J］．中国图书馆学报，2010（3）：77-94

② 陈全平编译．审视未来——图书馆视域中的信息技术和 21 世纪图书馆［J］．图书与情报，2010（2）：57-61

社区、咨询服务、知识推送等实践，将工作定位在对知识内容进行组织、评价、集成、关联、传播、利用、存储上，为用户营造泛在图书馆服务氛围。

第三，推行技术标准化。在过去自创标准、各行其是已经让我们的数字图书馆建设走过重重弯路，而从用户的角度来看，设备的统一与标准化意味着他们在图书馆中将面对同样配置的系统和程序，这样能为用户提供流畅的用户体验。因此在新一波的技术热潮中，标准问题必须放在首要位置予以重视，充分发挥全国图书馆标准化技术委员会的作用。目前全国图书馆标准化技术委员会主要着力解决信息资源揭示与组织的标准不统一问题；中国数字图书馆标准规范建设项目仍在继续，要加快标准规范的制定，使其尽早出台。因此，技术标准问题急需迫切关注、加强研究、合作建立和持续跟进。就目前而言，图书馆服务网络中各图书馆要尽可能执行相同的或者可以互相兼容的技术设施标准、安装标准和格式规范，同步进行设备更换和软件升级；考虑到不同图书馆新技术应用程度不一、采用的系统情况不一，图书馆的决策者也应做长远考虑，预留扩展接口或桥接通道，为未来发展和互通共享提供扩展空间。

（四）关注用户，逐步完善图书馆服务的标准化

近年来图书馆界在服务意识、服务标准、服务质量和服务效果上都有明显突破：中国图书馆学会发布与实施《图书馆服务宣言》，宣示了图书馆服务的行业承诺；江西省颁布《江西省公共图书馆服务标准（试行）》，成为我国首个具有法规性质的标准文件；山东省《图书借阅服务规范》已正式发布并实施，这是国内首个图书借阅服务行业的政府标准；《公共图书馆建设用地指标》《公共图书馆建设标准》摒弃了行政级别的限制而代之以服务人口作为建设规模的主要依据；2009 年全国图书馆评估中，在标准提高

的条件下，上等级图书馆占参评馆总数的比例有较大增长。[①] 但从服务的规范化发展来看，这些仅仅是个开始，今后要走的路还很长。

第一，要关注用户需求，把握用户变化。“以用户为中心”的服务理念已获得广泛认可，但在对用户需求、用户心理、用户行为、用户体验的了解和适应上却极为缺乏。Lib2.0 环境中用户个体和群体特征的多样性、变动性都是前所未有的，如果不能及时跟进，就会被用户所抛弃。因此图书馆要研究用户特征，采取灵活方式了解用户需求和变化，了解用户对服务的使用方式、影响因素以及评判标准，以此为基础制定图书馆有效服务标准，从用户适应图书馆转变到图书馆适应用户，以此提升用户的满意度和忠诚度。用户不仅是一个个独立的个体，还是在一定关系网络中的组成，因此对用户的关注不仅要关注个体还要关注社区（或社群），在一个实体或虚拟的社区中考察用户需求和行为。在强调用户参与、集体智慧的 Web2.0 环境中，图书馆还需要重新认识用户价值，用户不仅是图书馆的服务对象、资源的消耗者，还应是图书馆的“活态资源”，其知识资源、时间资源、关系资源和资产资源应被图书馆认真考量，[②] 采取有效手段进行发掘、管理和建设。

第二，要推进公共图书馆服务标准的尽快实施。由国家文化部提出并归口组织，具体由上海图书馆编制的全国公共图书馆服务标准，在 2009 年取得突破进展，已经形成初步草案。因此，今后需要在此基础上提交全国图书馆标准委员会进行审核，尽快通过审核形成国家标准，着手推进服务标准在全国公共图书馆领域有计划、

① 社图司．全国文化信息资源共享工程督导和公共图书馆评估工作总结会暨古籍保护工作会议在北京召开［EB/OL］．［2010-08-05］．http：//www.mcprc.gov.cn/sjzz/shwhs/gzdt/201002/t20100202_76834.html

② 王子舟，吴汉华．读者既是图书馆的服务对象也是活态资源［J］．图书馆杂志，2009（9）：10-15，32

有步骤地实施，这将为我国公共图书馆事业的发展提供统一管理和量化考核的标准，为公共图书馆服务质量的提高提供有力政策保障。

第三，要制订其他类型图书馆服务标准。有鉴我国公共图书馆服务标准已经制定，我国高校图书馆、专业图书馆等其他类型的图书馆也急需制订各自的服务标准，为图书馆服务的开展提供标准，进而促进图书馆服务质量的提高。

第四，将服务标准与评估关联起来。服务标准制订必须同图书馆评估相结合，标准为图书馆服务确立了内部约束，而统计、调查、评估则彰显了外部监管的力量，共同目的都是为了便利用户获取优质服务。目前的评估内容还主要集中在馆藏、绩效方面，与用户服务有关的内容和分值比例还比较少，因此需要与服务标准进行同步调整。除了行业性的总的评估外，各个图书馆也要定期统计有关图书馆服务、图书馆利用和用户感受的定性定量数据，进行自身评价；针对自身评价和行业评估情况，要进行及时的整改。

（五）进一步重视未成年人阅读与移动阅读

阅读在近年来受到了前所未有的关注，围绕阅读促进，图书馆从组织管理、活动开展、科学研究等方面都做出了巨大的努力。中国图书馆学会之下成立专门的阅读推广委员会，其下就阅读文化、推荐书目、各类人群阅读、图书评论等领域设立了多个专业委员会，建立了相关网站并开展了多次阅读论坛/会议。世界读书日活动、数字阅读日活动、阅读月、阅读年也在各地蓬勃兴起，取得了良好的社会效果。但这些活动还主要是“面”的扩展而缺乏“点”的拓深，从阅读活动的针对性来讲，还有很大的提升空间，需要从重点人群、重点主题、新兴技术、新颖方法着手，深入推进阅读促进工作。

第一，要重视未成年人阅读。未成年阅读直接影响人一生的阅读习惯。图书馆要从培养下一代国民的阅读素养这一高度认识和重视未成年人阅读。在推进未成年人阅读过程中，一是注意导向成功的阅读，可采取完成阅读任务、走出阅读迷宫、讲述阅读故事等方式调动未成年人主动阅读、克服阅读困难，从而获得阅读的满足感和成功感，进而不断循环，形成稳定的阅读习惯。为培养未成年人的阅读能力，图书馆既要提高馆员的导读能力，又要培养未成年人家庭成员的导读能力，增加亲子阅读、家庭阅读的成效。图书馆还可采取类型阅读（如小人书阅读）、主题阅读（如民间故事阅读）、社区阅读、家庭阅读等多种模式进行阅读推广，推广目标不仅是吸引未成年人阅读，而且要注意灌输正确的价值观。

第二，要重视移动阅读。泛在信息环境强调任何时间、任何地点的任意获得，我们正处于这样一种环境，因此阅读促进不仅要重视场所内的活动，还要重视场所外的活动，将阅读延伸到手机、网络及其他电子终端。据中国工业与信息化部的数据，截至 2009 年 11 月，中国手机用户数量已达 7.39 亿户，渗透率为 54.3%。[①] 而据 CNNIC 发布的《2009 年中国移动互联网与 3G 用户调查报告》，截至 2009 年 8 月底，中国手机上网用户为 1.81 亿，手机上网用户整体呈现稳定增长趋势。[②] 手机的快速发展为手机阅读提供了广阔的前景。移动阅读适应了当前生活节奏快、空余时间有限的现实，充分挖掘传统阅读无法覆盖的零散时间，同时其内容易得性、类纸阅读性、类型多样性也极大激发了读者阅读欲望，近年来发展势头强劲，已成为社会阅读的一种新兴方式。因此，图书馆必须重视移动阅读，通过购买和出借电子书阅读器、在手机终端建立移动数字图书馆、主动加入豆瓣网等阅读分享网站等方式，积极引导读者对

---

① People's Daily Online. Mobile phone penetration rate reaches 54.3% [EB/OL]. [2009-12-08]. http://english.people.com.cn/90001/90778/90860/6855171.html

② CNNIC - CR Nielsen. 2009 年中国移动互联网与 3G 用户调查报告 [EB/OL]. [2009-12-08]. http://www.cnnic.cn/uploadfiles/doc/2009/10/27/102735.doc

馆藏数字资源的使用。国家图书馆的“掌上国图”、上海图书馆的“手持式电子图书阅读器外借服务”为图书馆开展移动阅读服务提供了很好的借鉴。

第三，要重视阅读体验。阅读促进要想产生实效，就必须深入人心，切实了解用户阅读心理和阅读需求，关注用户的阅读期望和阅读感受，在开展阅读活动过程中注意收集用户体验、意见和建议，据此改进工作。另外，在活动开展时要考虑采取什么样的形式能更好地吸引用户，用户参与阅读不能仅仅停留在看看推荐书目、听听讲座、观看展览的被动位置，还要作为能动因素参与到阅读活动中，能实实在在地去体验、去参与、去分享。图书馆可采取“真人图书馆”、实物阅读体验区、阅读模拟等方式让用户充分感受阅读的魅力。

（六）大力发展专业学位教育，推进图书馆员专业化

在我国公共文化事业以及图书馆事业加速发展的过程中，日益凸显出对高素质的图书情报专业人才的迫切需求。放眼未来，随着图书馆向发展数字图书馆、提供知识服务的方向迈进，具备扎实的专业基础、精深的知识搜集和鉴别能力、熟练的知识分析和加工能力、有效的知识交流传播和服务能力的专门人才将会成为图书馆事业发展的核心动力。但目前我国图书馆人才队伍仍存在着专业基础薄弱、专业理念淡漠、专业技能低下的问题，成为制约发展的瓶颈，馆员继续教育势在必行。而另一方面，图书馆学教育长期以学科教育为主，存在不同程度学术化倾向，而面向职业的重视不够，致使培养的毕业生职业竞争力低，与实践部门要求差距甚远，这一点在研究生教育阶段体现的最为突出。教育培养与实践需求相脱节的局面，究其根本在于图书馆学教育的定位不明。基于学术研究的定位与基于实践能力的定位在培养方案上差距甚大，毫无区分的模糊定位必然造成图书馆学教育尤其是研究生教育面临的尴尬和困境。

走出困境的首要任务就是解决定位问题，针对不同定位确定不同的培养模式，具体来说，发展科学学位教育要以进行学术研究为主，偏重理论和研究，指向高级学术型专门人才；发展专业学位教育要以职业实践为主，为图书馆及相关机构培养高级应用型专门人才，也为馆员进一步在职深造提供路径。科学学位教育在我国已发展经年，专业学位教育还并未出现，极大限制了图书馆员的职业发展空间。

有鉴于专业硕士培养是我国图书馆人才培训的空白点，2009 年 3 月，根据国务院学位办关于增设专业学位的有关文件，由武汉大学信息管理学院牵头，组织有关图书情报院系形成专家组，开始图书情报硕士专业学位的论证工作。2009 年 4 月，国务院学位办《关于对我国拟新增设专业学位类型征求意见的函》（学位办便字 090303 号）提出增设“图书情报”、“信息资源管理”两个相关学位名称。2009 年 9 月图书情报专业学位专家组提出了初步方案并组织研讨，2009 年 10 月召开图书情报专业学位方案定稿会，最终形成图书情报专业硕士论证报告报送国务院学位办。可以预计，专业学位教育在今后将是硕士教育大力发展的重点方向。

为了更好地实施图书情报专业学位教育，要注意办学理念、培养目标、教学内容、教学方式、师资队伍、教学管理等方面的配套创新，并与图书馆职业资格认证相衔接。教学内容上，一方面要适应图书馆职业活动的变化趋势，适应社会信息化、知识化发展进程，加强面向知识挖掘、知识组织和知识用户的管理与服务能力培养，加强图书馆事业与业务前沿的内容比重，在课程设置上强化信息技术与信息服务，增强图书馆员的核心能力；另一方面，教育中要进行图书馆职业价值、职业理念、职业伦理的渗透，培养图书馆精神和职业精神，增强图书馆员的职业认同感与职业素质。教学模式上，加强教学与图书情报实际部门的联系与交流，聘请图书馆、情报所等实务部门的专家参与研究生的教学与培养工作。加强实践基地建设，可与一个或几个图书馆合作共同创建实践基地，安排社会实践或实习环节，发现、分析和解决实际问题。教学方式采用课堂教学、研讨、模拟训练、实习和社会调查等多种方式，重视和加强实践形式的教学，着重理论联系实际的实务能力的培养。教学管理上，要重新衡量教育质量标准以及教育评估方式。侧重从管理实践能力、动手能力的提高来评价专业学位教育成效，以案例分析、研究报告、专项调查的形式进行全方位考察。我国图书馆职业资格准入制度迟迟未能确立，致使图书馆员队伍良莠不齐，今后这方面工作还将继续努力，就目前而言，应将专业硕士学位教育与职业资格认证相关联，鼓励馆员通过攻读专业硕士学位增强自身专业素养，提升图书馆界的整体实力。

分报告一：国家图书馆

2009年是可以永载国家图书馆史册的一年。国家图书馆举办了隆重而盛大的百年馆庆系列活动，向世人展示了国图百年来的巨大成就；深切送别了在国图工作了22年的名誉馆长任继愈先生，让全社会共同缅怀这位为繁荣发展我国文化事业贡献了毕生精力的世纪学人。国家图书馆抓住历史机遇，进一步推动图书馆事业的繁荣发展，书写了辉煌的新篇章。

国家图书馆的工作得到了党中央、国务院的高度关怀。2009年4月23日“世界读书日”，中共中央政治局常委、国务院总理温家宝亲临国图，与读者交流读书心得，提倡“读书好、好读书、读好书”，有力推动了全民阅读的开展。2009年9月9日，中共中央政治局常委李长春出席国家图书馆建馆100周年庆祝大会并讲话，体现了国家对图书馆事业的重视，这一讲话是新中国成立以来中央领导关于图书馆事业的一次最为系统、最为深刻的重要讲话，成为图书馆界抓住历史机遇，进一步繁荣发展的纲领性文件。

截至2009年底，国家图书馆正式工作人员1365人，其中正副高级专业技术人员189人，中级专业技术人员657人；2009年度，财政拨款总数52 945万元，其中，购书经费16 500万元。

2009年，国家图书馆接待到馆读者总计5 209 103人次，与2008年相比，增加58.82%；全馆流通书刊26 913 838册次，与2008年相比，增加70.48%；办理读者证卡22.95万个，与2008年相比，增加51.58%；各类咨询为41.78万件，与2008年相比，增加40.11%；培训、讲座、参观、展览等各项活动共接待读者41.52万人次，其中开办公益性讲座213场，接待参观295场，举办展览49场，举办其他活动379场。截至2009年底，馆藏文献总量为27 783 105册（件），数字资源总量达327.8TB，其中自建资源239.1TB。

2009年，在文化部党组的正确领导下，馆领导班子以邓小平理论和“三个代表”重要思想为指导，以科学发展观为统领，围绕百年馆庆和国家数字图书馆工程建设两条主线，全面推进各项工作。

一、深入开展学习实践科学发展观活动

按照《国家图书馆深入学习实践科学发展观活动实施方案》，馆党委继续深入开展学习实践科学发展观活动，进一步明确了未来科学发展思路；在深入调研基础上，制定了切实可行的整改落实方案，出台了一系列政策和举措；在全年工作中加强了整改方案的落实工作，取得了明显成效；通过完整、全面的科学发展观主题教育，为国图发展奠定了坚实思想基础。

二、圆满完成百年馆庆各项活动

在文化部的领导下，国家图书馆按照隆重、热烈、节俭、实效的原则，坚持“大策划、大谋略”的策划思路，落实“高标准、严要求”的执行标准，秉承“大团结、大和谐”的协作精神，全馆员工精心组织、通力合作、全力实施、克服重重困难，圆满完成了百年馆庆系列活动。

李长春同志出席国家图书馆建馆100周年庆祝大会并讲话。国家图书馆推出了“传承文明、服务社会”的百年馆庆宣传主口号；制作并在中央电视台播出了大型专题片《百年守望》《馆藏故事》；举办了大型展览“百年记忆——国家图书馆馆史展”、“百年守望——国家图书馆特藏精品展”；出版了《中国国家图书馆馆史》《中国国家图书馆馆史资料长编》等书；举办了大型国际研讨会

“图书馆的国际化——促进知识的全球共享国际研讨会”、“互知·合作·分享——首届海外中国学文献研究与服务学术研讨会”。隆重盛大的百年馆庆系列纪念活动展示了国图百年来的巨大成就，赢得了广泛赞誉，扩大了在海内外的影响，全馆员工职业自豪感和历史使命感进一步增强。

三、大力推进国家数字图书馆工程建设

国家数字图书馆工程建设步伐加快，加强了工程建设组织管理，有机整合技术规划、资源建设、商务采购各项工作；修改了四大核心系统业务需求，完成软件架构的整体调整方案；加大数字资源建设力度，加强了已建数字资源验收、发布和使用管理工作，继续为全国文化信息资源共享工程提供优质数字资源；完成国家数字图书馆工程总集成等 29 项采购项目；标准规范研制取得新进展，国家数字图书馆工程标准规范 34 个子项目整体进展顺利；建立吉林省图书馆、军事科学院图书馆等 9 家中国国家数字图书馆分馆，设立了首家成员馆，并与澳门合作建设“澳门科技大学合作馆”，拓展了国家数字图书馆工程的服务，逐步形成分级分布的服务格局。

四、服务工作迈上新台阶

继续深化实施“服务立馆”发展战略，积极推进公共文化服务建设，充分利用业界影响力，加快业务发展，不断推出新服务新举措，各层次服务成效显著。

（一）立法决策服务品牌效应进一步扩大

立法决策咨询服务数量继续保持增长势头，全年总计完成咨询总量 2556 件；建立了交通运输部分馆，开通了中央统战部立法决策服务平台；形成面向全国人大常委会、全国人大专门委员会和全

国“两会”的全方位服务格局，《人大媒体监测》《人大专委会专报》《人大立法跟踪》等已形成品牌；紧扣国家时事，面对突发事件所引发的信息需求，反应快捷，如新疆“7·5事件”爆发后，紧急提供11万字的《新疆有关问题参考资料》，获得中央领导高度评价；全年举办16场部级领导干部历史文化讲座，影响力和辐射范围继续扩大。

（二）为重点科研、教育和企业组织的服务取得突破

试运行馆际互借与文献传递系统，推进文献提供协作网建设，自动化进程加快；坚持“走出去”、“主动推送服务”，创建面向企业和科研的服务品牌，用户群体规模扩大，层次提升；保证了中石油等已有大客户的继续合作，拓展了美国航空等新客户网络，社会效益和经济效益均有大幅度提高。

（三）为社会公众服务水平稳步提升

为倡导全民阅读、共建书香社会作出贡献。2009年，国家图书馆“中国盲人数字图书馆网站建设”、“全国图书馆志愿者行动”两个项目荣获文化部创新奖；“国家图书馆文津图书奖及其文津读书沙龙”、中国图书馆学会，分别荣获由中宣部、中央文明办、新闻出版总署颁发的全民阅读活动优秀项目和先进单位。这四项公共文化服务奖项，均为国内相关服务方面的行业最高奖，是对国图在加强公共文化服务建设方面取得显著成效的充分肯定。

第一，增强“以人为本”的服务意识，继续推进公益性服务。全年接待到馆读者人次、书刊流通量、网站点击率、办理各类读者证卡数量与2008年相比都有显著增长；通过完善中国盲人数字图书馆网站，举办残疾人专场活动、无障碍讲座等，加大了服务弱势群体的力度。

第二，进一步拓展服务的深度和广度，深化服务内涵。建立了国内首家“政府公开信息整合服务平台”，提供政府公开信息一站

式服务；开辟了海外中国学文献研究中心、法律参考阅览室，服务学科化、专题化；推出自助办证和自助充值业务；通过 IP 呼叫中心业务集中解决读者各类问题；加强远程服务，全年完成馆际互借与文献传递 6.8 万册（件），与 2008 年同比增长 80%。

第三，积极推动全民阅读，文化教育服务蓬勃开展。策划“4·23 世界读书日”大型广场活动，温家宝总理亲临国图参加活动，有力推动了全民阅读的开展；国家图书馆文津图书奖评选已成功举办五届，并在 5 个省级公共图书馆、高校图书馆进行了宣传推广活动；面向社会公众举办了文津讲坛等 213 场学术讲座，其中，文津讲坛拓展到外省，与广州日报社合作推出“文津·珠江论坛”；举办了“国家珍贵古籍特展”等一系列展览；联合在馆外办展，在澳门联合主办“纪念五四运动九十周年——五四运动历史文献特展”，在武汉联合举办“纪念辛亥革命展览”等，拓展了展览服务范围。

（四）为业界服务力度持续加大

加强与全国图书馆界的协作与交流，促进全国图书馆事业发展。召开全国图书馆馆长联席会、全国参考咨询工作会议等全国性行业工作会议，贯彻落实李长春同志讲话精神，加强业界沟通与协作；筹建和推动建立全国公共图书馆政府信息整合服务联盟、全国公共图书馆讲座联盟等行业联盟。

发挥业界龙头作用，做好为业界的服务。推进图书馆立法工作，参与《公共图书馆法》立法支撑性研究工作；促进全行业标准规范建设，征集标准规范项目推荐上报国家标准化管理委员会，已有 4 项通过国家审核和公示；继续实施“国家图书馆西部援助计划”，向以县级图书馆为主的基层图书馆捐赠期刊资料，本年度共捐赠图书资料 55 万册（件）；通过国家图书馆基层图书馆服务平台，将国图数字资源向公共图书馆提供服务；继续深入开展“志愿者行动——基层图书馆馆长培训”活动，对云南、宁夏等 5

省区622名基层图书馆馆长进行了培训，收到了良好效果。

五、基础业务建设扎实推进

圆满完成本年度文献的采访、加工、编目和典藏工作，全年正式入藏各类文献82万余册（件），馆藏总量达2778万册。古籍特藏采访入藏数量大幅增加，极大地丰富了馆藏建设；加快了历史遗留未编目文献编目工作和数据回溯工作；民国图书书目数据的核查、修改与数据补做工作取得较大进展。

六、积极落实国家重点文化工程和工作

继续开展全国古籍普查登记工作；完成第二批国家珍贵古籍名录和全国古籍重点保护单位的评审和上报，获得国务院批准颁布；开设了古籍普查、编目、鉴定与保护培训班共22期，推进古籍保护人才的培养；完成“全国古籍普查平台”各项功能的开发与完善，并在26家单位安装该平台；组织制定《古籍保护条例》《全国古籍重点保护单位管理办法》《国家珍贵古籍名录管理办法》等；再造善本续编工作得到推进。

继续做好“送书下乡工程”，已完成2009年度选书工作；配合国务院新闻办继续实施“中国之窗”赠书计划，提供有针对性的个性化服务。

七、国际化发展呈现良好态势

全方位推进国际化进程，通过国际合作项目，搭建传播和共享中华优秀文化的平台，更深入地参与国际合作。

作为“世界数字图书馆”项目发起馆之一，中国国家图书馆提供了20件数字化馆藏，通过“世界数字图书馆”网站向全球公

众提供服务；通过中文文献资源共建共享合作项目、筹划数字图书馆海外合作馆等项目加强与港澳台地区以及海外中文图书馆的合作；完成与澳门基金会合作的重点项目“全球中华寻根网”项目启动阶段的预定计划；正式启动国际访问学者项目，顺利实施了第一期访问学者项目，推进了学术研究国际化；与美国哈佛大学图书馆共同开发哈佛燕京图书馆藏中文善本古籍，该项目是中国国家图书馆主导、规模最大、历时最长的文献数字化项目；与日本东京大学东洋文化研究所签署意向书，促使该所 4000 种中文古籍书目数据和影像资源回归中国国家图书馆。

八、复合型人才培养取得实效

继续落实“人才兴馆”战略，进一步加强员工队伍建设和人才培养。引进大学应届毕业生 69 名，其中博士 10 名，人才结构进一步优化；继续选派管理干部到国内大型图书馆挂职锻炼；开设管理能力培训班，组织 68 名副科级干部参加培训；国家图书馆博士后科研工作站正式揭牌，遴选了 4 名博士进站工作；拥有南京大学、河北师范大学 2 个合作博士点、5 名博士生导师；再次选派员工赴美国、日本、新加坡、法国等国培训学习，为国图的国际化发展储备人才。

九、科研工作取得新成绩

积极开展科研活动，课题立项取得新成绩。成功举办了国家图书馆第十次科学讨论会；完成了 2009 年度国家图书馆馆级科研课题的申报、审核和立项工作，立项数量和自主经费较上年有较大幅度提升；获得两项国家社科基金资助；各类部委以上科研项目申报方面延续了增长势头，成功申报了北京市自然科学基金和国家文物局等机构的科研项目。

十、机制改革增强了全馆发展活力

依据文化部关于直属事业单位岗位设置管理要求，制定了《专业技术人员入轨岗位分级聘用办法》及《国家图书馆岗位管理条例（修订）》，开展780名专业技术人员分级聘用和岗位工资调整工作；重新修订了各部门职责，进一步理顺了工作关系；适应事业发展需要，微调内设机构，成立国家图书馆互联网信息资源保存保护中心、立法决策服务部系统保障服务组等。外包业务工作人员的培训、考核工作制度化，拓展和完善了业务外包工作；继续调整和完善后勤服务机制，保障服务质量；深化体制改革，国家图书馆出版社转制工作有序进行。

十一、党工团齐心协力共促发展

加强学习型党组织建设，开展理论学习，组织了主题明确、方式活泼的各类活动；在全馆党员干部中开展了“加强干部作风建设”活动，全面推进了党的思想、组织、作风、制度建设和反腐倡廉建设，为国图建设提供了坚强的思想和组织后盾。

继续健全职代会制度，召开了第一届职工代表大会第五次会议，充分发挥了职代会的参政议政作用；开展了多种形式的工会干部培训教育；举办了丰富多彩的文体活动。馆团委充分发挥团员青年的积极性，组织团员青年参加世界读书日活动，举办了“百年馆庆知识竞赛决赛”、“送书到兵团”等活动，使团员青年增长知识的同时陶冶了情操。

十二、中国图书馆学会等工作顺利开展

中国图书馆学会选举产生了新一届理事会，积极推动“全民

阅读”活动，深入实施“中美图书馆员专业交流项目”，搭建学术交流平台，推动行业发展。

进一步做好财务工作，规范国有资产管理和采购项目的实施工作。安全保卫工作平稳有序，圆满完成国家领导人来馆等重要活动的安保任务，加强了日常检查和消防安全教育。后勤工作稳步推进，开展了一期整体改造专项工程的编制、论证、审批和上报工作以及二期工程决算工作，组织实施古籍馆西平房改造及室外管线改造等专项工程。国家图书馆二期获得“北京当代十大建筑”等若干奖项。国家图书馆出版社在新闻出版总署首次经营性图书出版单位等级评定活动中，被评为一级出版社，并授予“全国百佳出版单位”称号。宣传工作成效显著，全年国内各类媒体报道 2000 余条，其中全年日常报道 900 余篇。

分报告二：公共图书馆

2009年，全国各地公共图书馆按照中央提出的文化事业单位改革总体部署以及关于加强公共图书馆延伸服务的指示精神，不断深化机制改革，加大投入，在图书馆服务体系建设、加强馆际合作、创新服务手段、提高数字化服务能力、推广全民阅读、推进全国文化共享工程、古籍保护工程以及法制化建设等方面呈现出令人欣喜的发展态势。

一、2009年基本数据统计

根据《文化文物统计年鉴2010》的统计，将公共图书馆2009年统计数据与2008年数据进行对比，分析2009年我国公共图书馆的发展情况。（以下所列数据不包括国家图书馆相关数据）

（一）机构和从业人员数量

截至2009年底，全国县级以上公共图书馆共2849个，比2008年增加30个。其中，县级图书馆2491个，少儿图书馆91个，均有一定程度增长。2009年全国公共图书馆从业人员51 298名，比2008年增加661人。由此可见，我国公共图书馆的数量和从业人数略有增长，但独立的少年儿童图书馆仍然缺口较大。详细数据见下表。

项目 \ 年度	2009	2008	增幅（%）
公共图书馆数量（个）	2849	2819	1.1
县级图书馆数量（个）	2491	2444	1.9
少儿图书馆数量（个）	91	88	3.4
从业人员数量（人）	51 298	50 637	1.3

（二）文献藏量

2009 年全国公共图书馆文献总藏量 55 742 万册（件），同比增长 6.4%；其中县级图书馆总藏量 24 705 万册（件），比上年增加 11.4%。本年新购藏量 2856 万册（件），同比增长 2.9%；其中县级图书馆新购藏量 1428 万册（件），比上年增加 22.8%。由此看出，2009 年县级图书馆在文献购置数量上有较大突破，但我国公共图书馆的总藏量仍然较低，还需要进一步加大购置。详细数据见下表。

项目 \ 年度	2009	2008	增幅（%）
文献总藏量（万册（件））	55 742	52 367	6.4
书刊藏量（万册（件））	48 497	46 053	5.3
县级图书馆文献总藏量（万册（件））	24 705	22 170	11.4
县级图书馆书刊藏量（万册（件））	23 122	21 153	9.3
本年新购藏量(万册(件))	2856	2776	2.9
县级新购藏量(万册(件))	1428	1163	22.8

（三）文献流通与读者活动

2009 年全国公共图书馆流通总人次和书刊外借册次都有一定程度增加，分别比上年增长 13.8% 和 11.6%；其中县级图书馆流通人次和外借册次增长幅度较大，分别为 22.0% 和 15.0%，这与我国近几年加强基层图书馆建设有关。2009 年共发放借书证 1727 万个，同比增长 20.0%，其中县级图书馆发放 903 万个，同比增长 22.9%。然而比较遗憾的是，2009 年全年举办读者活动和参加人次较之 2008 年都有较大幅度下降，分别降低 64.6% 和 81.9%，这可能与 2009 年的国庆活动审查较严以及 2009 年校园事件频发，加强校园安全而减少活动有关。详细数据见下表。

年度 项目	2009	2008	增幅（%）
流通总人次（万人次）	31 647	27 813	13.8
县级图书馆流通总人次（万人次）	18 845	15 447	22.0
书刊外借册次（万册次）	25 636	22 964	11.6
县级图书馆外借册次（万册次）	14 839	12 898	15.0
发放图书借阅证（万个）	1727	1439	20.0
县级图书馆发放借阅证（万个）	903	735	22.9
全年举办读者活动（次）	31 064	87 695	-64.6
参加活动人次（万人次）	596	3284	-81.9
县级图书馆举办读者活动（次）	18 144	53 760	-66.3
县级图书馆参加活动人次（万人次）	343	1691	-79.7

（四）经费收支

2009 年，公共图书馆总收入和总支出都有较大幅度增长，其中财政拨款 549 044 万元，同比增长 24.6%。县级图书馆财政拨款 222 355万元，比上年增长 25.4%。2009 年，新增藏量购置费87 506 万元，同比增长 10.8%，其中县级图书馆新增藏量购置费 27 937 万元，同比增长 21.0%。这说明国家对公共图书馆的财政投入持续增加，基层图书馆建设得到各级政府的重视。详细数据见下表。

年度 项目	2009	2008	增幅（%）
公共图书馆总收入（万元）	553 682	487 793	13.5
公共图书馆财政拨款（万元）	549 044	440 578	24.6
县级图书馆总收入（万元）	243 449	195 808	24.3
县级图书馆财政拨款（万元）	222 355	177 274	25.4
公共图书馆总支出（万元）	548 467	474 659	15.5
县级图书馆总支出（万元）	233 737	193 624	20.7
新增藏量购置费（万元）	87 506	78 962	10.8
县级图书馆新增藏量购置费（万元）	27 937	23 085	21.0

（五）建筑设备

2009 年，公共图书馆房屋建筑面积和阅览坐席数量均有一定程度增长，分别为 8.1% 和 8.6%，其中县级图书馆增长幅度更大一些，分别为 11.6% 和 12.0%，这说明基层图书馆基础设施建设得到进一步关注和发展。少儿阅览坐席增长幅度略小，仅为 3.4%。2009 年电子阅览室终端数增长幅度较大，分别为 36.3% 和

49.2%，这一增长幅度与各级图书馆重视信息化技术和全国文化共享工程的顺利开展有关。详细数据见下表。

项目＼年度	2009	2008	增幅（%）
房屋建筑面积（万平方米）	825	763	8.1
县级图书馆房屋建筑面积（万平方米）	461	413	11.6
阅览坐席（万个）	59.5	54.8	8.6
县级图书馆阅览坐席（万个）	40.1	35.8	12.0
少儿阅览坐席（万个）	15.1	14.6	3.4
县级图书馆少儿阅览坐席（万个）	11.4	11	3.6
电子阅览室终端数（个）	71 914	52 767	36.3
县级图书馆电子阅览室终端数（个）	53 523	35 865	49.2

二、公共图书馆2009年发展特点

（一）图书馆服务体系不断完善，基层图书馆建设进一步发展

各地各级文化部门把加快构建覆盖城乡、惠及全民的公共文化服务体系作为工作重点，不断加大投入，完善公共图书馆服务体系，加强基层图书馆建设。

2009年4月12日，全国农村图书馆服务网络建设经验交流会在嘉兴召开，研究、部署新形势下农村图书馆服务体系建设工作。周和平副部长强调，各级文化主管部门要充分认识推进农村公共图书馆服务网络建设的重要意义，逐步构建城乡一体的图书馆服务网

络；要加快基层公共图书馆设施建设，建立和完善以县图书馆、乡镇综合文化站、村文化室为主体的农村公共图书馆服务体系。

2009 年，上海建成全国最大的图书馆集群网络，读者可凭借一卡通，在全市 108 家分馆实现文献的通借通还。深圳“图书馆之城”建设经过 6 年的实践，形成以市图书馆为龙头、区图书馆为骨干、街道图书馆为节点、遍布全市的社区图书馆四级网络。北京打造了公共图书馆四级服务网络体系，截至 2009 年底，全市 17 个区县的 161 家图书馆（室）成为“一卡通”联网图书馆，有 58 个市、区、街道图书馆实行通借通还。苏州城区公共图书馆网络建设在政府的高度重视和大力支持下，通过合作建设方式在全市城区共建成分馆 21 所。

2009 年，嘉兴市、镇、村三级公共图书馆网络服务体系基本完成，市本级乡镇图书馆分馆建设已基本实现全覆盖，图书馆连锁服务已经惠及各个村。成都市龙泉驿区将构建区域内区/县、街道/乡镇、社区/乡村三级图书馆共同参与的网状行业管理结构“图书借还一卡通”模式作为 2009 年重要的民生项目。截至 6 月 22 日，辖区内所有街镇乡、村（社区）都建立了“一卡通”书刊借还业务基层服务点，实现了 100% 覆盖率，成为西部地区第一个实现“一卡通”服务的网络体系。

（二）馆际合作逐步加强，文献资源实现共建共享

近几年，各地图书馆打破限制，建立跨地域、跨系统的图书馆联盟，实现馆际合作与资源共享，提高了文献资源建设和利用的效率。

2009 年，吉林省内各大图书馆积极探索横向联盟、纵向总分馆制的办法，取得了初步成效。整合了 29 所公共、高校、科研图书馆，实现了资源的共建共享。2009 年 6 月，武汉城市圈公共图书馆联盟成立，整合了 9 个城市图书馆的文献信息资源，构建图书馆总书库，实现公共图书馆、高校图书馆、科研单位图书馆的共建

工程。2009 年 3 月，青岛、潍坊两市图书馆签订协议，就资源共建共享、地方文献交流交换等建立对口合作，共享两地资源。天津图书馆与南开大学、天津大学、天津医科大学等全市 19 所高等院校图书馆，以及天津市科学技术信息研究所、天津市医学科学技术信息研究所、天津社会科学院、天津市委党校等系统图书馆以联盟的形式，开展联合通阅、通借、文献传递等合作，扩大服务范围和受众面，更好地满足广大公众的文化信息需求，切实保障公民文化权益，共同打造天津市公共文化服务体系的新平台。

围绕数字图书馆建设，为了实现资源共享，避免重复建设，越来越多的图书馆加强了彼此之间的合作，通过成立相关的联盟或确立共同的建设标准，实现数字资源的集中采购和有效利用。2009 年《广东省公共文化服务体系建设规划》出台，积极推进全省公共、教育、科研三大系统图书馆资源共享，建成珠江三角洲数字图书馆联盟。其联盟网站——广东省文献资源共建共享协作网（www. gdlink. net. cn）是我国建立的第一个跨系统覆盖全省地域的数字图书馆联盟，登录该网站即可免费获得数字图书馆的网上参考咨询和文献传递服务，包括 120 余万种图书、3000 余万篇期刊论文等资料，为读者提供内容章节和全文检索、部分文献试读、参考咨询以及文献传递到桌面等服务，江西省的 12 家省市公共图书馆、24 家高校图书馆及省科技情报研究所、省社会科学院图书馆协议构建江西数字资源共建共享联盟。

（三）图书馆服务手段不断创新，数字化服务能力进一步提高

全国各地公共图书馆在开展公共文化服务中不断创新服务模式和手段，拓展、延伸服务领域，提高了业务管理水平，保证了服务质量。

2009 年 4 月由文化部立项、深圳图书馆组织研发、并被深圳市列入“图书馆之城”建设重点攻关项目的“城市街区自助图书馆系统”服务工作全面启动。2009 年 5 月至 10 月，40 个自助图书

馆借书量占深圳图书馆在馆借书量的 17.49%。东莞图书馆首创无人值守“永不关闭的图书馆”，推出自助图书馆和图书馆 ATM，实现了每天 24 小时全天候服务。总馆、镇街分馆、村（社区）分馆、图书流动车服务站、图书馆 ATM 共同构成了空间覆盖全市、时间全天候的图书馆公共服务网络，形成了新时期公共图书馆服务创新的新形态。

电子书、手机图书馆为读者带来全新的阅读体验。2009 年 4 月，厦门市图书馆开通了以手机为媒介的“掌上图书馆”服务，市民只要通过手机登录图书馆网站，即可获取图书馆免费讲座、免费电影和新书通报等信息，同时还可以通过短信进行图书查询、办理图书续借、图书预约等服务。2009 年 10 月，上海图书馆“手机图书馆”全面升级，通过访问手机网站，读者可以进行全市书目和图书馆馆藏的联合检索，获得 200 万种馆藏书刊、音像资料和文献的搜索结果，并可定位到上海图书馆以及全市 130 多家开通的分馆和服务点进行借阅。为了方便视障读者的使用，上海图书馆推出听书阅读器的外借服务。2009 年 11 月 3 日，自助借书机、电子读报器、数字化古籍等图书馆新技术在中国图书馆学会年会上亮相。

随着计算机与网络技术的发展，数字图书馆已成为传统图书馆在数字时代的发展方向，为公共图书馆的服务开辟了一个全新的领域，使传统图书馆突破了时间、空间的局限，真正实现了足不出户就可享受现代图书馆的服务，同时也实现了全省范围内的电子文献传递和纸质文献的馆际互借。2009 年，各地图书馆加强数字资源建设，中国国家数字图书馆山西分馆、四川分馆、陕西分馆、广西分馆、湖北分馆等纷纷成立。浙江网络图书馆（http://www.zjelib.cn/）开通，随时随地能搜索查阅电子书刊，以及全省 94 家县级以上公共图书馆的馆藏目录和 1.7 亿条文献信息。2009 年初，天津图书馆最新推出的家庭虚拟图书馆系统，正式开通试运行。2009 年 9 月 26 日，重庆数字图书馆（www.cqelib.cn）正式开通，共收有 270 万种中文图书、146 万种外文图书、3000 多种中文期刊、5124 篇外文期刊以及中文报纸等。

2009 年 8 月 10 日，“2009 中国数字图书馆可持续发展研讨会”在桂林召开。与会者围绕“创意阅读，精彩体验”的主题，共同探讨我国数字图书馆领域如何借数字出版飞速发展之机，不断完善产业链构成，提升行业整体发展水平，推进图书馆数字化发展进程。

（四）读书活动形式多样，全民阅读成为风尚

为推动全民阅读深入开展，创新全民阅读方式，各地图书馆开展了多种多样的读书活动。苏州图书馆开创了在全国很有影响的“苏州模式”，并将“阅读让城市更美”定为永恒主题。东莞图书馆开展了“东莞读书月”系列活动，举办东莞学习论坛、读书系列讲座、图书展、读书知识竞赛、“我的读书故事”征文比赛、“我喜爱的书房”设计大赛、“藏书与阅读”优秀图书推荐、“学习之家”评选、外来员工“读书学习，争做新东莞人”演讲比赛等活动并开通市民学习网。深圳图书馆创办深圳读书论坛、藏书与阅读推荐书目等许多知名品牌活动，包括读书、换书、赠书、征文、话剧、讲座、朗诵、展览等各种形式。山东省图书馆学会紧紧围绕2009 年全民阅读活动的主题“让我们在阅读中一起成长”，利用世界读书日、五四青年节、图书馆服务宣传周、科普宣传周、六一国际儿童节、全国科普日、国庆节等，集中开展多种形式的主题阅读活动。重庆市由文化广电局牵头，以“庆祝新中国成立六十周年，积极开展全民阅读活动”为主题，组织全市 42 家公共图书馆开展了第 21 届图书馆服务宣传周活动，以推进图书馆在全社会中的影响力，让更多的市民了解图书馆、走进图书馆、利用图书馆。

在第四届苏州阅读节暨中国图书馆学会第三届全民阅读论坛开幕之际，中国图书馆学会阅读推广委员会成立大会及第一次工作会议于 2009 年 9 月 27 日在苏州图书馆召开。阅读推广委员会致力于加强阅读文化和阅读服务的研究，并促进全国图书馆服务工作和阅

读活动的开展。阅读推广委员会一共设立了阅读文化研究委员会、推荐书目委员会、藏书文化研究委员会、图书馆与社会阅读委员会等 15 个专业委员会，领导全国图书馆界广泛而深入的开展全民阅读活动。

（五）全国文化共享工程逐步推进

2009 年，在党中央、国务院及各级党委、政府的重视下，以公共图书馆为依托的全国文化信息资源共享工程取得了重要进展，网络不断扩大，网点建设逐步向基层扩展。截至 2009 年底，已建成 1 个国家中心，33 个省级分中心，2814 个县级支中心，15 221 个乡镇基层服务点，45.7 万个村基层服务点；资源总量达到 90TB，视频资源达到 72 345 部/集、70 434 小时；专兼职工作人员达 68 万人；各级中心和基层服务点累计服务超过 6.9 亿人次。从各地情况来看，北京、辽宁、安徽、山东、湖北、重庆、贵州、云南、陕西等省（市）文化共享工程整体推进成效显著。

2009 年 8 月，由河南省郑州市政府投资主办，郑州市图书馆承办的“全国文化信息资源共享工程郑州支中心数字化综合服务平台——郑州市图书馆数字文化网”（www.zzldcn.cn）正式投入使用。截至 2009 年底，共享工程北京分中心已经基本完成全部区县、街道乡镇、行政村的覆盖任务，全面开展信息服务，形成了“国家中心——北京市分中心——区县支中心——街道、乡镇基层服务点——行政村基层服务点”的五级网络体系。上海分中心实现与上海市政务外网的联网。成都支中心完成了中心城区内全部 454 个社区基层服务点的建设，实现了中心城区内基层服务点的 100% 全覆盖，并提出基层服务点的建设标准。黑龙江省实现了全部县级支中心的建设任务及基层网点全覆盖的建设目标。云南全省建成以县级支中心为核心、以乡村基层服务点为重点的基层服务网络。

（六）古籍保护工程继续开展

2009 年全国古籍保护工程继续推进，各地公共图书馆积极参与古籍普查与保护工作。2009 年 4 月 13 日，古籍保护工作会议在浙江省嘉兴市召开。周和平副部长强调，要提高认识，明确任务，认真做好 2009 年度的古籍保护工作，要围绕建立健全古籍保护工作体系、工作机制这一核心，进一步加大力度，继续扎实推进各项工作。公共图书馆响应号召，积极参与古籍保护。6 月，国务院正式公布第二批《国家珍贵古籍名录》及第二批“全国古籍重点保护单位”。其中《国家珍贵古籍名录》共申报 12 199 种，公共图书馆系统入选 2677 部；62 家“全国古籍重点保护单位”中，公共图书馆入选 24 家。文化部 2009 年 12 月公布的首批 12 家“国家级古籍修复中心”名单中，公共图书馆入选 8 家，分别是：天津图书馆、山西省图书馆、辽宁省图书馆、上海图书馆、南京图书馆、浙江省图书馆、山东省图书馆、云南省图书馆。

2009 年，甘肃省古籍保护专家委员会、重庆市古籍保护工作专家委员会、辽宁省古籍保护工作专家委员会相继成立。

古籍数字化和网络化是古籍保护和传播的主流方向和大趋势，必将从根本上解决古籍保护与利用的矛盾。2009 年，古籍数字化无论在研究领域，还是在实践领域，都取得了长足的进步。云南省图书馆积极推进古籍数字化保护，制作了一批古籍全文数据库。黑龙江省启动“新善本”保护工程，制定新善本的收藏标准，对馆藏新善本进行清点和编目，建立专题数据库，加强新善本的保护和管理。为推动北京市古籍保护工作全面开展，加强市属各古籍收藏单位联系与合作，扩大古籍保护工作的社会影响，北京市古籍保护中心办公室于 2009 年 12 月 9 日上线开通了“北京市古籍保护中心”网页；同时，还开通了网易博客“古籍保护”，作为另一个增进古籍保护业务交流的平台。

（七）公共图书馆立法取得实质性进展

自 2008 年 11 月启动《公共图书馆法》立法工作以来，经过一年的努力，公共图书馆法的雏形基本形成。2009 年 1 月，在中国图书馆学会峰会上与会专家就公共图书馆立法展开了热烈的讨论，通过细致深入的研讨，会议达成共识，制定了《公共图书馆法》支撑性研究工作方案：确定了公共图书馆法的相关专题研究，分别是公共图书馆立法背景的必要性、可行性，公共图书馆的性质、定位、功能，公共图书馆设置与体系建设，图书馆管理体制等 10 个研究课题。同时成立相关组织协调机构，确定了项目组的组成原则、办法，明确了工作进度，并初步确定项目的召集人。经过周密的安排和各方的努力，2009 年 7 月，12 个专题小组向文化部递交正式稿，第一阶段工作顺利完成。2009 年 9 月 22 日，《公共图书馆法》立法支撑研究第五次工作会议召开，就研究成果的结论如何形成法律条文和出版发表等进行了讨论。

此外，地方法规建设也取得一些进展。2009 年 4 月，山东省《图书借阅服务规范》发布，作为地方标准由山东省质量技术监督局正式发布并实施，成为首个图书借阅服务行业的政府标准。《图书借阅服务规范》不仅仅强调服务的标准化和规范化，更坚持“以人为本”的服务原则。该规范围绕方便读者、满足读者的需求，要求为读者提供优质服务，规范图书借阅服务流程，对开放时间、读者借阅环境以及图书管理员的职业要求、书库管理、创造便利条件方便读者等方面给予了明确的阐释说明，将读者的利益放在了首位。4 月 20 日山东省政府第 42 次常务会议通过并发布《山东省公共图书馆管理办法》。办法共 27 条，主要规范了公共图书馆的概念、设置、建设、开放服务、文献信息资源的管理与保护、法律责任等内容。

（八）第四次全国公共图书馆评估工作圆满完成

2009年，文化部组织开展了第四次全国县以上公共图书馆评估工作。参加此次评估的图书馆共2234个，占县级以上图书馆总数的79.2%；其中省级和计划单列市图书馆49个；地级图书馆314个，占全国地级图书馆总数的75.3%；县级图书馆1871个，占全国县级图书馆的79.5%。通过对各参评图书馆办馆条件、基础业务建设、读者服务工作、业务研究辅导和协作协调、文化共享工程建设、图书馆管理、表彰和奖励等诸多方面的考核，全国共有480个图书馆被评为一级馆，其中地级馆142个，县级馆299个；共410个图书馆被评为二级馆，其中地级馆65个，县级馆340个；共894个图书馆被评为三级馆，其中地级馆66个，县级馆828个。三级以上图书馆总数1784个，占参加评估图书馆总数的79.9%，占全国县级以上公共图书馆的63.3%。

本次全国公共图书馆评估定级工作，在各级文化行政主管部门和图书馆的共同努力下，按照既定的部署顺利达到了预期的目的。评估结果表明，从2004年第三次评估定级以来，我国公共图书馆事业处于稳步发展的态势。与2004年第三次公共图书馆评估相比，参评馆增加了200个，增长9.8%；三级以上图书馆增加了344个，增长24.0%，其中一级馆增加了136个，增长39.5%。与第三次评估相比，其进步主要表现在以下三个方面：（1）在标准提高的条件下，三级以上图书馆占参评馆总数的比例有较大增长；（2）图书馆的硬件设施水准有了较大的进步，特别是馆舍面积和现代化装备、数据库、自动化网络化建设等方面；（3）图书馆的服务能力与水平有了较大的提高，图书的年入藏种数与年外借册次增加较多。

三、公共图书馆发展障碍分析

公共图书馆事业的发展一直受到经费不足、人员不足、制度不足三大问题的困扰。第一，在图书馆经费方面，虽然财政拨款年年增加，但是面对读者信息需求增长、读者服务内容更新、信息资源价格上涨等现状，经费的增长滞后于图书馆事业发展的脚步。第二，在专业技术人员方面，图书馆学专业毕业生每年大概只有 1/3 选择到图书馆工作，这首先在人才源头上就造成图书馆专业人才需求难以满足的状况；其次，图书馆人才流失现象严重。许多年轻馆员因为物质待遇低、社会地位不高等原因，放弃了图书馆工作，不仅造成大量人才流失，还浪费了图书馆人才培训的资源。第三，在图书馆管理体制方面，纵向的行政管理体制严重束缚了公共图书馆行业间的横向发展。由于信息资源共享、图书馆服务体系建设、数字网络搭建等业务需要，现在的图书馆行业已经形成了纵横交错的图书馆网络。条块分割的管理体制势必给各个图书馆之间深层、广泛的合作，带来不小的障碍。另外，图书馆的劳动人事制度、收入分配制度也因为我国文化体制改革没有完成而有待进一步的完善。2009 年我国公共图书馆事业发展，除了继续受上述三方面问题的阻碍之外，还逐渐显露了一些深层次的尖锐问题。

（一）公共图书馆社会效益问题

我国公共图书馆事业呈稳步发展的态势，公共图书馆的服务水平和能力都有了较大的提高。但是，对于图书馆的社会效益、读者信息需求满意度等核心问题，至今国内都没有科学规范的评价体系给予评定。

社会效益是公共图书馆追求的直接目标，公共图书馆的社会效益是指最大限度地利用有限的公共信息资源满足人们日益增长的信息需求。然而，在诸多因素当中，资源配置的合理程度已经成为影响图书馆效益的主要因素。近几年来，随着图书馆网络体系的层层建设，基层图书馆网点也纷纷建立。如社区图书馆、农家书屋、共享工程、科技下乡等等一系列惠民措施，已经把图书馆建到了读者身边。但是，基层图书馆的使用现状却令人担忧。许多图书室的书籍、电脑闲置，有信息需求的读者放弃身边的图书室，直接到大型的图书馆来查找资料。这样一方面浪费了基层图书馆信息资源，另一方面又造成中心图书馆的信息资源紧张，让中心图书馆的读者抱怨书籍借不到、图书馆信息资源陈旧等等，使得中心图书馆读者流失、图书馆社会效益降低。

提高图书馆社会效益，合理配置资源，主要依靠图书馆对读者信息需求的把握，而读者信息需求又受地区经济文化状况、居民文化素养、生活方式等诸多因素的影响。因此，公共图书馆在建设服务网络时，必须要进行整体规划；关于图书馆网点建立，以及在这些网点提供哪些服务，都应该经过细致的调研。另外，衡量一个地区图书馆事业发展水平，应该改变“人均购书经费多少元”、“人均书刊拥有量多少册”的观念，而采用“人均书刊利用率”等指标来测量资源的利用状况。

（二）公共图书馆发展竞争力问题

21 世纪随着计算机、通讯技术的发展和互联网的应用，人们获取信息的方式发生了重大改变。互联网巨大的信息资源、及时的服务、便捷的使用方式，已经成为人们获取信息的首选。其次，书店的经营也越来越人性化。无论是环境布置、书籍价格，还是书籍内容、新书速度，都已走在了图书馆前面，吸引了诸多读者。再次，公共文化服务体系的建立，博物馆、纪念馆、科技馆等公共场所的免费开放，也给公共图书馆的发展提出了巨大挑战。因此，如何提升公共图书馆的竞争力问题显得至关重要。

我国图书馆界从 2000 年开始，对公共图书馆的核心竞争力、核心能力、核心价值观等问题给予了广泛关注。很多专家学者都给出了自己的观点，并且在 2007 年还发布了《公共图书馆宣言》。但是，在图书馆具体实践中，能明显提升竞争力的举措还不多。公共图书馆在其自身资源与能力的价值性、独特性、稀缺性方面的研究和实践都亟待加强。

（三）公共图书馆法制保障问题

公共图书馆事业的发展离不开法律保障。但是我国的《公共图书馆法》自 2001 年至今仍未出台。事业发展缺乏法律和政策保障，各级政府对图书馆事业的投入随意性比较强，事业发展缺乏连续性和长效性。虽然很多省市出台了地方性的法规、条例，但根本大法的出台对保障公众公平获取信息权利起到决定性作用；同时，也能对图书馆员的权利与义务给予明确的规定，在与读者的纠纷中，切实保护图书馆员的利益。

另外，数字图书馆的发展，使得数字化传播过程中的版权保护问题提上日程。2006 年 7 月 1 日起《信息网络传播权保护条例》正式施行，公益性图书馆馆内网络传播的合理使用权得以确立，馆外网络传播的法定许可权被取消。这个条例使得图书馆在数字资源的使用范围被局限在图书馆内，降低了信息资源利用的机率。同时，图书馆自身在使馆藏文献数字化的过程中，也会遇到许多版权问题。鉴于公共图书馆的公益性目的，国家如果能出台相关政策，对公共图书馆在版权使用方面给予一定优先，那将会减少因为法律限制带来的信息传播中的诸多不便。

四、公共图书馆发展趋势展望

（一）大力加强数字图书馆建设，合理构建新型图书馆形态

我国公共图书馆经过百年发展，目前已进入数字化的全新时代，馆藏资源的数字化加工、数字资源的存储与利用、网络信息的搜集与传播等，已成为图书馆工作的重要内容。国家图书馆从 2005 年开始就在全国推广“中国国家数字图书馆地方分馆”建设项目，目前，国家图书馆已在全国 15 个省区建设了 16 个数图分馆。另外，全国各省会、直辖市图书馆都纷纷建立数字图书馆项目，如天津的家庭虚拟图书馆、重庆数字图书馆、浙江网络图书馆等等。

数字图书馆的产生是科学技术发展的必然结果，它的发展壮大也与数字化信息的各种优点密切相关。但是，数字图书馆建设并不能完全取代传统图书馆。传统图书馆物理意义上的馆舍、建筑具备文化象征的作用，担负着文化交流的使命；另外，传统图书馆的保存文化遗产的社会职能是无法替代的。因此，数字图书馆与传统图书馆必将形成长期共存、优势互补的局面。传统图书馆以其强大的信息资源，成为数字图书馆发展的基础；数字图书馆以其快捷、智能的使用界面，成为传统图书馆服务的延伸。传统图书馆与数字图书馆共存互补的发展模式，将成为以后一个时期图书馆发展的新形态。

（二）科学规划农村基层图书馆建设，努力促进全国事业平衡发展

2006 年《国家“十一五”时期文化发展规划纲要》提出了“坚持公共服务普遍均等原则，兼顾城乡之间、地区之间的协调发展，统筹规划，合理安排，形成实用、便捷、高效的公共文化服务网络”的要求。“以农村基层和中西部地区为重点，继续实施文化惠民工程，基本建成公共文化服务体系”，是下一个五年计划文化事业工作的重要组成部分。可见，我国以农村基层及中西部经济不发达地区文化建设为重点的政策是一脉相承的。未来公共图书馆事业将会继续加大基层图书馆建设力度，促进中西部贫困地区图书馆事业的发展。

随着我国公共图书馆服务体系的逐步完善，基层图书馆（包括县、乡镇、村及区、街道、社区图书馆）建设日益受到关注，各地也结合自身实际情况，采取了中心馆向基层延伸、总分馆制、图书馆联盟、乡村图书馆等服务方式。2007 年新闻出版总署与中央文明办等八家单位共同发布了《关于印发〈农家书屋工程实施意见〉的通知》，计划在“十一五”期间在全国建立 20 万家农家书屋，2015 年覆盖全国的行政村。这一系列措施，使得基层图书

馆事业发展取得了显著成果。但是，服务水平、利用效率应该与硬件设施的齐备、网点数量的增长成正比；并且，要有相应的制度、机构来保障基层图书馆的正常、有序运行。因此，未来在基层网点建设上，应该加大科学规划力度，实现国家资源的高效使用。

近几年来，我国图书馆事业发展不平衡，东西部地区差距越来越大。就文化事业经费的投入来看，中西部地区占总人口的 2/3，但文化事业费投入只占总量的 44%。经费少、人才少、观念旧等诸多因素束缚了中西部地区事业发展。因此，加大中西部事业投入、加强发达地区与欠发达地区的事业交流、引进先进的服务理念，应该成为促进事业平衡发展的重要手段。

（三）打造全新读者服务理念，传播新型图书馆文化

网络的发展改变了人们的生活，图书馆的服务主体、内容、手段、方式等都发生了巨大转变。要适应这些新的变化，就必须采用全新的服务理念，开展全方位、深层次的读者服务。图书馆需要树立“普遍读者”观念，降低读者利用的门槛，让图书馆真正成为帮助人们实现自身目标过程的信息助手。图书馆还要配合读者利用习惯，将服务设计在读者偏好的环境中，将有用信息放在读者正在寻找答案的地方，这样读者才有机会使用我们的服务。另外，随着信息组织技术的不断发展，未来图书馆以知识服务作为主要服务内容将成为不可逆转的潮流。

图书馆文化是在一个图书馆内经过长期发展和历史积淀而形成的，以馆员和读者为主体而创造并形成共识的价值观念、办馆思想、群体意识、行为规范等构成的价值观体系，是一所图书馆精神与氛围的集中体现。优秀的图书馆文化不仅能给读者提供优质高效的服务，在公共文化服务体系中，还能树立图书馆的特色和品牌效应，进而推动公共文化事业的发展。在推进文化创新、让群众文化生活更加丰富多彩的今天，创造并传播新型图书馆文化成为公共图书馆发展的一个重要课题。

分报告三：高校图书馆

2009年是中华人民共和国成立六十周年，教育部高校图工委编辑出版了《建国60年高校图书馆发展图册》，图文并茂地展示了高校图书馆自新中国成立以来的发展轨迹，各馆宏伟壮丽的建筑、海量有序的馆藏、座无虚席的读者，形象地反映了高校图书馆事业欣欣向荣的景况。

2009年6月9日，国务院公布第二批国家珍贵古籍名录和第二批全国古籍重点保护单位名单。第二批全国古籍重点保护单位共有62个，高校图书馆为26个，多于第一批的12个，分别是南开大学图书馆、河北大学图书馆、吉林大学图书馆、哈尔滨师范大学图书馆、上海师范大学图书馆、华东师范大学图书馆、上海中医药大学图书信息中心、扬州大学图书馆、浙江大学图书馆、安徽师范大学图书馆、福建师范大学图书馆、厦门大学图书馆、山东大学图书馆、山东师范大学图书馆、郑州大学图书馆、武汉大学图书馆、湖北大学图书馆、湖南师范大学图书馆、华南师范大学图书馆、暨南大学图书馆、广西师范大学图书馆、西南大学图书馆、四川大学图书馆、贵州师范大学图书馆、陕西师范大学图书馆、兰州大学图书馆。越来越多的图书馆成为古籍保护单位，说明各馆在与时俱进地做好新载体资源收藏的同时，并没有放松对历史遗产的搜集和保护，反而随着文献采购经费的增长，对古籍购求和保护的热情十分高涨。

下面从5个方面分述2009年高校图书馆的发展状况。

一、办馆条件持续改善

（一）资源购置总经费略有增长，电子资源投入连年提高

“教育部高校图书馆事实数据库”中各馆自报的数据表明，

2009 年国家对高校图书馆的经费投入稳定，均值略高于前两年。高校图书馆在经费的使用方面，用于采购纸质文献的经费约是采购电子资源的 2.16 倍，但采购纸质文献的经费连年走低，采购电子资源的经费连年走高。

2009 年度，466 所高校图书馆的文献资源购置及相关费用总计约为 16 亿元，馆均约为 344 万元，高于 2008 年的 309 万元和 2007 年的 327 万元，低于 2006 年的 388 万元。排在前 5 位的是：北京大学图书馆，约 3006 万元；武汉大学图书馆，约 2917 万元；浙江大学图书馆，约 2759 万元；上海交通大学图书馆，约 2735 万元；中山大学图书馆，约 2466 万元。馆际差距大，文献资源购置相关费用最低的是上海欧华职业技术学院图书馆，只有 6711 元。

466 所高校图书馆的纸质文献采购费总额约为 10.7 亿元，低于 2008 年的 14.6 亿元，馆均约为 230 万元，低于 2008 年的 233 万元、2007 年的 257 万元和 2006 年的 288 万元。排在前 5 位的是：北京大学图书馆，约 2062 万元，高于 2008 年的 2025 万元；武汉大学图书馆，约 2002 万元；浙江大学图书馆，约 1501 万元，低于 2008 年的 2021 万元；中山大学图书馆，约 1362 万元，低于 2008 年的 2879 万元；华东师范大学图书馆，1285 万元。

468 所高校图书馆的电子资源采购费总额约为 4.98 亿元，馆均约为 106.5 万元，约占馆均文献资源购置费的 32%，高于 2008 年的 94.4 万元和 2007 年的 82 万元，排在前 5 位的是：上海交通大学图书馆，约 1350 万元，高于 2008 年的 1014.7 万元；浙江大学图书馆，约 1215 万元，高于 2008 年的 1172.3 万元；大连理工大学图书馆，约 1117 万元；清华大学图书馆，约 1111 万元；中山大学图书馆，约 1076 万元。这些数据表明，各馆用于采购电子资源的经费，基本上是连年递增。馆际差距大，468 所高校图书馆中，有 38 所高职高专院校图书馆，全年没有采购任何电子资源。

（二）馆舍面积持续扩大，新建馆舍多家获奖

“教育部高校图书馆事实数据库”中各馆自报的数据表明，2009年，随着一批新建图书馆的投入使用，高校图书馆的总建筑面积持续增长，在建新馆建筑面积的平均值高于2008年和2007年，新建高校图书馆的建筑质量高，又有4家获得鲁班奖。

2009年，468所高校图书馆的现有建筑面积总计约为925万平方米，馆均约为1.98万平方米，比2008年的1.79万平方米、2007年的1.68万平方米又有所增加。位居前5名的是：中山大学图书馆，12万平方米；浙江大学图书馆，8.63万平方米；上海交通大学图书馆，8.26万平方米；武汉科技大学图书馆，7.04万平方米；同济大学图书馆，6.88万平方米。但馆与馆之间差距大，馆舍面积最小的是上海欧华职业技术学院图书馆，只有413平方米。

2009年，有103所高校图书馆上报在建馆舍设计建筑面积，总和约为213万平方米，馆均约为2.1万平方米，略高于2008年的2万平方米，仍处于连年增长状态。排在前5位的是：天津师范大学图书馆，6万平方米；西北工业大学图书馆，5.4万平方米；贵州大学图书馆，5万平方米；太原理工大学图书馆，4.8万平方米；西安石油大学图书馆，4.5万平方米。83所高校图书馆的在建馆舍设计建筑面积超过1万平方米，其中不少是新升格的本科院校，如合肥学院图书馆，4.2万平方米；也不乏高职高专院校图书馆，如福建商业高等专科学校图书馆，3万平方米。在建馆舍设计建筑面积的馆际差距也很大，如排在最后的重庆广播电视大学图书馆，在建新馆面积为1008平方米。

2009年，全国共有99座建筑获得中国建筑工程质量最高奖——鲁班奖，其中图书馆类建筑获奖的除了国家图书馆二期工程，其余4座皆是高校图书馆，和2008年持平，少于2007年的5座，分别是对外经贸大学图书信息中心、哈尔滨工程大学图书馆、

上海海事大学临港新校区图文信息中心、西安电子科技大学新校区图书馆。高校图书馆新馆年年获得鲁班奖，反映出高校非常重视图书馆的建设，重视图书馆的建筑质量，为图书馆的跨越式、可持续发展创造了良好的条件。

为及时总结、分享高校图书馆建筑设计的宝贵经验，进一步普及图书馆建筑设计的新理念，捕捉图书馆建筑的新潮流，探索图书馆建筑的新趋势，2009 年 11 月 25 日至 27 日，由中国图书馆学会高等学校图书馆分会、中国图书馆学会建筑与设备专业委员会、西南交通大学图书馆、台湾大学图书馆联合主办的第三届海峡两岸大学图书馆建筑学术研讨会在西南交通大学犀浦校区图书馆召开，会议的主题是“变迁中的大学图书馆建筑”，分主题包括：图书馆建筑空间规划与功能布局、图书馆空间形态与文化内涵的营造与提升、图书馆建筑人性化设计、数字化对图书馆建筑的冲击、图书馆建筑防灾减震设计、图书馆建筑与绿色环保，以及图书馆建筑使用评估等。90 多所两岸高校图书馆和建筑学界的专家参会。

北京大学图书馆朱强馆长、南京大学建筑学院鲍家声教授、高雄大学工学院黄世孟院长、台湾大学图书馆林光美副馆长分别作了题为“略谈图书馆业务与图书馆建筑的关系——一个图书馆馆长的视角”、“变迁中的图书馆建筑设计”、“大学图书馆结合公共艺术之建筑设计方法”和“流转与蜕变——图书馆新构筑的浮现”的主题发言；清华大学建筑学院高冀生教授、台北科技大学设计学院吴可久副教授、台南家具产业博物馆江文义馆长、武汉大学城市建筑学院赵冰院长、西南交通大学建筑学院吴茵博士等 20 多位专家学者围绕高校图书馆理念再认识、数字化背景下图书馆资源的整合设计、大学图书馆读者对火灾逃生之想法、图书馆家具设计与规划、公书林兴衰、现代图书馆建筑与大学精神、高校图书馆建筑空间规划与功能布局探讨、现代高校图书馆家具配置的理念与实践、我心中的图书馆、变迁中大学图书馆设计功能思考等议题作了专题演讲；汕头大学图书馆杨明华馆长、上海交通大学图书馆汤莉华、电子科技大学图书馆张晓东馆长，分别介绍了经验。

此次研讨会，是两岸图书馆界与建筑界在多年交流研讨基础上的又一次合作盛会。参会者介绍的先进办馆理念、建筑思想、实践智慧和成功经验，对提升两岸大学图书馆建筑的研究水平，促进两岸学界交流与共同发展产生了积极作用。

（三）人力资源减员增效，学历素质不断提高

“教育部高校图书馆事实数据库”中各馆自报的数据表明，2009年尽管馆舍面积和馆藏数量持续增长，馆均正式职工人数却保持稳定，这意味着工作效率的提高和服务成本的降低，高校图书馆员的工作压力日益加大。在学历结构上，大专以下学历职工人数逐年减少，本科学历职工成为人力资源的主体，硕士毕业生成为高校图书馆引进人才的主要对象，拥有博士学位的职工越来越多，高校图书馆的人力资源正在向知识化、专业化、高学历化方向快速发展。在性别结构上，男性职工约占职工总数的三分之一，图书馆职业的女性化特征相当明显。

468所高校图书馆的在编职工总人数为2.23万人，馆均在编职工人数约为47.63人，略高于2008年的46.7人，少于2007年的48人。在编职工人数排在前5位的是：武汉大学图书馆，338人；中山大学图书馆，257人；上海交通大学图书馆，253人；山东大学图书馆，251人；四川大学图书馆，228人。馆际差距极大，排在最后一位的四川华新现代职业学院图书馆，只有在编职工1人。468所高校图书馆的非在编职工为4894人，馆均10.46人，少于2008年的13.5人、2007年的13.7人。排在前5位的是：浙江大学图书馆，147人，多于2008年的120人；四川大学图书馆，90人，多于2008年的89人；同济大学图书馆，73人，多于2008年的70人；中南民族大学图书馆，71人，少于2008年的72人；哈尔滨工业大学图书馆，62人。

468所高校图书馆的男职工为7408人，馆均15.76人，略高

于 2008 年的 15 人；470 所高校图书馆的女职工为 15 071 人，馆均 32. 07 人，是馆均男职工数的 2 倍，略高于 2008 年的 31. 4 人。

468 所高校图书馆中，有专职馆长 420 名，兼职馆长 46 名，39 所设常务副馆长，还有两所不设正馆长；男馆长为 362 名，女馆长为 106 名；253 位馆长拥有正高职称，179 位馆长拥有副高职称；99 位馆长拥有博士学位，113 位馆长拥有硕士学位，237 位馆长拥有本科学历，19 名馆长拥有大专及以下学历。

468 所高校图书馆中，123 所拥有获得博士学位的职工，共 233 人，馆均 0. 5 人，排在前 5 位的是：清华大学图书馆，10 人；中山大学图书馆，8 人；北京大学图书馆，7 人；复旦大学图书馆，7 人；四川大学图书馆，6 人。375 所高校图书馆拥有获得硕士学位的职工，共 3053 人，馆均 6. 52 人。排在前 5 位的是：武汉大学图书馆，74 人，比 2008 年增加 3 人；中山大学图书馆，73 人，比 2008 年增加 7 人；复旦大学图书馆，65 人，比 2008 年增加 5 人；浙江大学图书馆，62 人；北京大学图书馆，58 人，比 2008 年增加 6 人。468 所高校图书馆中，本科学历职工 10 502 人，馆均 22. 44 人；第二学士学位职工 133 人，馆均 0. 28 人；大专学历职工 5579 人，馆均 11. 92 人；大专以下学历职工人数为 2793 人，馆均 5. 97 人，少于 2008 年的 7. 42 人、2007 年的 8. 7 人。

为探讨高校图书馆的人力资源管理和党务工作如何与时俱进，2009 年 9 月 20 日，由北京大学、清华大学及电子科技大学图书馆倡议发起的“第一届高等学校图书馆党务工作研讨会”在电子科技大学清水河图书馆顺利召开。来自全国 20 多所著名高校图书馆的书记及馆长参加了会议。

（四）数字化设施全面普及，服务水平参差不齐

在网络环境下，数字化设施的装备情况和数字化、网络化服务水平，已经成为图书馆的核心能力之一，读者关注度高，期望值大，各校也十分重视。“教育部高校图书馆事实数据库”中各馆自

报的数据表明，2009 年，全国普通高校图书馆均已装备个人电脑、服务器等数字化、网络化设施，但是整体服务绩效有待提高，馆际服务水平差距极大，仍有一些馆在数字化、网络化服务方面毫无作为。

470 所高校图书馆共有个人电脑（含笔记本电脑）约 10. 7 万台，馆均约 228 台。排在前 5 位的是：集美大学图书馆，1283 台；武汉大学图书馆，1200 台；浙江国际海运职业技术学院图书馆，1150 台；南京师范大学图书馆，1040 台；华北电力大学图书馆，1030 台。

468 所高校图书馆共有服务器 5510 台，馆均 11. 8 台，最少的馆有 1 台服务器。排在前 5 位的是：浙江大学图书馆，167 台；上海交通大学图书馆，125 台；清华大学图书馆，114 台；北京大学图书馆，88 台；南京师范大学图书馆，60 台。

470 所高校图书馆的存储总容量约为 881. 8 万 GB，馆均约为 1. 9 万 GB。排在前 5 位的是：上海大学图书馆，约 50 万 GB；湖北警官学院图书馆，32 万 GB；上海第二工业大学图书馆，25 万 GB；西南交通大学图书馆，18 万 GB；上海交通大学图书馆，7 万 GB。

468 所高校图书馆中，100 所扫描加工过文献，总量约为 1188 万页，平均到 468 所高校图书馆，馆均约为 2. 5 万页。但排在前 5 位的是：中南民族大学图书馆，约 242 万页；中国农业大学图书馆，约 189. 6 万页；四川大学图书馆，约 180 万页；北京大学图书馆，约 167. 4 万页；西安交通大学图书馆，约 117 万页。

468 所高校图书馆中，160 所向外传递过文献，总量约为 57. 8 万篇，平均到 468 所，馆均约为 1236 篇。排在前 5 位的是：北京大学图书馆，28 322 篇；武汉大学图书馆，20 191 篇；复旦大学图书馆，17 376 篇；清华大学图书馆，16 081 篇；华东师范大学图书馆，13 896 篇。

二、资源共享活动稳步推进

中国高等教育文献保障系统（CALIS）和中国高校人文社会科学文献中心（CASHL）是中国高校图书馆资源共享水平的集中体现，它们的年度进展基本上反映了当前高校图书馆资源共享活动的广度、深度、规模、质量。下面分述2009年CALIS和CASHL的发展状况。

（一）CALIS的发展状况

1. 三期建设可行性研究报告编制完成，通过教育部组织的专家论证

2009年6月初，财政部同意教育部关于“211工程”三期“高等教育文献保障体系”建设方案，安排2.1亿元建设高等教育文献保障系统（CALIS），1.5亿元建设图书数字化国际合作计划（CADAL）。2009年6月9日，教育部高教司司长张尧学主持召开了“211”工程三期“公共服务体系”项目（CALIS/CADAL/CERS）准备会议，重点研究明确了三期的定位问题，初步确定了三期建设目标。会后，在广泛调研和征求成员馆意见的基础上，完成了《CALIS三期项目建设可行性研究报告（初稿）》。2009年7月31日，借第三届教育部高等学校图书情报工作指导委员会成立大会之机，教育部高教司教学条件处召集了部分项目参建单位，听取了对CALIS可行性研究报告的修改意见，于8月初形成《CALIS三期项目建设可行性研究报告（送审稿）》。

CALIS三期的建设目标为：在“九五”、“十五”已建成的CALIS、CADLIS的服务与技术体系的基础上，大力加强基础设施建设，充分利用先进的服务理念和技术，全面挖掘、整合国内各级文献服务机构、商业服务机构和高校成员馆的可利用资源与服务能力，有重点地整合国际上著名的文献服务机构和商业机构的资源与

服务，进而构建支撑“211 工程”院校高水平教学科研的知识服务环境，持续打造国内服务能力最强、可获取文献最全、面向各级高等院校教学科研的具有世界先进水平的分布式中国高等教育数字图书馆。根据 CALIS 三期建设目标，将继续建设分布式中国高等教育数字图书馆，其核心任务：一是要为高等教育领域的最终用户（包括高校教学科研用户、政府机构和教学科研管理机构用户和社会公众用户）提供支持国内外海量文献信息检索获取和信息交流的网络应用服务平台，二是支持高校图书馆、各级共享机构和其他各类信息服务机构将 CALIS 的各种服务集成到各自的门户服务之中，最终用户通过各个门户接入来获取 CALIS 的服务。CALIS 三期主要建设内容有七大类：标准规范体系建设、基础设施建设、资源数据库建设、数字图书馆应用系统建设、运行服务体系建设、安全保障体系建设和人力资源与培训体系建设。

2009 年 8 月 14 日，教育部高教司副司长杨志坚主持召开了“211 工程”公共服务体系项目之中国高等教育文献保障系统（CALIS）三期、大学数字图书馆国际合作计划（CADAL）二期建设可行性研究报告专家论证会，形成《中国高等教育文献保障系统（CALIS）可行性研究报告专家论证意见》，原则上通过报告，但也对三期建设提出三条建议：第一，鉴于引进外文学术资源在提高我国高校科技创新能力和国际竞争能力上的不可或缺的作用，建议在前期投入的基础上，增列对引进外文学术资源的支持经费。第二，进一步加强服务机制建设，增列服务补贴经费，充分调动各服务单位的积极性，保证可持续服务，充分发挥资源效益。第三，进一步深化与 CADAL 等数字图书馆项目在资源建设和服务体系上的协调与整合。

2. 对外语院校图书馆联盟开展服务

在参与了高校外语联盟的小语种图书订购、小语种图书编目以及参考咨询、馆际互借等服务的多次研讨会后，CALIS 专为高校外语联盟定制了“外语院校图书馆联盟图书订购系统”，为外语联盟的小语种图书协调采购提供了一个基础平台，目前已经为 6 家图书馆开通服务；CALIS 联机编目中心负责指导编制的小语种图书编目规则也在进行中。

3. 进一步加深对 CASHL 项目的服务

CALIS 负责开发的“文科专款图书订购系统”正式推出使用，为 CASHL 17 个中心馆进行文科专款图书的协调采购和自主采购服务，为 CASHL 管理中心对文科专款图书的协调订购进行系统化的管理服务，2009 年度文科专款图书的 1 万多种图书的订购均在此平台完成。2009 年度文科专款图书大幅增加，CALIS 设在教图公司的编目组完成了 70 个文科专款院校订购的所有 3 万多种西文图书的编目。

4. 完成中文分类—主题整理项目的评估

历时一年的联合目录中文书目分类—主题整理项目评估工作于 2009 年 4 月完成。中文书目分类号与主题标目对应课题，旨在通过整理、规范数据库中的分类号和主题标目，为将来开发智能化主题分类编目积累数据、奠定基础。本年度参与该项目评估工作的是联合目录专家/质控组成员和部分成员馆的资深编目员共 14 人。评估人员对所有 49 万余条整理数据进行了逐条地评估和修改，并将评估意见汇总到联合目录项目组，经项目组审核后，参与整理工作的 13 家成员馆全部通过验收，评估结果都达到了良好。

5. CALIS 数字图书馆云平台的研发工作

CALIS 新一代数字图书馆系统将全面采用云计算、SNS 技术、关联数据等技术，并不断完善和丰富 Web2.0 应用。为此，CALIS 技术中心于 2009 年 3 月份正式出台了云计算框架和数字图书馆云平台架构。

其中，CALIS 星云门户平台（即 CALIS Nebulet 平台）是支持 OpenSocial 标准的 CALIS 新一代个性化门户系统，也是 CALIS 云战略中的关键内容之一。这将为 CALIS 的技术、资源和服务的广泛应用与整合提供新的技术手段和平台。CALIS 是国内图书馆界第一家支持 OpenSocial 标准的单位，这意味着 CALIS 数字图书馆将逐渐向 SNS 发展，将与众多 SNS 网站实现深层次的跨域整合，使CALIS 服务能逐步延伸和嵌入到用户所在的第三方环境中。

6. 馆际互借与文献传递服务的拓展

馆际互借与文献传递服务是 2009 年 CALIS 管理中心继续推广的主要服务之一，同时也寻求与多方文献传递服务源合作，建立长期伙伴关系。完成的主要工作包括：推动馆际互借与文献传递系统共享版（即 SaaS 版）的开发、测试和完善；推动馆际互借与文献传递系统共享版在部分省中心的部署运行；CALIS 馆际互借中心的开通和试运行；推动 CALIS 馆际互借系统在国家图书馆的正式应用；加强对外合作，建立多条文献获取渠道。2009 年，CALIS 与 KERIS 确定了合作模式，并已进入服务试用阶段。此外，CALIS 与国家图书馆、NSTL 多次沟通，达成了合作意向。

7. CALIS 三期系统部署方案开始测试

根据三期可行性报告，CALIS 逐步开展了系统部署方案的设计和测试，为 CALIS 三期启动进行准备。

8. 为小语种编目做好准备

CALIS 在小语种编目项目方面做了如下的准备工作，包括：制定 CALIS 联合目录小语种编目原则及相关要求，确定著录格式和所遵循的规则；改进编目客户端 V3.4.0 以支持小语种编目和相关电子资源的链接与显示；设置代理服务器，为成员馆提供韩国 KERIS 500 余万条的韩文书目数据源；制定了小语种编目项目管理机制。上述工作为 CALIS 开展小语种编目工作奠定了良好的基础。

9. 对信息资源共建共享可持续发展的研究取得阶段性成果

2005 年，CALIS 管理中心联合北京大学图书馆组成课题组，申领到国家社科基金课题《我国信息资源共建共享的可持续发展研究》。2009 年底，课题研究成果《我国信息资源共建共享的可持续发展研究》报告通过全国哲学社会科学规划办公室的审核验收。该报告对于促进信息资源共建共享与社会环境（经济、政治、法律等）和谐发展，推动信息共建共享事业走上良性循环的道路，提高我国参与国际社会可持续发展领域的合作能力，提供了全面指导和借鉴。

（二）CASHL 的发展状况

2009 年，CASHL 围绕着“国家人文社会科学信息资源平台”的最终建设目标，初步建立了有特色的资源体系，进一步扩大了 CASHL 的影响，大幅度提高了服务水平、服务能力，提前完成了 2008—2010 规划的服务指标。

1. 多元化拓展资源，协调采购，构建强大的资源体系

2009 年，CASHL 在文专图书、文科期刊、电子资源、书目与目次数据库方面加强建设，同时突出自己的资源特色，取得了丰硕成果。首先，在高校内首次实现外文图书的多馆协调采购，2009 年 9 月正式推出“文科专款外文图书订购信息平台”，截至 2009 年底，共发出协调采购订单 11 756 笔，自主采购 3018 笔。其次，完成大型特藏的建设工作，采购了《海峡殖民地年度报告》《人类学和民族志学丛书》等共 9 种大套文献。其三，采购期刊 1378 种，电子图书 4425 种。其四，电子期刊目次达到 1390 万条；西文图书统一编目也进展顺利，全年共完成 29 482 条书目数据。图书联合目录被检索次数是 2008 年的两倍。

2. 多种举措加强宣传推广，“开世览文”影响继续扩大

继续开展“CASHL 走入……”活动，2009 年走入的省份包括山东、河南、辽宁、河北、重庆、海南、西藏 7 省，并走入中国社科院。所到之处，扩大了 CASHL 在当地的影响，受到用户和各高校图书馆的欢迎和好评。同时利用专业期刊、海报、快报、通讯、主页等各类宣传手段广为介绍 CASHL 的服务。通过以上工作的开展，CASHL 的影响愈加扩大，用户数量有了大幅度的增长。2009 年共增加 140 家成员馆，使得成员馆总数达到 510 家，年度注册文献传递服务用户 12 034 名，累计总用户已达 35 431 个，受益用户

总量超过500万人。

3. 服务实现多项突破，服务数量和质量大幅提升

一是增加了各种服务措施和服务手段，包括：把单纯的文献传递服务发展成为包括书目查询、期刊目次检索、图书借阅、原文传递、全文下载、文献代查代检、参考咨询、个性化服务等多种服务在内的综合性服务体系。继续开展全国性优惠活动，包括“五周年庆典暨年度特惠周”以及“教师节服务周”。配合“CASHL走入……”活动，轮流开展区域性优惠活动。广为拓展合作渠道，与香港高校图书馆合作采购电子书，与澳门科技大学建立了合作关系。

二是加强服务管理，提升服务质量，包括：保证7天/24小时开机服务；提高文献传递服务满足率，最大限度地满足用户需求；降低服务完成时间，尽可能为读者提供快捷的服务；服务规范化，如假期统一提供服务、提高文献扫描质量、慎重采用零运送等。及时更新维护馆藏，为17个中心馆和社科院图书馆更新馆藏，保障了服务的准确和快捷。

通过大量的宣传工作、文献资源建设，以及各类服务措施的实施，CASHL的服务实现以下多项突破，2009年的服务统计充分体现了这方面的建设成果。文献传递申请全年突破157 447篇，是2008年的两倍多。文献传递总量突破44万笔。借书825册，是2008年的2倍。请求满足率突破2008年的90.2%，达到93.47%。完成时间达到2.25天，比2008年缩短2.36天。在原文传递服务中，还包含了10 618篇文献代查代检请求，即在CASHL没有收藏或者没有对文献揭示报道的情况下，为用户想方设法从其他途径查找文献，弥补了CASHL馆藏的不足。CASHL成员高校中，发送过文献传递请求的用户馆越来越多，即CASHL的服务利用越来越广泛。其中使用量最高的用户馆为河南师范大学，全年共发出请求13 957笔。

电子期刊受到广大用户欢迎，全年共下载全文230多万篇，与

2008 年基本持平。电子图书下载全文 9 万多篇。CASHL 收藏的期刊 95% 被点击、检索或发送过文献传递请求。“开世览文”门户主页全年点击量达到 1990 万次，比 2008 年增长了 668 万次。“高校人文社科外文期刊目次数据库”和“高校人文社科外文图书联合目录”全年的检索请求量为 807 万次，比 2008 年增长了 50 多万次。据“用户满意度调查”显示，在 4500 多人次的反馈中，93% 以上的用户对 CASHL 的服务表示满意或者比较满意。2008 年订购的 28 种特藏，如《美国早期印刷品》《日本立法资料全集》《外交部中国文档》《国务档案》等多种第一手的原始文献，在国内基本都是首次和唯一引进，受到专家学者的高度赞扬。2009 年 12 月，已经在“开世览文”报道揭示，并面向全国开展服务。

三、宏观协调和指导工作常抓不懈

高校图书馆的宏观协调和指导工作主要由教育部高等学校图书情报工作指导委员会和中国图书馆学会高校图书馆分会来开展。两会依靠委员和会员，集思广益，努力为事业的发展牵线搭桥、分享经验、出谋划策。

2009 年，高校图工委的重点工作是组织召开第三届图工委的成立大会暨第一次工作会议。7 月 30—31 日，会议在宁夏大学圆满举办。相关领导、图工委委员、各省图工委秘书长、香港学术图书馆联盟成员馆负责人等共 87 位代表与会。本届委员会由 66 名委员组成，委员是经学校和省级教育行政部门推荐并广泛征求意见后研究决定的，其中新增选的占半数，来自高职高专的委员增加了 6 名，使委员会在成员结构上更能反映高等教育的现状。

朱强秘书长代表第二届图工委汇报了五次工作会议的内容、各工作组的主要成绩和委员会会刊《大学图书馆学报》的编辑出版情况。第二届图工委总体上较好地发挥了咨询、研究、协调和指导作用，在文献资源建设、信息素养教育、队伍建设等很多方面做了富有成效的工作，不足是各个工作组的作用发挥不均衡，有些计划没有完全实现。《大学图书馆学报》实现预期目标，影响因子等评价指标稳步上升，业内评价较好，须集思广益，确保良好发展势头。

香港学术图书馆联盟成员馆的相关负责人作为特邀代表出席此次会议，联盟主席、香港理工大学图书馆馆长欧书亭（Steve O' Connor）发表了“香港高校图书馆的合作”的演讲，总体介绍香港学术图书馆联盟的概况。然后由香港中文大学图书馆高级助理馆长刘丽芝女士作“Consortiall——JULAC 合作采购新里程”的报告，专门介绍联盟在采购资源及节省经费方面的作用。由香港大学图书馆彭仁贤（Tony Ferguson）馆长作“合作典藏计划”的报告，具体介绍联盟在建设储存图书馆方面的设想和进展。由香港城市大学图书馆的景祥祜馆长作“英文电子书集团采购的挑战与发展”的报告，分析电子资源的发展趋势，详解并反思联盟在电子书集团采购方面的机制。

崔慕岳副主任委员、燕今伟委员、薛芳渝副主任委员、李晓明副主任委员、朱强副主任委员，分别代表第二届图工委的队伍建设工作组、文献资源建设工作组、信息素质教育工作组、高职高专工作组、期刊工作组作了工作汇报。会议决定新增服务创新工作组，并在会前志愿报名的基础上，研究确定了各个工作组的召集人及其成员，召集人由一名副主任委员和一名委员搭档。薛芳渝和沙勇忠委员为信息素质教育工作组的召集人，燕今伟和萧德洪为文献资源建设工作组的召集人，葛剑雄和彭晓东委员为信息技术应用工作组的召集人，胡越和陈进委员为服务创新工作组的召集人，冯渊和郭向勇委员为高职高专工作组的召集人，姚乐野和刘斌委员为队伍建设工作组的召集人，洪修平和张怀涛委员为期刊研究工作组的召集人。

随后全体委员分为四组，围绕当前图书馆普遍面临的数字资源长期保存、联合仓储的相关政策、数字图书馆应用系统的共享机制、学术机构库的统一建设、队伍建设等紧迫问题展开集中讨论，旨在商议加强对新环境、新形势下图书馆共性问题的指导。

朱强秘书长在作下一步工作安排时特别强调，每个图工委委员都要树立“我就是图工委”的理念，积极为所在工作组建言献策，当前图工委的工作方式主要是依托各工作组开展各项活动，各位委员要善于把自己的想法转化为工作组的行动。秘书处服务于各工作组，将积极配合各组的工作。

图工委秘书处和各地各级图工委还开展了一系列日常工作。3 月 13 日，图工委秘书处发布“关于填报 2008 年高等学校图书馆统计数据的通知”，开始一年一度的高校图书馆事实数据网上填报工作。

4 月 16 日至 18 日，由图工委主办、浙江省高等学校图工委和浙江大学城市学院图书馆承办的“全国独立学院、民办高校图书馆馆长研讨会”在浙江大学城市学院召开，来自全国 126 所独立学院、民办高校的主管院长、图书馆馆长、专家学者等 175 名代表和 12 家公司代表出席了会议。

11 月 7 日至 11 日，教育部高等学校图工委主办、广东省高校图工委和广州大学图书馆承办的“全国高校图书馆信息服务社会化”学术研讨会在广州大学隆重召开，来自全国各省、自治区、直辖市高校图书馆的 120 多名专家、学者出席了会议。

11 月 12 日至 14 日，由教育部高校图工委牵头的全国高校图书馆期刊研究会在湖南长沙市召开“全国高校图书馆第十二届期刊工作学术研讨会暨期刊工作委员会成立二十周年纪念会”，会议由中南大学承办。来自北京大学、南京大学、浙江大学、复旦大学等 51 所高校的 72 位代表出席大会。

11 月 15 日至 18 日，第三届教育部高等学校图书情报工作委员会高职高专组第一次工作会议在无锡市举行，会议由无锡职业技术学院承办。出席会议的相关领导、图工委委员，各省、直辖市、自治区高职高专图书馆代表共 69 人，其中正式代表 57 人，分别来自全国15个省、直辖市的49所高职高专图书馆。

图工委秘书处指导北京胜古创业科技发展中心编辑出版了大型工具书《建国60年高校图书馆发展图册》（中国画报出版社，2009年9月）。为中国图书馆学会主编的年度白皮书《中国图书馆事业发展报告：2008》撰写高校图书馆事业的年度进展。在图工委网站上发布2008年普通高等学校图书馆主要统计数据。

图工委会刊《大学图书馆学报》在中国科技信息研究所发布的2009年科技期刊引证报告中，五年影响因子、五年被引频次、单篇文章最高被引次数、2008年影响因子、H指数等名列图书情报类期刊第一。在中国知网发布的2009年期刊引证报告中，影响因子排名图书情报类期刊第一。

中国图书馆学会高等学校图书馆分会（下简称高校分会）在全国学会的领导下，在教育部高校图书情报工作指导委员会的密切配合下，在各位分会领导和同仁的共同努力下，基本完成了2009年的任务。

首先，密切配合全国学会的工作。按照全国学会的要求，积极做好“八大”换届和“八大”相关筹备工作，认真推选理事长、理事和代表。按照文化部“十一五”发展规划及“全民素质科学发展规划”的要求，组织各高校认真开展“2009年全民阅读活动”，并推选高校分会系统内的全民阅读活动“先进单位奖”、“全民阅读基地”。此次活动，通过高校分会的大力宣传，共有9所高校积极响应，最后经过评审，高校分会共上报5所高校图书馆参与评奖，其中2所图书馆获得全民阅读活动“先进单位奖”，2所获“全民阅读基地”称号。积极协助“国家图书馆文津图书奖”推广活动，促进高校良好阅读风尚的形成。上报年鉴组委会“2007、2008中国图书馆年鉴”组稿材料并撰写《中国图书馆事业发展报告》相关部分。按照中国图书馆学会关于先进学会、优秀会员、优秀学会工作者产生办法的要求，推选高校优秀会员、先进工作者。协助全国学会推荐“峰会”、“青年论坛”和“青年人才”人选，等等。

其次，针对行业需求，召开学术研讨会。2009年11月25—27日，高校分会与中国图书馆学会建筑与设备专业委员会、西南交通大学图书馆、台湾大学图书馆联合主办“第三届海峡两岸图书馆建筑研讨会”。另外，与教育部培训中心合作，共举办学术会议五次，主题涉及“高校图书馆工作社会化综合管理”、“高校数字图书馆建设暨文献资源整合”、“高校图书馆馆长及业务骨干培训班”等业界急需探讨的问题，取得了良好的经济效益和社会效益。与社会团体合作，可以有效地发挥高校分会的指导作用，同时又解决了分会人手不足的问题，是一条可以深度挖掘的合作道路。为更好地传播会议信息，开发研制成“图书馆学、情报学会议信息数据库”，追踪学术动态，推动学术研究。

第三，进一步加强对外合作与交流。协助全国学会组织高校馆的代表出席第75届国际图联大会，为高校图书馆提供参与国际交流的平台与机会。继续主办“中国图书馆馆员暑期培训班（美国伊大）”，此项活动已举办过五次，反映良好。与会者相互探讨中美图书馆行业的经验和技术，开阔了视野，对促进图书馆行业与国际接轨起到了一定的作用。

教育部高校图工委和中国图书馆学会高校分会的秘书长都是北京大学图书馆馆长朱强。朱强馆长长期以来对中国图书馆事业的突出贡献，以及他在国际图书馆交流方面所表现出的热情、才能和奉献精神，得到了国内外图书馆界的关注和赞赏，2009年，朱强馆长当选为国际图联管理委员会委员和环太平洋数字图书馆联盟主席。

四、重视服务创新，不断开创工作新局面

高校图书馆之所以能够在高校师生们挑剔的眼光下，依然赢得较高满意度，重要的一条经验是紧密跟踪信息技术的发展和读者需

求的变化，及时而且大胆地进行服务创新，保持图书馆服务亮点不断，与时俱进。

如北京大学图书馆在主要开架阅览区实现了读者带包入室，在阳光大厅首开读者自助服务；对实时咨询服务进行重新设计；在京郊昌平校区建成并启用4千多平方米的储存图书馆；将传统的期刊部并入参考咨询部；以物业公司代替保安公司；为纪念“五四运动”90周年，开展“学问·读书·人生”活动，将北大教授们推荐的对自己的学问和人生影响最大的五本书的书目和简短感悟编纂成册推荐给读者，并做成展板常年在走廊墙壁上陈列。

清华大学先后推出了读者意见平台、新版数据库导航和电子期刊导航系统，手机图书馆系统进入试运行，更加方便了读者利用图书馆的资源和服务。图书馆开架借阅区近80万册图书全部由图书馆勤工助学分队自主管理，实行勤工助学分队队委例会制度，完成开架区管理模式的转变。

重庆大学图书馆为了满足校友对信息服务的需求，创造性地提出了“终身读者”的理念。2009年9月起，面向校友提供服务，校友不仅可以免费借阅藏书，并可享受优惠的文献传递、科技查新等服务。2009年近500人申请开通校友服务，占毕业生的5%。重庆大学图书馆还认为通行的排架体系是手工管理延续下来的产物，难以适应现代图书馆的需要，既不利于图书的管理，又不方便读者利用，故而对其进行大胆简化，弱化了分类在排架中的作用，新的排架体系简单易行，图书查找和管理更加科学、方便。四川大学图书馆收集汶川大地震信息，构建特色数据库，为今后的防震抗灾活动提供历史借鉴。西安交通大学图书馆构建了IPv6网络系统。

复旦大学图书馆举办建国六十年专题图书展；合并采访部和编目部；建设密集书库；更换自动化系统；举办消防演习；抓好细节服务，在高校图书馆界率先做到在卫生间提供洗手液和卫生纸。上海交通大学图书馆倡议发起“图书馆管理与服务创新论坛”，积极探索新形势下高校图书馆的服务变革，交流相关的做法和经验，吸引了许多高校图书馆人的关注和参与。上海师范大学图书馆注意发挥图书馆激活文化张力的功能，每年举办一次大型主题图书展或大型展览，深受师生喜爱。

中山大学图书馆协助学校修复陈寅恪故居，并承担管理任务。广州大学图书馆积极为市政府开展舆情监测工作，受到政府的认可和大力支持。海南大学图书馆以 ISO 标准对文献资源建设进行全面质量管理。

华中师范大学图书馆坚持“馆长接待日”制度，通过全年 40 余次的“馆长接待日”，进一步加强了与读者的联系，及时解决、解答了读者的问题。

高校图书馆的服务创新不胜枚举，可以说，跟上时代、解放思想、更新理念、顺应需求、千方百计地为读者服务，已成为高校图书馆的共识，大家各有创新，又取长补短、相互借鉴，不断开创着高校图书馆竞争、交流、合作、共享的新局面。

综上所述，2009 年中国高校图书馆的发展可以用“稳健、创新、提高”来概括，稳健指的是大部分业务工作乃至资源共享活动、行业协调活动已经制度化、常态化，在有序推进；创新指的是注意结合环境、需求和信息技术，不断优化和推出新服务，使各项工作稳中有变、锦上添花，令读者满意、叫好；提高是指无论经费、资源、服务都在上台阶，稳健而不停滞。展望 2010 年，教育部高校图工委三届一次会议已经指出：数字资源的长期保存、数字资源的不合理涨价、联合仓储建设、数字图书馆应用系统共享、学术机构库的统一建设、图书馆人力资源建设等紧迫问题正摆在高校图书馆面前，考验着高校图书馆人的智慧，亟待解决。那将是又一个在竞争中求合作、在稳健中求突破、在巩固中求调整、在联合中求力量、在合作中求共享的发展之年。

分报告四：专业图书馆

专业图书馆是我国图书馆事业发展的中坚力量，在科学研究、经济建设和行业发展等方面发挥着核心作用。专业图书馆主要立足本行业、本机构，面向相关领域和行业，提供基于学科领域和业务领域的学术与专业文献资源保障、学科化信息服务和战略情报研究服务，并围绕专业化知识化服务，开展专业学术研究与人才培养。综观2009年，专业图书馆在数字资源建设、数字服务系统发展、专业情报研究、联合信息服务、学术研究与人才培养等方面都不乏新的亮点和热点，取得了良好成绩。同时，面对数字化和专业化服务的新环境，专业图书馆也面临诸多发展挑战和机遇。

一、以数字化资源体系建设为突破口，形成数字化文献保障体系

（一）加强数字化文献资源建设，完善学术文献资源体系

在数字化网络化新时期，专业图书馆顺应出版数字化发展趋势，适应自身服务对象日益依靠数字化网络化资源与服务的特点，周密分析需求结构，持续创新资源引进方式，重点加强数字化资源体系建设，逐步形成了以数字资源为主、具有专业特色、配套强大网络服务能力的文献资源保障体系。

中国科学院国家科学图书馆累计开通数据库152个，当年新增数据库17个，中外文全文期刊超过20 000种，外文电子科技专著和科技会议论文集超过5万种，中文电子图书超过12万种。2009年文献全文下载量达到2880万篇，原文传递服务超过11万余篇，

满足率达到 94%。

中国社会科学院图书馆共引进中外文数据库 102 个，西文全文电子期刊近 8000 种，中文电子期刊 5400 种，西文电子图书 19 万种，中文电子图书 8900 余种，还开通包括数值数据、工具书、报纸、年鉴、古籍等类型的电子资源，形成了合理的资源结构和有特色的资源体系，尤其是各类统计数据库为实证研究提供了有力的工具。大英百科全书、Gale 数据库、Credo 数据库等参考工具为读者提供了便利的查询方式；Econlit 经济学全文数据库、SocIndex 社会学全文数据库、海牙国际法学院演讲集、EIU 国家报告等专业数据库较好地满足了经济学、社会学、法学和国际问题研究学者的专业化需求特点；瀚堂典藏、四部丛刊增补满足了文史哲学科的部分需求。

中国科学技术信息研究所开通数据库 54 种，包含网络版期刊 5778 种，有效提升了数字资源的保障力度。

中国林科院图书馆引进了 20 多个国内外数据库，其中全文数据库 17 个，文摘库 3 个，拥有各类数字化的中文林业科技文献全文 4000 多万篇，外文文摘数据库 3000 多万条，网络版学术期刊 700 多种。

中国解放军医学图书馆积极增加数字资源比例，突出军事医学特色，新订 Karger 期刊和医学电子丛书数据库等 8 种数据库，数据库达到 57 种；采集外文期刊 5580 种（其中纸本刊 1078 种、电子刊 4849 种），中文期刊 9495 种（其中纸本刊 1491 种、电子刊 9327 种），中文图书 3665 种、5353 册，外文图书 216 种，学位论文 3297 册，会议汇编 253 册。

中国地质图书馆作为地矿行业图书馆，在文献资源建设中充分发挥行业总书库的职能，注意保持中国地质图书馆的资源特色，全面收集国内外地学文献。2009 年采购中外文地学印本图书和地图 3679 册，中外文期刊 1020 种。采集各类电子资源数据库 29 个，其中根据用户需求新订购 ACS（美国化学学会）电子期刊、PA

（美国石油文摘）。中国地质图书馆丰富的印本和网络地学资源，为地矿行业提供了强有力的文献资源和智力支撑。

（二）深化数字化文献加工，支持专业文献信息的服务创新

文献信息的加工深度决定了专业化服务的保障能力与服务创新能力。2009年，各专业图书馆围绕联合书目、专题书目数据库、专题文摘数据库、专题全文数据库、引文数据库等继续扩大文献数据加工，为专业图书馆的深化服务提供了强大后盾。

中国科学院国家科学图书馆联合目录数据库在2009年新增书目记录31 116种，新增馆藏数据1 546 856种，维护数据1 674 012条；ScienceChina完成数据加工文献量为33万条，引文量422万条，拥有院外用户达141家，年访问量51万余人次，开始面向期刊编辑部、研究院所等各类用户提供在线引证分析和竞争力分析服务；6月，中国科学引文数据库——ISI Web of Knowledge平台版本正式向全院免费提供服务。

中国科学技术信息研究所积极进行各类文献资源的数字化加工揭示和集成整合。2009年，共计完成印本文献编目9462条，电子资源编目11 426条。同时，全年加工各类文献文摘数据180多万条，已建成包括科技期刊、会议录、科技报告、学位论文等多种类型中外文文献在内的二次文献数据库和资源整合揭示体系，从书目、目次、题录、文摘和引文等不同层次揭示报道文献内容。

中国林科院图书馆系统收集和整理国内外与林业相关的主要科学数据和文献资料，构建林业科技文献资源的组织、收集和整合建设机制，加大林业科技文献资源的整合、专家知识的搜集和数据库建设力度，重点完善和建设了林业科技文献、法律法规、标准、专利、科技成果、会议论文、学位论文、行业动态、统计资料、科技图书、科技报告、科技术语和学科资源等70多个林业科技文献资源库，并经常进行数据更新，2009年新增入库信息量15万多条。

解放军军事科学院图书馆重点加强了军事期刊全文、军事专题

全文、军事科研课题等 10 个大型数据库资源建设，新增数据 400 余万篇。其中，“军事期刊全文数据库”始建于 2001 年，目前共有 600 多种军事期刊自创刊以来的 100 多万篇全文。“军事专题全文数据库”始建于 1999 年，现已建立军事思想、军队建设等 60 多个子库，收录可全文浏览的专题信息 4 万多篇，该库还被全军信息化办公室指定为全军“军事综合信息服务网”提供信息。

中医研究院图书馆继续进行 17 个大中型专题数据库的数据增量，深入开展科研数据的汇交工作，其中数据增量约 37.5 万条，总数据量增至 175G。完成文献数据、临床数据、科研数据的整合，完成多个数据库建设应用平台的优化，并在此基础上开展了数据利用研究。开展与临床相结合的研究，探索临床数据的提取与深度挖掘，使中医药科学数据共建共享工作在科研、临床、管理等各个领域发挥积极作用。

全国人大图书馆强化法律法规资料数据库建设，“人大系统连续出版物特藏库”已经初具规模，开始建设“人大委员著作特藏库”；2009 年 8 月，“人民代表大会制度专题数据库”正式立项，目标是建成集文章库、著作库、书目库、人物资料库和地方人大内部出版物库于一体的综合性数据库。中央编译局文献信息中心围绕中央实施的马克思主义理论研究和建设工程，建成了“中央文献多语种翻译资料库”和“中央编译局人才成果信息库”，开展“马克思主义图片库”建设。中央文献研究室图书馆加大对党和国家领导人的文献、档案、史料的收集、整理、加工力度，特别是重视相关电子文献资源的建设。人民日报社图书馆把自身工作视为《人民日报》编辑工作的重要组成部分，着力构建“贴实主业、融入主业”的新闻资料库，为采编工作直接提供信息资源支持。

中国地质图书馆 2008—2009 年完成 4 万册馆藏重要地学文献的数字化。完成中国地质文献数据库（中英文）文献选题，加工入库数据 19 291 条，目前，中国地质文献数据库数据量已达 30 万条；为加强中国地质文献数据库的规范建设，2009 年完成《地质学汉语叙词表》（第三版）的文字修订及终审工作，计划2010年正式出版。

（三）开展数字资源长期保存和回溯数字化建设，提高文献保障效率

在数字化资源服务体系中，数字化资源的长期保存问题已经成为我国学术资源保障的迫切需求。2009年中国科学院国家科学图书馆持续开展数字资源长期保存示范系统建设，与Springer签署数字资源长期保存协议，Springer定期提供自1998年至今的Springer电子期刊数据，由国家科学图书馆进行长期保存，并获得授权在服务失效情况下对用户提供服务，为正式、规范和可靠地长期保存数字文献资源起到示范作用。中国社科院图书馆围绕人文社会科学的研究者回溯文献需求，加强了数字化回溯数据库采购，如提供我国60年统计数据的搜数网，Jstor、Elsevier、Emerald、Sage等回溯数据库。

中国科学院国家科学图书馆、中医研究院图书馆、中国艺术研究院图书馆等被国务院授予“全国古籍重点保护单位”。中医研究院图书馆2009年新增古籍90种；完成了部分私人藏书调研与鉴定；扩大了对美国中医古籍资源的调查与研究；继续开展《中医古籍孤本大全》出版工作。军事科学院图书馆通过普查，馆藏古籍9400余种，10.7万余册，其中1795年前的善本古籍650余种。2009年6月，被国家文化部正式授予“全国古籍重点保护单位”。截至2009年底，共完成其中359部古籍的普查登记工作，同步制作了版本书影。11部古籍被《国家珍贵古籍名录》收录，部分珍贵古籍参加了国家文化部组织的“国家珍贵古籍特展”。军事科学院图书馆组织馆藏兵书古籍开发，共收藏古代和近代兵书1778种，5544册（件）。不但历史悠久，卷帙浩繁，而且内容极其丰富，为军事科研提供了全面的资源保障。为配合《中华大典·军事典》对古籍的普查辑录工作，重点对古兵书进行了编目，并进行了版本内容介绍，同时为编辑《军事图书资料馆馆藏珍品图录》作初步准备。

中国艺术研究院图书馆馆藏 12 部明代善本古籍被收入《国家珍贵古籍名录》，均为国家二级古籍，并且是海内孤本。举办了 2009 年度“非遗”成果展，内容主要包括口头文学、传统表演艺术、民俗活动、礼仪、节庆、有关自然界和宇宙的民间传统知识及实践、传统手工艺技能，以及与这些表现形式相关的文化空间在内的中国非物质文化遗产。通过实物照片以及大量文字，涵盖了 56 个民族几千年历史沉淀下来的优秀文化遗产，采用文字、图片、实物、影视、多媒体和表演等现代展示手段，充分体现了非物质文化遗产的丰富性和生动性，极富观赏性和表现力。参与举办的“根与魂——中华非物质文化遗产大展”及相关活动分别在台北孙中山纪念馆与台中创意文化园区举行，全程共计 20 余日。

二、全面开展数字图书馆建设，升级数字化文献信息服务平台

专业图书馆的数字化服务系统已经形成一定的规模和服务特色。在数字化技术和网络化技术不断发展深化的条件下，数字化信息已经成为学术用户的首选使用对象。2009 年，各专业图书馆进一步开展数字图书馆建设，围绕新的专业化的数字化文献信息服务模式改进数字图书馆系统，提升数字化服务保障功能和专业化服务能力。

中国科学技术信息研究所积极推进“国家工程技术数字图书馆”建设，通过资源的有序组织与揭示，实现对馆内各类实体资源、虚拟资源的高度整合与揭示，满足读者对各类馆藏资源多层次、多角度的检索需要。通过读者服务的整合，实现诸如科技查新、收录引证、原文传递、代借代查、知识服务、定题推送等各项服务的在线申请和在线服务，实现用户身份的统一认证和管理。国

家工程技术数字图书馆服务系统网站集成各种不同来源、不同结构的科技文献和数据库资源，是面向用户科研学习环境的网络化知识服务平台。2009 年全年的访问量 105 万人次，同比增长 10.36%；全年点击量 4800 万次，同比增长 40%。目前正在进行网站栏目调整，优化数据更新机制，并实现中英文双语检索和词表辅助检索等知识化检索服务。2009 年 5 月正式投入使用，建筑面积达 1.4 万平方米，成为集读者中心服务区、开架阅览区、电子阅览区、信息发布区、学术交流区、古籍展区、多功能厅、智能化楼宇系统为一体的大型现代化图书馆。新馆建成了大型高性能计算机网络系统，包含核心层、汇聚层、接入层等结构合理的网络交换系统，实现千兆到桌面，中心机房含 30 台高性能服务器群，总容量达 60TB 的高性能网络存储系统，为信息化建设和高速、高效的网络信息服务奠定了良好的基础。

2009 年 5 月，军事科学院图书馆与国家图书馆启动了“中国国家数字图书馆军事科学院分馆”建设，使军事科学院图书馆成为国家图书馆在全国建设的第 15 家分馆，军队首家分馆。建设的主要内容包括：无偿提供所有自建资源（包含中文图书、民国资源、数字方志、音视频资源、图片资源、学术讲座等，资源类型有文本、图像、音频、视频等）；开放远程资源访问（包含电子图书、全文期刊、电子报纸以及工具书等）；提供军事科研专题信息资源定制与推送服务；帮助建设触摸屏电子报刊阅读系统；还提供技术支持，帮助军事科学院图书馆实现对特色资源和珍贵资源的保护、开发和利用等。分馆建设不仅是国家数字图书馆的建设成果在军队领域共享，促进军队文献信息资源建设，为新时期军事科研、国防建设发挥作用的重要举措，同时全面推进了军事科学院数字图书馆建设步伐，极大丰富了数字资源馆藏，拓展了为军事科研服务的内容和方式，提升了信息服务水平，巩固了军事科研信息中心的地位。

解放军医学图书馆采用国际领先的软件技术构建网站管理平

台，有效提升了网站效能，“网站门户系统建设与应用”获北京市高校数字图书馆技术应用三等奖；基本完成馆藏中外文期刊导航、PubMed期刊检索和原文传递等馆核心数据库三期建设目标，实现了与网站平台挂接；完成虚拟服务器管理系统的升级，有效地保障了服务器的高效运行；严格落实备份策略，年度备份数据总量达30TB。全年发布文摘数据库数据54GB，更新中文期刊全文数据库数据1.2TB，网站点击数达470余万次，用户访问量达55万人次，信息访问量34TB。

2009年，中国林业科学院图书馆建成了4个科技信息服务系统，即：统一资源整合服务平台，林业学科信息门户和网络资源导航系统，中国林业信息网虚拟专网管理系统，图书馆非书资料管理和视频点播系统。2009年度中国林业信息网的用户访问量达到50多万人次，自建数据库资源的用户下载记录数达到40万条，引进的数字化资源镜像站点和网络版全文期刊数据库的用户访问量累计达到150多万人次，全院用户累计下载文献原文达到210多万篇。每天有1500—3000人次的国内外用户上网查询国内外林业科技资料和数据，同时在线查找资料的人数在100—300人之间，网站已逐步成为科技人员快速获取国内外最新林业科技信息的最佳途径。

2009年，中国科学院国家科学图书馆在不断优化和加强全院公共信息服务平台建设，改善所级数字服务环境的同时，通过先进信息技术的研究和实施优化和加强创新服务，通过实施创新项目提升国科图创新服务能力。组织开通IPv6网络服务，进行CNGI项目应用试点，活跃IC服务，提升服务质量；构建了全面宣传展示国科图形象的新版机构网站，实现院网站群项目的建设目标；瞄准未来文献服务系统的转型要求，在分布式云计算技术、海量分面检索技术、可视化检索和分析技术、科技信息监测分析技术、大规模集群处理技术等方面都进行了积极的研究和突破，形成了相关演示和示范系统，为将来的服务创新打下了重要基础；实施“重要科研机构发展态势自动监测的关键技术研究和突破”、“知识集成融汇关键技术研究”、“可视化检索和浏览示范应用”，支撑全院服务创新；持续优化自主开发的机构知识库系统、知识产权分析系统、SKE专业领域知识环境项目、e划通等平台和工具，推进研究所图书馆服务转型。

三、创新专业化文献信息服务模式，提升一线文献保障服务效果

专业化文献信息保障服务是专业图书馆服务的核心。专业图书馆系统结合各自独立和特色的文献信息需求，通过深化文献信息服务，探索学科化文献信息服务新模式，组织专业文献信息服务队伍，深入学术研究过程和项目（课题组）等，开展“嵌入式”文献信息服务。

中国科学院国家科学图书馆继续普及面向研究所的学科化信息服务，为每两个研究所配备1名学科馆员，开展针对性信息获取能力培训与专业特色信息保障服务。坚持学科馆员“常下所、长下所”，及时和高质量地进行信息检索获取培训和咨询服务，全年共收到表扬（感谢）信6000多封。全年学科馆员本地下所1551次，平均每个本地所下所33.7次，外地所下所137次，累计462天。继续加强用户培训，全年到所培训671场，到所和利用其他场合等培训用户达18 222人次。学科馆员通过到所、电话、MSN、QQ、电子邮件、表单、实时等多种方式，解答用户咨询27 988个。

冶金研究院信息所要求专业人员，按照自己的分工进行信息资源采集、技术跟踪研究、报刊编辑报道、课题专项研究、专业会议参与。建立针对不同细分研究领域的专业化信息服务平台，将信息按不同细分领域进行有序的组织和排列，而且提供多元化、多层次、个性化的信息服务，使科研人员在最短时间内获得所需信息资源。2008—2009年，该院先后建立了炼铁和炼钢两个冶金专业化信息服务平台。该院发挥冶金专业特色馆藏优势，实施走出去主动

服务战略，分别在有研稀土新材料股份有限公司、钢铁研究总院（中国钢研科技集团）、苏州高新区洛耐院、沙钢集团、包头稀土高新区等冶金行业企事业单位开展专业特色服务。走入科研项目组，与课题组成员直接交流，了解课题组的研究领域和研究主题，配备专人为其提供全文代查服务。

中国标准研究院标准信息所在传统服务的基础上，积极开辟新的服务业务，并结合现有的资源进行学科化、专门化服务。重点开展了数据库销售服务、标准查新服务、标准有效性确认服务以及其他专题服务、推送服务。进行业务跟踪，提高咨询服务水平，发展重点用户、大客户，开拓新业务。密切关注国内经济动向，按照市场需求将资源适时转化为产品，制作了进出口法定检验检疫技术标准、旅游等专题数据库。积极开展个性化标准信息服务，如为华为公司提供标准版权依据，在诉讼案例中提供了有力的信息支持，树立了国家标准馆在全国标准化机构中的权威地位。截至 2009 年 12 月底，全馆共接待到馆读者 4600 余人次，标准文献借阅量 5000 余篇，接待电话文献服务 3 万余次，邮件服务 2 万次，处理各类订单近万个，复印 25 万余页，打印 220 多万页，全馆完成了 1173 万元的创收收入。

中国化工信息中心作为行业资源保障、信息研究、技术咨询、信息服务、刊物出版的龙头单位，针对不同企业的现状，因地制宜开发了专业化的、集成化的，适合企业科研人员需求和使用的科技文献信息平台，为企业的科技文献信息提供了有力的支撑。2008 年，化工信息中心完成了涂料、塑料、农药三个专业化服务平台的建设工作，采用不同分类导航和公司导航模式，用户无需检索即可方便地定位到所关心的专业信息，为企业用户提供更为直接的文献信息，从而提高企业对文献的使用效率。2009 年，在完善塑料、农药和涂料专业信息服务平台的同时，启动了面向产业创新的“百、千、万”科技信息服务行动。经过馆藏文献情况和产品市场与研发情况两方面的调研，陆续推出了 7 个专业、9 个化工产品的科技资讯，每种产品科技资讯选择100家左右的生产企业作为重点服务对象，直接针对某一具体产品，为企业用户提供直接的检索结果服务，目前累计提供服务的企业超过600家。化工信息中心针对科技园区和开发区对资源信息的需求，探索了适合不同园区需求的信息服务模式，为园区的信息服务提供有力支撑和保障，取得了初步成效。如天津开发区（南港工业区）作为天津开发区的拓展区，以发展石油化工、冶金及重型装备制造产业为主导功能定位，致力于发展成为世界级重化产业和港口综合功能区，化工信息中心与天津开发区（南港工业区）管理委员会就园区化工信息综合服务事宜进行了初步洽谈，在合作层面、合作内容及合作方式等方面取得了意向性共识。

中国科学技术信息研究所先后与航天六院、中国第一飞机设计研究院、天津泰达高新区图书馆、交通部信息研究院等机构用户进行座谈和交流，为航天六院十一所、中国第一飞机设计研究院、61886部队、中国空间技术研究院、长江水利委员会安装了科技文献信息内网镜像服务系统。

四、以专题化信息服务为依托，开展情报研究与咨询服务

专题情报调研服务是专业图书馆、专业信息机构服务的又一核心，也是专业图书馆开展特色服务的优势所在。专业图书馆结合行业特点和专业情报需求，开展情报调研和咨询工作，充分满足母体机构和行业、产业的情报研究需求。

2009年，中国科学院国家科学图书馆按照科研和决策信息需求，重点深化了战略决策情报研究、学科化信息服务，持续提升科技信息保障服务能力。组织情报人员成建制参加中国科学院面向2050科技发展战略路线图研究工作，并自主编撰18个领域科技发展态势分析报告。组织撰写《中国与美日德法英五国科技的比较

研究》《温室气体排放科学评价与减排政策》等报告，提供给国家主管部门决策参考；组织编写《国际科技竞争力报告》《科学结构地图—2009》《韩国科技发展态势报告》《主要国家和国立科研机构实行的创新政策与新举措》《应对金融危机的科技政策与措施》《主要国家科技创新战略与规划动向》《中国科学院专利分析报告2008》《材料领域技术发展趋势报告》等，支持国家和中国科学院科研决策和科研管理。发挥情报研究队伍优势，组织中、办国办“互联网重大信息报送”，关于甲型流感、气候变化、低碳经济、重金属污染、生物安全、数字新时代新战略、信息化投资等多条信息被中办国办采用。

解放军医学图书馆组建面向国家重大专项的专题服务小组，为专家提供代查代检、定题跟踪等服务。组织开展信息服务月活动，开展馆藏信息资源和服务项目的宣传，为军事医学科学院、解放军总医院等单位提供专题服务 30 余项。引进虚拟参考咨询系统，开辟网上专题栏目，及时发布甲型流感文献信息。继续推广数字图书馆远程信息访问系统，为全军院士、总后“三星”人才、总后卫生部、解放军总医院和本院专家组成员和驻京医院提供技术咨询和服务 350 余次。完成 CMCC、CMCI、CDD 数据库数据整合，更新和整理 CMCI 数据 120 余万条，提高了现有产品的持续发展能力。积极承担总后卫生部《全军数字医学集成应用系统》研究任务，组织制作专家手术图谱 2 万幅，完成了手术学数据库等 3 个数据库的研发。

冶金院情报所围绕企业新建扩建项目、产品结构调整、节能减排探索等开展信息咨询服务。研究中国钢铁工业发展规律、市场规律、行业发展战略、发展方式、不同发展阶段的工作重点，是信息研究机构的责任所在。2009 年，围绕技术咨询和信息咨询积极开展工作，争取到科技部的国家科技支撑项目《钢铁工业节能技术筛选与评估》，实现了信息咨询业务纵向课题的重大突破。承担工业和信息化部《国外原材料工业发展趋势和竞争力分析》《国外原材料工业兼并重组研究报告》两个课题。承担中钢协的《发达国家钢铁业二氧化碳排放现状研究》和《热轧扁平材产业链建设——世界钢铁产业链建设探究》、金属学会的《世界钢铁工业先进技术发展趋势研究》三个课题。承担完成马鞍山钢铁集团的《建筑用钢》课题调研。组织完成10个研究报告：《俄罗斯钢铁工业现状及发展前景》、《世界特殊钢企业竞争策略研究报告》、《世界钢铁工业先进节能环保技术最新发展》、《全球钢生产成本分析》(2009缩略版)、《全球钢生产成本分析》2009精编版（扁平材篇）、《全球钢生产成本分析》2009精编版（长材篇）、《世界主要钢铁生产国新技术新产品研发动向》、《国内外钢铁厂技术经济指标数据集》(2008版)。

2009年，中国地质图书馆根据各单位科研和项目工作需求，开展较深层次的信息服务。承担了《地质力学文献分析与发展趋势专题研究》《国外典型成矿区带基础地质问题研究》《全球矿产资料信息检索与编译》《地质环境监测预警国内外资料检索与综合研究》《世界海洋矿产资源文献调研分析》《全球矿产资源勘查开发态势文献调研分析与综合研究》等项目，提供了有力的文献信息支撑。延长学科信息服务链，为基层及野外地质工作服务。深入到国土资源部及中国地质调查局直属单位、各省（区、市）国土资源厅（局）、地调院、地质环境检测站及相关单位，开展相关电子资源使用方法培训班，介绍图书馆资源、服务项目等，使大家对图书馆的文献信息资源情况和全方位、多层次服务有了深入全面的了解，效果显著。

中国中医研究院图书馆，围绕中医研究需要开展情报研究和学术研究，取得了丰硕成果。参加的“中医临床科研信息共享系统”项目获2009年度国家科学技术进步奖二等奖；作为第一完成单位的“1100种中医药珍籍秘典的整理抢救”项目获2009年度中华中医药学会科学技术二等奖；作为第二完成单位的“面向INTERNET的中医药异地、远程、同步数据库共建平台”获2006年度北京市科学技术进步三等奖；“二类新药（中药）大株红景天注射液的研究与开发”获 2007 年度北京市科学技术奖三等奖；独立完成的“基于文献数据的中药新药辅助研发系统的研制”获 2008 年度中国中医科学院科学技术二等奖。2009 年度承担了国家自然科学基金委面上项目 2 项，分别为“基于血、脂生化代谢谱动态变化探讨心肌缺血再灌注损伤痰瘀病机与炎症反应的相关性”及“基于领域本体方法构建中医概念信息模型的研究”；承担科技部基础性工作专项“中医药古籍与方志的文献整理”、“重大新药创制”科技重大专项“综合性中药新药研究开发技术大平台”子课题“中药新药发现、设计和信息平台”、科技部“中医药创新发展战略研究”。

中国医学科学院图书馆围绕医药卫生体制改革、“十二五”科技规划研究、重大卫生科技专项等卫生部和院校重点工作，积极做好卫生政策和医学科技战略研究工作。组织编写《中国医学科技发展报告（2010）》，积极承担卫生部健康中国 2020 战略规划研究相关工作，服务医学科技创新，扩大院校影响。开发医药卫生体制改革舆情监测系统和卫生政策研究知识服务平台，初步完成中国卫生政策研究门户建设，编写《医药卫生体制改革舆情简报》和《深化医药卫生体制改革动态》，为医药卫生体制改革提供信息支持，服务卫生决策。

中央国家机关图书馆也不满足于仅仅是参与研究，或是为课题研究提供资料服务，而是成为课题的组织者和主要研究者，取得了一批具有鲜明特色、高水平的研究成果。2009 年 9 月，以中央编译局文献信息中心研究人员为主，组建“中央编译局海外理论信息研究中心”，承担了中央编译局纪念建国 60 周年重大委托项目“马列文献信息编辑出版 60 年”等 13 项研究课题。中央文献研究室图书馆组织实施了“关于党和国家领导人图书收藏及利用情况”的专题调研，对国内 31 家图书馆的有关文献进行了深入了解和数据分析，撰写完成 5 万字的调研分报告和 1 万多字的调研总报告。

全国人大图书馆与民主法制出版社合作，编辑出版《人大文撷》，系统反映我国专家学者和人大理论研究工作者的研究成果。中宣部图书馆参加了中宣部部史展的有关工作，在资料搜集方面取得阶段性成果。

五、以发展知识服务为目标，开展数字图书馆前沿服务技术研发

伴随专业化学术信息服务需求的深化与扩展，专业图书馆文献信息服务将向知识服务方向深度延伸。2009 年，各专业机构继续深入开展前沿探索，围绕知识服务需求开发新型分析工具和服务工具，探索构建知识化的数字图书馆服务系统。

中国科学技术信息研究所围绕建立一流院所的发展目标，以学术研究带动整体业务工作的发展。2009 年，加强了网络知识组织体系的建设和研究工作，建设了英汉科技词库，编制了《综合电子政务主题词表》，完成 EI 叙词表与汉语叙词表结构对比分析，启动了网络时代新型《汉语主题词表》（工程技术版）的编制与应用示范工程。目前，词汇的采集和处理工作、范畴体系的制定已全面展开，已经形成编制总体方案和编制规则讨论稿，与相关单位签订了专业词表编制合作协议。

2009 年，中国科学院国家科学图书馆积极部署系列探索性的创新试验项目。在资源建设方面，在全馆试验部署综合科技信息资源集成服务重点能力建设，系统部署数字资源长期保存系统；在情报研究方面，重点凝练设计针对重大需求和权威有影响的重要知识咨询产品，建成战略情报研究集成研讨厅，建成并应用科学结构演变分析系统，建成专利在线分析系统，试验部署情报资源仓储系统；在学科馆员服务方面，试验探索所级集成知识管理服务机制，试验探索面向课题组的信息与情报服务及其支撑平台机制；在文献与研究生服务方面，启动知识创造素质教育试点，拓展试验 Learning 2.0 服务环境；在科学交流与传播方面，建成期刊集成发布平台，试验多元集成的科学文化传播平台。同时，试验开展知识组织、集成融汇、智能监测等示范系统建设，组织对集成知识发现服务和集成知识计算服务关键技术和实现机制的前期研究；在国家和国际服务层面，试验部署对全国有重要影响的研究网站群和对全国图书馆服务的支撑服务网站群，积极参与国际层面的实质合作服务网络。

中国林科院图书馆在网络和信息资源共享研究方面承担 2 个重点项目——林业公益性行业科研专项经费项目《林业行业科技文献信息支撑系统研建》和国家科技基础条件平台项目《林业科技基础数据分中心建设》。新馆建设工程正式破土动工，项目正在顺利进行，这座智能化、数字化的新馆计划于 2011 年投入使用。中国林科院图书馆新馆将建立在方便用户、便于管理、高效服务和开放型、多功能、现代化的基础上，以用户需求为最根本的服务理念，利用网络及现代化的数字设备和技术手段，充分体现信息服务的个性化、信息资源数字化、信息传递网络化、信息利用共享化、信息提供知识化和信息访问综合化等功能，全面提升图书馆的服务水平，逐步完成由文献服务向知识服务的转变。

六、组织专业学术交流与技能培训，培养专业化服务人才

专业图书馆具有开展广泛深入的学术交流和开展广泛国际合作的传统，在数字化服务领域建立了广泛的国际联系，组织国际学术信息交流，开展专业化人员培训，联合开展数字化信息服务和专题信息保障，开展数字图书馆相关技术开发。2009 年，中国科学院国家科学图书馆扩大国际合作领域，选派人员参加大型国际学术会议，选派骨干人才赴美、德、澳、英等国参加培训与学习。组织国内多家图书馆机构完成“中德数字信息服务”合作项目，建立了

SUBITO-ChinaDirect 国际文献传递系统。策划组织“数字资源建设与共享研讨会”、“科学文献与科学数据通用许可国际研讨会”等热点问题研讨会，加深国际同行的沟通。作为发起成员参与组建国际开放机构知识库网络，组织开放信息交流模式研究，试验建立科技论文开放发表渠道和机制，与 BioMed Central 签署合作协议，代表中国科学院成为其机构会员。

解放军医学图书馆组织召开全军医学文献信息资源共享工作暨第十届医学图书情报专业学术研讨会、第六届中国图书馆学会医院图书馆委员会会员代表大会暨 2009 年度学术年会、中华医学图书情报杂志“医学图书情报知识化服务”研讨会等，协助举办中国图书馆学会专业图书馆分会第四届军地图书馆馆长交流研讨会、第三届北京地区参考咨询工作研讨会等专题工作会 2 次，有力促进了与军内外先进图书情报机构的学术交流。全年全馆编撰《医学图书馆学》等 5 部专著，发表学术论文 75 篇，6 人次赴意大利、澳大利亚、德国等地进行学术交流和考察。

2009 年，专业图书馆学会通过联合和自主方式，搭建了多元化、开放性的学术平台，作为促进业界交流的重要手段和指导实践的切入点，传播先进理念、鼓励学术创新，促进学科发展和人才培养。主办或参与举办各类学术活动 14 次，参会人数达 1300 多人次。2009 年围绕“专业图书馆知识服务创新发展战略”的主题组织学术年会，交流了图书馆未来发展战略及十二五规划的思考，探讨了支持知识服务的人才队伍建设、资源组织、工具平台和服务机制等问题。与中国图书进出口（集团）总公司联合举办“中国图书馆馆长与国际出版社高层对话”论坛；与中国图书馆学会数字图书馆委员会联合举办第二届“数字图书馆与开放源码软件”学术研讨会；与 IFLA 资源采访与建设专业委员会、中国图书馆学会资源建设委员会、中国科技情报学会资源建设委员会，组织“数字资源建设与共享研讨会”。分会通过自办或参与举办形式组织公益型学术讲座，先后组织会员参加了 8 次，如邀请国外专家所作的

“建立以 OWL 为标记的概念模型”、“eResearch/eScience 与专业图书馆重塑”等报告，邀请国内专家所作的“从参考咨询到研究咨询”、“海外图书馆发展规划与趋势”、“《联机目录：用户和图书馆员需要什么》——OCLC 2009 研究报告（中文版）发布会”等。组织会员单位 600 多人次参加了讲座。

七、应对知识化服务挑战，重塑专业图书馆专业化服务模式

2009 年，各专业图书馆积极开拓，努力创建数字化知识化服务模式，以数字化资源体系建设为突破口，基本形成了数字化资源、馆藏印本资源、第三方保障资源相互结合与协调的文献保障体系；以专业化文献信息服务为基础，深入学术研究过程和项目（课题组）研究等，开展“嵌入式”文献信息保障服务；结合行业特点和专业情报需求，开展情报研究与咨询服务，充分满足母体机构和行业、产业的情报研究需求；全面开展新型数字图书馆建设，升级数字化文献信息服务平台和服务系统，提升数字化文献信息服务保障能力；以知识服务为目标，开展数字图书馆前沿服务技术研发，开发新型分析工具和服务工具，探索构建知识化服务的数字图书馆服务系统。

近年来，专业图书馆同时面临资源体系结构重组、专业化服务转型、用户需求多样化发展和知识化、专业化人才匮乏的多重压力，使得各个专业图书馆积极谨慎应对，充分利用数字化技术、网络化技术、信息技术等带来的发展机遇，寻求根本性突破。

专业图书馆所面临的第一个挑战是文献资源体系与保障模式的变革。近年来，外文期刊价格以每年约 10%—15% 的涨幅迅速增长，专业图书馆普遍面临经费压力，采购经费严重不足，直接影响到资源建设的连续性，严重地制约了馆藏资源的系统性和完整性建设。面对资源保障模式的转变，专业图书馆在资源建设上突破自给

自足的文献保障方式，平衡数字化资源与印本文献资源的保障绩效；采取开放建设专业文献信息保障体系的理念，建立跨机构、跨地区、跨行业的联合资源建设和服务协同机制，建立相互补充、相互支持的文献信息保障服务机制，更加广泛开展馆际互借、原文传递等服务。

专业图书馆服务面临的第二个挑战是用户和读者提出的知识化服务需求。在数字化网络环境下，专业图书馆的各项工作都发生着深刻的变化，专业化、知识化需求已经成为经常性的“首问”需求。然而，当前专业图书馆只提供了一些与知识服务相关的基本服务，包括课题检索、科技查新、用户教育、学科导航等，还没有实现真正意义上的知识服务。专业图书馆要充分认识到自身作为信息与知识提供中心在科技创新工作中的重要作用，在加大数字资源建设力度的同时，探索以信息资源广泛共享的方式，解决信息数量的急剧增长以及用户无限需求与图书馆对信息载体有限的收集和处理能力之间的矛盾。图书馆应结合实际情况与服务对象的特点制定服务机制和人才引进、培养与激励机制，使图书馆的服务融入科研过程。

人才队伍建设是专业图书馆面临的第三大难题。科研活动最需要的是具有针对性的信息服务，要求图书馆服务能够嵌入到用户的科研活动中。现代科技文献信息服务，依靠数字化技术，实现了信息分析服务的日常化、直观化，可以有效揭示文献信息背后所包含的“真实情报”。当前，专业图书馆在服务人员组成方面，专业服务人员偏少，且很多服务人员并不具有专业学科背景。另外，面向科研服务是一种基于资源、技术、人力合作的更加复杂的多层次、全方位的合作，所以人的因素有很大的决定作用。为了有效实现专业图书馆服务模式转型，需要采取多种形式培养和造就一批高素质，具有较强知识化服务能力的专业服务队伍。

数据来源

国家科技图书文献中心、中国科学院国家科学图书馆、中国科技信息研究所国家工程技术图书馆、中国农业科学院国家农业图书馆、中国医学科学院图书馆、中国化工信息中心、机械信息研究院图书馆、冶金信息标准研究院图书馆、中国中医科学院图书馆、中国林业科学研究院图书馆、中国社会科学院图书馆、中国艺术研究院图书馆、军事科学院图书馆、解放军医学图书馆、故宫博物院图书馆、中国民族图书馆、中国知识产权局专利局图书馆、国家标准馆、中央编译局信息中心、中国地质图书馆、广东省科技图书馆、汤森路透科技医疗集团北京代表处等机构提供的2009年度发展报告。

分报告五：其他系统图书馆

党校图书馆

2009年，党校系统图书馆以十七大精神和科学发展观为指导，深入贯彻落实《中国共产党党校工作条例》（以下简称《条例》）和全国党校工作会议精神，结合《关于进一步加强和改进党校图书馆工作的意见》（以下简称《意见》），在中央党校图书馆和全国党校文献情报学会的指导下，克服困难，解放思想，与时俱进，图书馆工作取得了前所未有的进步。

（一）年度基本情况

党校图书馆委员会主要是由中央党校，各省、自治区、直辖市委党校，铁道部党校，新疆生产建设兵团党委党校，各副省级城市党委党校共48家党校的图书馆组成。党校图书馆是党校的综合性文献资料中心，是马克思主义理论和哲学社会科学等多种知识的储备库和学术性机构，是以图书资料和数字资源等形式向党校学工人员提供理论武装和知识学习的重要平台。

中共中央党校图书馆现有馆藏图书130万册，2009年到馆读者31 000人次。据不完全统计，副省级以上48家党校图书馆总藏书量1229.54万册，2009年总购书经费1371.9万元；在职人数3200人，其中副研究馆员以上共282人；图书馆专业人员192人，占从业人员总数的6%。

（二）年度基本发展特点

1. 立足定位谋发展

《条例》明确指出，“党校要重视图书馆（室）建设。中央党校和省、自治区、直辖市委党校图书馆要办成多功能、现代化的综合性文献资料中心。要创造条件，不断提高图书馆（室）的数字化水平”。

中央党校图书馆作为党校委员会的牵头单位，按照《条例》要求，结合图书馆实际工作，起草了《意见》，经中央党校校委会议讨论通过，此《意见》成为 2009 年中央党校图书馆工作的指导性文件。

《意见》指出，一要顺应信息来源和信息终端多元化的趋势，吸纳数字化技术，建设复合型图书馆。二要围绕党校中心工作，坚持用中国特色社会主义理论体系教育干部，为坚持和发展马克思列宁主义、传承和发展中外优秀文化，为深入研究马克思主义中国化成果，推动党的理论创新服务。馆藏要据此突出重点，形成特色。三要丰富馆藏图书，转变服务方式，提高阅读质量，抓紧落实系统推荐好书、及时推荐新书、定期组织读书报告会等方面的工作。四要加强图书馆的二次开发，增强图书馆工作的科研含量。五要加快推进数字图书馆建设，加紧进行数字图书馆技术系统和资源建设的前期筹备、人才引进和人员培训等工作。

2. 数字资源建设取得突破性进展

《全国党校系统图书馆数字资源建设规划（2006—2010）》（以下简称《规划》）中要求，2008—2010 年是实施规划任务的第二期，《规划》要求第二期以中央党校数字图书馆工程建设为依托，形成党校数字资源建设共享平台，完善共建共享机制，完善共同遵循的技术规范。2009 年 12 月，中央党校数字图书馆工程破土动工，数字资源建设和配套软硬件系统正在积极筹备中。

2008 年，由中央党校图书馆主办、重庆市委党校协办，召开了“全国党校数字资源共建共享工作现场会”，成立了全国党校数字资源共建共享工作小组。工作小组在中央党校图书馆的领导下，负责组织协调党校系统数据库建设和技术规范方面的工作，定期出版《工作简报》，及时汇总反映 16 家共建共享示范馆的进展情况。

截至2009年底，共出简报12期。目前，各示范馆在共建共享工作上虽然投入程度有所不同，但数据库建设都已初具规模，比如北京市委党校有数据库20个，其中自建数据库6个，数据库存储总量达到1.1TB。达到或超过同等水平的图书馆有重庆、吉林、四川、陕西、山东、江苏、浙江、广东等。

在2009年12月举办的全国党校文献情报学会常务理事会暨数字资源共建共享工作座谈会上，共建共享工作小组做了阶段工作总结。根据《规划》的要求，北京、河北、山西、吉林、上海、江苏、浙江、福建、安徽、山东、广东、湖南、重庆、四川、陕西和青岛等16个省市党校图书馆作为全国党校系统图书馆数字资源共建共享工程的示范馆分别承担了16个专题数据库建设的任务。各示范馆根据相关文件要求，积极推进所承担的专题数据库建设的工作，并取得了明显的成效。其间，为配合建库工作，中央党校还举办了全国党校馆长研讨班；中央党校图书馆召开了示范馆技术负责人研讨会；在重庆市委党校召开了全国党校系统图书馆数字资源共建共享工程现场会，将重庆市委党校图书馆在专题数据库建设方面的经验向各示范馆推广；还进一步完善了数字资源建设方面的规章制度。

到目前为止，吉林省委党校图书馆承建的“马克思列宁主义研究数据库”已经完成了35 000条数据，四川省委党校图书馆承担的“邓小平理论研究数据库”已完成20 000条数据。在工作的过程中，各馆也积累了许多进一步做好共建数据库工作的经验。

3. 积极开展调研并形成调研报告

为了全面掌握全国党校各图书馆情况，2009年5月至11月期间，由中央党校图书馆牵头部分副省级以上党校图书馆馆长参加，分4个组分赴安徽、江苏、浙江、广东、广西、重庆、宁夏、青海、深圳、宁波等省市党校图书馆进行调研考察，重点是数字资源建设情况特别是数字资源共建共享情况，在调研考察过程中各图书馆馆长们也交流了各自的情况。这次调研考察基本上掌握了全国党校图书馆的工作情况。

（1）各党校校委普遍重视图书馆工作。图书馆工作是党校整体工作的有机组成部分，各党校校委普遍重视图书馆工作，将图书馆工作纳入党校工作的整体布局统一考虑，统一安排，并根据学校的中心工作对图书馆提出新的要求；适时听取图书馆的工作汇报，并给予具体指导，帮助解决图书馆工作中遇到的问题和困难，特别是经费、人员、馆舍方面的问题；对图书馆工作有布置，有检查。总体看，各校对图书馆的工作是充分肯定的。

（2）各馆在硬件设施方面有了很大的改善，包括人员、经费、馆舍、计算机设备、馆内其他设施等。不少馆已建了新馆，设备进行了更新。办公条件和读者阅读环境都有相当改善。

（3）各馆都加强了数字资源建设。首先是加强了数据库的购买（包括购买使用权）力度，以信息资源经费使用比例看，用在数字资源方面的比例是逐年增加。其次是各馆自建专题数据库，或者将本校特有的纸质资源数字化，或者根据本校教学科研的需要建设专题数据库，放在图书馆网上供本校学工人员使用。参加全国党校系统图书馆数字资源共建共享工程的 16 个示范馆所承建的 16 个专题数据库也取得了一定进展。随着数字资源的逐年丰富，其利用率也同步提高。

（4）各校读者对图书馆资源的利用情况发生了较大变化。读者利用资源的基本情况是，纸质资源的利用率有所降低，而数字资源的利用率逐步上升。图书馆的主页点击率、数据库的点击率、数据下载量均逐年增长。现在，通过计算机网络访问、下载数字资源已成为读者利用图书馆资源的主要方式。

（5）各馆创新信息服务方式，逐步提高信息服务的质量。近年来，大部分图书馆在信息服务方面加强了针对性，提高信息服务的层次，以不同的形式、不同的名称逐步建立学科馆员制度，开展学科化服务，并取得了实在的效果。各馆普遍加强了信息刊物的工作，使信息刊物的质量显著提高，影响力日渐增强。广东馆、广州馆、深圳馆联合建立了联合参考咨询体系。

（6）部分馆实施区域化数字资源共享。为了降低数字资源购置的成本，提高数字资源的利用率，广东、浙江、四川党校图书馆还实施了数字资源共享。在购置数字资源的时候就考虑共享使用，得到资源供给方的授权，建立全省性的虚拟专网（VPN），市县党校可以通过该虚拟网访问利用省党校图书馆的数字资源。有的馆还参与了所在地区的图书馆联盟，互通信息，互通有无，加强了党校图书馆的信息保障能力，提升了党校图书馆的信息服务能力。

（7）各党校图书馆工作中还存在的问题。总的来看，各党校图书馆的发展并不平衡，存在的主要问题是：图书馆人员素质还不同程度上存在与新形势新要求不相适应的情况；有的图书馆还没有跟上信息技术飞速进步、数字资源不断增长的步伐；部分专题数据库建设存在重复现象；数字资源的共享方面存在较大问题。

4. 积极修订《全国党校图书馆工作规程》

按照《条例》要求，原有的《中国共产党党校图书馆工作规程》（1999 年制定）已不能适应如今图书馆的发展，迫切需要对其进行修订。在 2009 年一年的时间里，在全国文献信息情报学会的协调下，由中央党校图书馆具体负责，成立了修订小组，经过多次的讨论修改，最终形成《全国党校图书馆工作规程（送审稿）》。

新修订的规程强调了图书馆信息化建设的重要性，明确指出要逐步建立学科馆员制度，加强数字信息资源的共建共享，建立合作机制，提高数字信息资源利用率。

（三）今后努力的方向

2009 年，党校系统图书馆在开展工作中协调沟通得很好，但在今后的工作中仍有一些方面需要加强。第一，中央党校图书馆作为党校系统图书馆的牵头单位，在组织活动时要在指导性、权威性和实用性方面下工夫。第二，尽快搭建全国党校系统图书馆数字资源共建共享平台，使之能成为党校教育和干部学习需要的特色数字资源库群。第三，继续加强学术研究，增强科研力量，积极组织和参加各类型的图书馆专业学术研讨、交流和信息沟通等活动。第四，加强业务培训，针对图书馆工作面临的新问题，聘请专家进行专题讲座。第五，在办好《学会通讯》的基础上，加强与各会员单位的沟通和交流。

团校图书馆

团校教育事业作为党和国家教育事业的重要组成部分，担负着培养青年干部，团结和教育青少年为国家发展作出贡献的重要职责。共青团中央书记陆昊同志在团组织建设工作座谈会上的讲话提出：党中央要求共青团，坚持眼睛向下、重心下移，力争使团的基层组织网络覆盖全体青年，使团的各项工作和活动影响全体青年。

回顾 2008 年的团校图书馆委员会的工作，我们在中图学会的领导下，克服困难，积极工作，促进了本委员会的建设和各项工作的开展。为了发挥学术团体和行业服务的双重职能，我们组织了多种多样的文化教育展览和读者培训工作。在各种文化宣传活动中，积极开展了读者教育培训工作，寓教育于宣传中，并与不同阶段的图书馆工作相结合。团校图书馆还积极配合各院校努力开展团干部培训教育工作。应学员的要求，开设了专场电子资源培训，充分发挥了图书馆文献信息资料中心的作用。此外，中国青年政治学院图书馆作为团校委员会的理事馆，将该馆新图书馆设计为全开放式格局，使图书馆新馆在功能和布局上集中体现自动化、网络化、智能化和人性化的管理与服务的特点。

2009 年，中国图书馆界为建设创新型国家作出了积极的贡献。团校系统图书馆在共青团中央及各省、市、自治区团委的领导下，根据自身的工作基础和专业特色，配合各省市区院校中心工作，开展了学术交流、业务合作，为促进图书馆事业发展作出了努力。

（一）开拓进取，加强基础建设

2009年团校系统的各个院校图书馆，根据各地各院校的不同情况，在加强基础建设方面开展了一系列的工作。

在中直机关和共青团中央的大力支持下，中国青年政治学院新图书馆由国家发展与改革委员会批准立项后，于2009年下半年完成了全面的建设工作。新馆面积11 800平方米，9月正式投入使用。中国青年政治学院新图书馆建设的同时，学院向图书馆投入了千余万元专项经费，用于新图书馆的整体建设工作。在实施图书馆搬迁前，该馆组成了新馆工作小组，实施采购及前期工程。图书馆根据学院投资和已确定的“建造符合时代要求高校图书馆”的思路，在保证正常工作的同时，抽调现有人员中的骨干人员分别组成了设备、家具和装修、文献、服务模式和协调保障五个工作小组。该馆各工作小组在考察走访和收集大量资料的基础上，与图书馆现有工作部门进行了各方面认真的论证，提出并制定了各自的工作目标。2009年9月15日，中国青年政治学院新馆顺利开馆试运行。在试开馆的三个多月内，得到了院领导和全院师生的好评，同时，为团校系统的各个院校图书馆建设发展树立了一个新的范例和发展平台。

北京青年政治学院图书馆坚持“以人为本”服务理念，深入落实科学发展观。2009年5月下旬，该馆分别召开了各层级领导、工作人员的民主生活会，全体党员干部组织生活会。图书馆领导班子成员和全体党员分别从不同的角度谈了对于学习科学发展观的认识并认真查找问题和不足，结合图书馆发展实际，深入查找个人和班子在推进图书馆事业科学发展、服务师生读者方面存在的突出问题，深刻剖析原因，认真开展了批评和自我批评。对汇总的20条提案进行了细致认真的分析，根据图书馆存在的实际问题查找不足，紧紧围绕深入贯彻落实科学发展观，找准图书馆内涵式发展的方向，提出了建设性的意见和建议。民主生活会使大家明确了认识，大家一致表示，要在学院党委的正确领导下，围绕高职示范校建设，使图书馆长远规划更加科学，各项制度更加规范有效，更好地为读者提供优质的服务。

河北青年管理干部学院图书馆联系工作实际学习科学发展观。2009 年 4 月，该图书馆组织召开各服务窗口负责人会议，就结合馆内实际落实科学发展观进行了座谈研讨。会上大家畅所欲言，气氛热烈，统一了认识。迟日梅馆长强调：作为图书馆管理工作者，我们要把学习实践科学发展观与图书馆当前各项工作结合起来，谋划好今后的图书馆发展，着力提升馆内工作人员的职业道德水平和专业素质，提高为读者服务的质量和水平。为此，应该着重认识和解决几个方面的问题：第一，以人为本是图书馆发展的本质和核心。图书馆的指导思想应逐渐实现从传统的“以藏为用”、“以书为本”向“以用为主”、“以人为本”的转变。要继续树立热情服务的宗旨，把满足读者需要，提供优质服务作为图书馆这个岗位“以人为本”的具体体现和要求。第二，抓好队伍建设。图书馆要打造一支职业道德感强、基本素质和专业技能高、具有较强的团队精神的馆员队伍，要从培养、使用两个方面促进图书馆队伍素质的全面提高，只有这样才能适应信息时代的信息咨询和深层次的服务要求。第三，进一步完善图书馆管理制度，规范各项业务工作制度、服务制度和考核制度，力争实现在服务中的零失误、零投诉。

（二）推动图书馆各类活动开展

开展青少年教育研究，走特色发展之路是团校服务共青团最直接最现实的体现。在 2009 年，为了做好团校系统特色兴校的工作，各地团校图书馆配合各院校努力开展以加强青少年教育、青少年研究为特色的一系列工作，取得了喜人的成绩。

第一，积极开展学术科研活动。

浙江省杭州市团校、杭州市青少年研究所获得浙江团省委 2009 年度调研奖 3 项。该校校长钱永祥的调研报告《营造未成年人健康成长的法制环境中要突出少年儿童的主体地位》荣获2009年度浙江省共青团调研论文二等奖；阎素芬的调研报告《诉求与抉择——杭州农村留守儿童生活状态调查》荣获2009年度浙江省共青团调研论文三等奖；陆桂英、荣德昱、赖明诚、徐震宇、周骆斌共同参与的调研报告《杭州“80后”企业青年职业状况》荣获2009年度浙江省共青团调研论文三等奖。

北京市青年政治学院梁绿琦院长主持了北京市哲学社会科学规划项目“和谐社会中的社区志愿服务研究”课题，并形成了最终成果——《志愿社区——中国社区志愿服务研究》（中国青年出版社，2009年5月）。专家评审组认为，该课题研究工作进行得非常扎实全面，成果资料翔实、分析细致、结构合理、逻辑严谨，是一项高水平的优秀科研成果，有填补空白的学术价值和实践意义。

上海青年管理干部学院在以“改革开放三十年与青少年和青少年工作发展”为主题的第四届中国青少年发展论坛征文评选中，该院青年研究中心主任黄洪基教授领衔，青年研究中心研究人员陈宁、陆烨、邓蕾等参与的《参与热情的高涨 自主意识的张扬——上海青年自组织研究报告》荣获一等奖；院长助理刘宏森撰写的论文《单向的接轨——改革开放30年与当代青年流行文化发展浅议》荣获三等奖。此外，以“拥抱世博的上海青年”为主题的《2009年上海青年发展报告》首发式已经隆重举行。

山东省青年管理干部学院刘先义教授担任负责人的课题《入世后山东省教育国际合作发展战略与政策研究》被评为第二十三次山东省社会科学优秀成果二等奖。经全国教育科学规划领导小组学科规划组评审，全国教育科学规划领导小组审批，该院刘丙元同志申报的课题“当代中国道德教育哲学的理论与实践困境及其对策研究”已被列为全国教育科学“十一五”规划2009年度教育部重点课题。

第二，积极开展读书活动。

2009年4月23日是世界第15个读书日，中国青年政治学院图书馆举行了主题为"'悦'读的春天"的世界读书日主题活动。这是该图书馆又一次在世界读书日举办与读书有关的活动。当天中午，图书馆一楼大厅的布置烘托出浓厚的读书氛围。图文并茂的展板介绍了世界读书日的来历、新图书馆构造以及如何文明使用图书馆等；在通往报刊阅览室的楼梯上，布置了由各系学生签名的"文明使用图书馆"宣传彩页。肖峰馆长说，此次活动的主题"悦"，是让同学们不要把读书当成一种负担，要当成一种享受。读书可以增长知识，体会人生，就像春天到来了，总会给你新鲜的东西。他建议大家在选择图书的时候不要把目光过多的投入到休闲娱乐类书籍，作为大学生，我们更应该多看一些与所学专业有关的学术类书籍。新的图书馆将为同学们创造更好的阅读环境，天堂应该是中青院图书馆的模样。

江苏省青年管理干部学院在 2009 年 10 月由图书馆、团委、学生会组织了第七届"读书月"活动。该活动包括：听——聆听和感悟；说——锻炼和展示；读——欣赏与学习；写——描绘和书写；唱——抒发与风采。活动内容丰富多彩，一次又一次把学院的文化活动推向高潮。该院师生反映，"读书月"活动，不仅丰富了学生们的课余生活，而且进行了一场精神洗礼，使学生们在其中展现自己、锻炼自己、塑造自己，在活动中获得知识、在活动中收获快乐、在活动中点燃梦想，也为学院营造了良好的文化氛围，提升了学生的综合素质。"读书月"活动立意高远、主题鲜明，内容丰富多彩、形式新颖多样，吸引了众多学生的踊跃参加，校园里一时书香满盈，仅三场学术讲座，听众愈千人次。据不完全统计，参加本届"读书月"活动总人数超过 4000 人次，以此分析，该院每个学生平均至少参加三项活动。学生们的踊跃参加，极大地促进了学院校园文化建设。

第三，其他学术交流活动。

2009 年 11 月，首届青年干部成长理论研讨会在中国青年政治学院召开。此次以"新中国成立 60 年与青年干部成长"为主题的研讨会，旨在为青年干部和青年研究者提供一个互动平台，探讨青年干部成长的方向、途径、规律、环境等要素。通过青年干部成长理论研讨会，探讨年轻干部成长之路，丰富干部成长理论。同时，通过讨论研究中国人才研究会青年人才专业委员会的工作，为青年人才的成长提供帮助和支持。

北京青年政治学院组织了大学生心理健康教育讲座“名家论坛”系列活动，由中国人民大学心理健康教育与咨询中心的胡邓教授为学生作了心理健康教育讲座，200余名学生参加。讲座以“情绪管理，健康心态”为主题，通过展示照片、讲述亲身经历，使同学们了解到保持健康心态的重要性。同时针对学生的不同年龄段介绍了学生容易产生的心理困惑及解决对策。讲座后同学们与胡教授进行了互动交流，现场气氛活跃而融洽。

上海青年管理干部学院在2009年11月举办了青年教师教学大奖赛。参赛人数26人，占适龄教师人数的60.47%。荣获冠亚季军各名次的共计12人，占实际参赛人数的42.86%；30周岁及以下获奖人数共计9人，占总获奖人数的75.00%。活动进一步促进了青年教师成长，不断提高青年教师教学水平，积极推进课堂教学改革的实践与探索。

（三）加强馆员专业素质

为逐步实现图书馆人员的专业素质提升，团校委员会积极组织系统内成员馆的馆员参加中国图书馆学会及各类型学术团体举办的学术会议、业务培训班。2009年，各地团校图书馆在设备建设、文献建设等方面得到了学院的大量投入。在各方面资源不断扩张，工作量不断增加的情况下，服务理念、人员素质、工作效率和质量等问题随之显现。

2009年，中国青年政治学院图书馆注重与中国图书馆学会以及北京、上海、深圳等重点地区院校图书馆广泛建立联系，以学习成熟高校图书馆有益的工作理念和服务经验，借助各种机会让更多馆员外出交流学习、开阔眼界，吸取新理念以提高图书馆人员素质。在该馆新馆的建设规划中，提出并实施了较为先进的服务模式。在文献布局上，实行大开间、大流通一体化的管理模式。馆内全部服务场所都允许读者带包自由进出。在设备集成上，完成了七类设备校园卡“一卡通”，为读者营造方便、舒适、安全、自由的阅读空间。重新编制图书馆各项规则，使图书馆对内对外的管理都更科学、更严谨、更合理，充分体现了图书馆管理的人性化。

为了加强系统各馆之间的联系，委员会组织了部分省团校图书馆赴深圳、上海、杭州、南京等地图书馆考察参观。2009 年分别参与了全国高校图书馆界召开的各类型学术会议，如：北京大学图书馆举办的“图书馆技术与编目发展”学术研讨会；中国人民大学图书馆举办的“北京高校情报资料研究会业务工作”研讨会。在北京地区高校图书馆文献资源保障体系（BALIS）培训中心举办的北京地区“高校图书馆工作社会化高层论坛”上，中国青年政治学院图书馆常务副馆长郑丹娘做了题为“新馆搬迁准备与图书馆工作社会化思考”的发言。此外，积极参与了北京地区高校图书馆 2009 年乒乓球比赛，并取得了较好的成绩。比赛不仅为北京高校图书馆员工提供了相互交流、切磋球技的机会，更为各高校图书馆教职工搭建了友谊之桥。

在社会文化蓬勃发展的形势下，团校图书馆委员会根据本系统特点，不断学习同行经验，积极参与中国图书馆学会的各方面工作，促进了团校系统图书馆的整体发展。综合 2008、2009 年的整体工作，团校图书馆委员会在组织机构建设、科普文化宣传和专业学术活动等方面不断地丰富和深化。在此基础上，我们会抓住时代机遇，深化服务意识，加强理论研究，积极投身图书馆实践，丰富科普阅读活动；加强了解和沟通，以青少年资源为特色的合作为基础，加强学术交流，扩大团校图书馆委员会在业内的影响力。

同时，还要做好吸收会员和基本的组织建设工作；在现有工作的基础上，认识发挥自身特色，搭建青少年文献资源建设平台；积极建言献策，加大学术参与和交流度；利用现代信息手段，加强各委员馆之间的联系。

在共同的合作努力下，我们坚信：在进入知识时代、信息时代的新世纪，人们将更离不开知识的积累和对信息的需求。图书馆在未来社会仍然拥有自己的地位，中国图书馆事业在新世纪还会有更大的发展。

军队院校图书馆

2009 年，全军院校图书馆以科学发展观为指导，以迎接全军院校图书馆工作会议为动力，以数字图书馆建设和整合为重点，以联合协作和资源共享为主要任务，大力加强图书馆学术研究，着力提高信息服务保障能力，较好地发挥了院校现代化教学的支柱作用。

（一）图书情报学术研究深入发展

理论是行动的先导。理论、学术研究的深入开展，对图书馆的建设具有巨大的推动和引领作用。从总部、军队各大单位领导机关到军队院校图书馆委员会（以下简称“图书馆委员会”）和全军院校图书馆都非常重视理论研究工作。2009 年初，总部机关业务主管部门专门发文向 9 个大单位部署了 9 个专题的理论研究任务。9 个专题是：《军队院校不同类型培训对象的信息需求研究》《中外军队院校数字图书馆比较研究》《信息化条件下军队院校图书馆改革与发展研究》《军队院校图书馆评估研究》《军队院校文献资源体系建设研究报告》《军队院校数字图书馆建设与应用研究》《军队院校图书馆信息服务研究》《军队院校图书馆人才队伍建设研究》《综合性院校图书馆建设与发展研究》。这些专题，既有宏观上的需求分析、改革发展战略和中外对比研究，又有微观上的建设对策、信息服务、评估标准的研究，涵盖了图书馆建设和业务工作的方方面面。

为保证理论研究扎扎实实的开展，图书馆委员会组织专家，协助总部机关审查各研究报告撰写提纲，及时了解研究进度，组织审阅研究报告，提出修改意见，对提高报告质量起到了积极作用。2009 年 11 月底，各大单位向总部机关提交了研究报告，完成了总部机关部署的研究任务。

为使学术研究更加深入广泛的开展，图书馆委员会于 2009 年 5 月，向全军院校图书馆发出第十二届学术研讨会征文通知，征文以“军队院校教育转型与信息化建设”为主题，下设 10 个分主题。各院校图书馆围绕主题，结合实际，组织开展学术理论研究。有些地区协作组组织召开研讨会，层层遴选优秀论文。不少图书馆馆长自己带头，并组织本馆积极撰稿。截至 2009 年 12 月底，共收到论文 428 篇，创历次学术研讨会论文数量记录。图书馆委员会聘请了 18 位专家对所有论文进行了评审，共选出一、二、三等奖优秀论文 135 篇，并编印出版了论文集，为召开学术研讨会做好了前期准备。

（二）制定了“十二五”《军队院校图书馆建设规划》

为适应军队信息化建设和院校教育转型的需要，确定“十二五”军队院校图书馆建设发展的目标和任务，抓住机遇解决图书馆建设突出问题，从 2009 年初，总部机关就向图书馆委员会下达了拟制“十二五”《军队院校图书馆建设规划》的任务。图书馆委员会从上半年开始着手《军队院校图书馆建设规划》的拟制工作，从框架设计论证、初稿、审稿到最终定稿，历时半年，十多位同志参与研究撰写。初稿形成后，印发军队各大单位军训部门征求意见。12 月初，总部机关组织召开全军院校图书馆工作会议，军队各大单位军训部门主管领导、全军院校图书馆馆长参加了会议。会议讨论审议了《军队院校图书馆建设规划》。《军队院校图书馆建设规划》共分四个部分：第一、二部分主要是确立指导思想和建设目标；第三部分明确了主要建设任务；第四部分从组织领导、法规建设、条件保障等方面提出了相应的措施要求。《军队院校图书馆建设规划》描绘了军队院校图书馆下一个五年建设发展的蓝图，使图书馆建设有了可靠的依据。

（三）军队院校数字图书馆建设取得了新的成果

根据总部机关的意图，由空军指挥学院图书馆、装备指挥技术学院图书馆牵头，设计研发了“军队院校数字图书馆”网站主页，集成了2008年底前建设的23个数字图书馆、共享信息网站和2009年新建的9个数字图书馆的建设成果。该网站已链接到全军军事训练信息网上，成为各军兵种、各学科专业数字图书馆的综合门户网站，展示了数字图书馆网站资源和功能，方便了全军军事训练用户快速浏览和检索。

按照总部机关重点建设陆军兵种和特色学科、专业数字图书馆的部署，协助总部机关对9个数字图书馆建设方案进行了审查论证。各承建单位加紧展开建设工作。图书馆委员会及时了解各项目建设进度，促进了新建项目的落实。到2009年底，9个建设项目都取得了可喜的成果。

按照总部机关的要求，加强了院校原生文献资源的建设。军队院校原生文献资源，是院校教学、科研、管理活动中产生并具有学术和收藏价值的文献信息资源，是最具军队院校学科专业特色、使用频率最高的信息资源。为了使全军院校图书馆原生文献资源数字化建设更加规范有序，根据总部机关组织有关专家研究的意见，图书馆委员会拟制并向全军院校图书馆印发了《军队院校原生文献资源数字化建设指南》，对原生文献资源建设目标与原则、建设任务与步骤，特别是硬件环境建设、软件平台建设、资源库建设、服务体系建设和原生文献资源数字化建设的标准化等方面，作了明确的规定，提出了具体要求。例如，关于原生文献资源的建设，该指南具体包括10个资源库：《原生图书库》《原生教材、教学参考书库》《学位论文库》《学术、会议论文库》《研究报告库》《期刊论文库》《想定作业库》《案例教学资料库》《教案库》和《教学科研成果库》。这些库的数据均应经过系统收集、加工、标引并发布，所收内容要按照学科、课程体系等进行分类管理，形成资源库。

（四）加快了文献资源联合订购和共享的步伐

按照总部机关的意图，为加快军队院校图书馆联合订购步伐，图书馆委员会组织开展了联合采购谈判活动，来自军队院校图书馆的 13 名代表组成谈判小组，与第一批受邀参加军队院校联合采购的 12 家单位和公司进行了商谈。经过谈判组成员艰苦细致的工作，取得了较好的效果。如，军队院校图书馆与维普公司进行谈判并签订合同，对维普期刊实行联合订购，提供全军院校图书馆使用。此外，承担总部机关赋予的中外文图书、期刊统一订购和联合数字化加工任务的单位，及时更新数据，其中《中国军事图书总库》共收录军事图书 5 万余种，已为全军多个单位提供使用，发挥了很好的共建共享效益。

（五）图书馆评估实现了“以评促建”的目的

军队院校图书馆评估始于 2005 年。2005—2006 年，总部机关组织专家组对 7 个图书馆进行试点评估，取得了宝贵经验。2007 年起，将图书馆评估纳入院校教学评价中结合进行。2009 年，总部机关决定对 10 所院校 13 个图书馆结合教学工作评价进行评估。图书馆委员会领导、专家和部分地区协作组组长分别到部分参评院校帮助图书馆进行评估准备，重点是帮助发现问题和薄弱环节，及时采取改进措施，以保证图书馆评估的顺利进行。有三位图书馆方面的专家分别参加了 10 所院校的教学评价，圆满完成了图书馆评估的任务。5 年的评估实践，各院校图书馆以及各级领导部门坚持“以评促建”的指导思想，推动了全军院校图书馆建设、管理、服务等各项工作的完善和优化，有力地促进了军队院校图书馆事业的科学发展和各馆办馆水平与质量的整体提升。与此同时，值得指出的是，尚未进行评估的院校图书馆也都积极行动起来，主动按照评估指标体系开展了自评自查工作，以指标为依据，查找薄弱环节和存在问题，制定切实措施，积极整改，全面促进了军队院校图书馆的建设和发展。可以说，评估得到了全军院校图书馆的普遍认同和积极响应，对科学推进全军院校图书馆建设与发展的积极作用已经得到充分显现，具体表现在以下 7 个方面：一是促进了《中国人民解放军院校图书馆工作条例》学习贯彻的成果转化，二是凸显了图书馆工作的服务导向功能，三是彰显了对图书馆建设的规范作用，四是赢得了各级领导对图书馆建设的关注和重视，五是促使了图书馆办馆条件的重大改善，六是提供了准确判断军队院校图书馆实力的可靠依据，七是增进了院校图书馆之间的沟通交流。

（六）部分完成了信息素质教育系列教材的编写

为提高全军院校图书馆信息素质教育水平，更好地为培养高素质军事人才服务，图书馆委员会自 2007 年着手研究论证军队院校图书馆信息素质教育系列教材统一编写问题，并邀请几位在信息素质教育方面有专长的同志，在南京政治学院上海分院军事信息管理系就“全军院校信息素质教育教学大纲和统编教材”的编写问题，进行认真的讨论研究。最后确定，编写《军事信息素质基础教程》(通用)、《军事指挥信息素质教程》（任职教育用)、《军事指挥信息素质高级教程》（军事学研究生用)、《军事科技信息素质教程》（工程技术院校本科生用）和《军事科技信息素质高级教程》（工程技术院校研究生用)。2008 年，第一本教材《军事信息素质基础教程》完成编写任务，由解放军出版社出版发行；2009 年，又完成了《军事科技信息素质高级教程》《军事科技信息素质教程》的编写出版，《军事指挥信息素质教程》完成了编写任务并提交专家审查。这样，5 本系列教材已基本完成了 4 本，使军队院校图书馆信息素质教育有了统编教材作依据和参考。

（七）完成了《中国人民解放军院校图书馆馆志》的编撰

馆志是图书馆发展的历史记录、现状的具体反映、人物风采的真实写照和发展前景的生动描绘，具有发扬传统、展示形象，激励斗志、促进建设发展的重要作用。经请示总部机关同意，图书馆委员会决定编撰《中国人民解放军院校图书馆馆志》。对此，各图书馆大力支持，积极提供素材。图书馆委员会秘书处成立了编撰组，积极组织人员编撰。该馆志采取图文结合的形式，主要反映以下几个方面的内容：图书馆基本情况（名称、坐落和通信地址、邮政编码、值班电话等）、所在学校性质定位和主要培训任务、图书馆历史沿革（最好追溯到学校组建之初）、馆舍建设（外景特征、建筑面积、布局特色、阅览座位、人文环境氛围等）、馆藏文献资源（馆藏中外文图书、报刊和年进新书、订阅报刊的数量，馆藏资源特色等）、现代化数字化建设情况（现代化设备、数字图书馆、学科专业网站、原生文献资源库、数字资源等）、借阅阅览情况（持证读者数量、开馆时间、年借阅量和阅览人次、图书馆网页年点击数量等）、人员情况（编制与实有人数，队伍的年龄、学历、学位、专业、技术等级和职称结构，单位和个人立功受奖情况等）、馆长和专家（现任和历任馆长、副馆长基本情况，现任和历任具有高级技术职务的专家队伍的基本情况）、情报信息和知识服务（信息和知识服务功能和方式、编辑出版的情报刊物、参考咨询工作、个性化服务情况等）、科研成果（承担国家、军队、院校科研课题和重点建设项目完成及获奖情况，出版专著、译著，发表具有较大影响的学术论文及获奖情况等）、图书馆管理及文献保护（规章制度的建立与执行、安全与保密、文献保护制度与措施等）、发展规划及前景描述（未来图书馆建设发展规划和重点）。目前，该馆志的编审工作已经完成，即将付印。

（八）军队院校图书馆协作有了新的进展

图书馆委员会的三项基本职能之一是图书馆馆际协作。2009年协作工作较之以往，无论广度和深度都有了新的发展，除了努力完成总部机关赋予的任务之外，图书馆委员会和各地区协作组还组织了一系列的活动。

根据《军队院校图书馆优秀信息成果奖励办法》，图书馆委员会组织了对2005—2008年四个年度的优秀信息成果的评选。经各院校主管部门推荐、各地区协作组初审，共推荐优秀信息成果157项。经图书馆委员会组织专家评审，评出等级奖优秀成果137项，其中一等奖23项、二等奖47项、三等奖67项。图书馆委员会对获奖优秀成果进行了通报表彰。

在分期分批组织培训的基础上，图书馆委员会组织将军队院校图书馆自动化管理网络系统（Milnets3.0）安装到大部分院校图书馆并开始启用。系统开发组注意跟踪搜集反馈意见，有针对性地查缺补漏，完善功能，进一步方便用户使用。根据总部机关的指示，还对图书馆委员会网站进行了全面的升级改造。

加强图书馆委员会自身的组织建设，建立健全了信息资源、信息技术、信息素质教育、理论研究、标准规范、队伍建设、信息服务、设备建设、编译出版等9个专业工作组，完善了委员会的组织架构，聘请了各专业工作组组长。召开了专业组长会议，研究制订了专业组的工作计划。

各地区专业组积极开展多种形式的协作活动，西安和长春地区，长沙、郑州和青岛地区，重庆和长春地区，组织了联组活动，其他地区协作组展开了工作年会、组织理论研讨和技术培训，促进了地区协作工作的深入开展。

坚持办好《协作简报》，及时传达总部机关的指示，编辑发布信息，反映全军院校图书馆的情况，交流图书馆建设、管理和服务的经验。

医院图书馆

（一）基本情况

粗略统计，我国各种类型大小不一的医院图书馆达上万所，从事医院图书馆工作的人员约在 3 万人左右，馆舍总面积约数百万平方米，年购书总经费约为 6—7 亿元，每年为大约 500 万人次以上的读者提供各种类型的医学文献信息服务，网络信息服务约为 3000 万人次，在我国医疗、科研、教学等方面发挥了不可替代的巨大作用。

2009 年，医院图书馆在保障医院临床、教学和科研方面，扎实有效地实施了面向临床的服务方式，明显提高了临床对信息的需求保障能力，逐步完善医院图书馆的保障制度，实现了由被动服务向主动服务的转变，加快了建立医院图书馆信息网络环境的步伐，稳步开展网络资源服务工作，加强了医院图书馆人才建设和管理工作。医院图书馆目前在全国 23 个省市建立了各地分会，共有会员单位 200 余个。

（二）医院图书馆事业全面发展

1. 资源建设与信息服务发展良好

各地医院图书馆把电子资源建设和纸质本文献建设有效结合起来，电子信息资源建设已成为医院图书馆资源建设的重要内容。医院图书馆根据实际情况，制定了医院图书馆发展规划，组织了集团采购方案，在对待纸质期刊的采集问题上，采取根据经费而定的原则，电子资源采购采取调研和评价的方式，以确保资源的利用率。据不完全统计，2009 年，全国各地医院图书馆新增医学图书约 2300 册，中文期刊保持常态，新增外文网络期刊 800 余种，纸质外文期刊进一步缩减，共削减 500 余种。2009 年全国三级甲等医院图书馆购书经费达到 2.5 亿元。各地医院图书馆开始重视网上数字资源的宣传和利用，广东省医院图书馆分会开设了专门的网上医学资源利用培训班，北京市医院图书馆分会召集市区医院的图书馆同行举办了网上资源整合和共享学习班。这些举措大大促进了同行间的学习和交流，也提高了对专业人员的服务能力。单一服务模式向多元化服务模式转变，特色数据库建设得到发展，现已运行的特色数据库有“疾病数据库”、“药品数据库”、“循证医学证据数据库”、“禽流感专题数据库”等。这些特色数据库通过网络传播，扩大了各馆的信息辐射范围。医院图书馆委员会建立了自己的网站，将大馆可用资源放在网上，供各地分会成员馆使用。网络服务占据医院图书馆服务的主导地位，通过网络阅览图书馆的人数达到2200万人次以上。

2. 馆舍建设保持常态

全国医院建设正处于一个发展时期，一些医院新建了医疗大楼，随之医院图书馆的馆舍得到了相应的扩展，书库、阅览室及网络环境等基础设施得到扩充。不少医院正在兴建新的医疗大楼，受此影响，各地医院图书馆的馆舍也随着医院的变化和调整处于动荡调整期，各医院图书馆馆舍受到了极大影响，不少馆被调整在一个临时场所开展服务。只有少数图书馆在馆舍方面得到了扩大，如解放军医学图书馆2009年完成新楼6000平方米的扩建，并于2009年年底开始投入使用。全国医院图书馆2009年扩大馆舍面积11 000平方米。总体说来，由于医院工作的重点是临床，医院图书馆的建设需要根据医院的发展规划，分步骤地实现馆舍面积的扩大，所以，医院图书馆的馆舍建设仍然面临着严峻的挑战，作为单一功能的医院图书馆馆舍在全国还不多。

3. 人员队伍素质不断提高

2009年，各地医院图书馆人才建设出现了新的势头，相当数量的专业人才进入医院图书馆工作。全国不少医院开始引进20世纪80年代后期出生的大学毕业生。据不完全统计，全国各地医院图书馆更迭人数近200人次，大多是退休人员由新毕业的大学毕业生替换，这大大提高了医院图书馆的活力，使医院图书馆人才建设向前推进了一大步。这种现象反映了医院各级领导逐渐开始重视医院图书馆人才队伍的建设。医院图书馆新引进人才的特点包括：一是学历高，不少医院要求毕业生必须是来自“211”学校的硕士生或本科生，人才的门槛儿在升高；二是专业性强，多数毕业生具备医学专业背景。这些人才的引进为改变医院图书馆的现状起到了积极的作用。人才培养的力度也在不断加大，据统计，2009 年全国医院图书馆工作人员受训次数达 1000 人次，培训费用达 300 多万元。但我们也清醒地认识到，医院图书馆人才建设的危机仍然十分严峻，人才数量的增加与医院建设需要的人才还不成正比，人才的培养和使用还有很大的距离。

4. 学术成就斐然

医院图书馆委员会始终坚持与时俱进，以学术研究促进事业发展。2009 年，医院图书馆委员会在江西九江召开了医院图书馆第十七届学术研讨会，在海拉尔召开了全军医学图书馆年会，全国各省市也相继举办了各类学术研讨会 20 余次。这些学术研讨会丰富了学会学术活动的形式，扩大了学术交流的层次，拓展了学术交流的范围，提高了学术研究水平，促进了学科发展。编辑出版作为图书馆工作的重要内容之一，医院图书馆重视医学信息的搜集、整理和编辑出版工作。全年医院图书馆工作人员参与了各类专著的编写和出版工作，共主编专著 4 部，参编 30 余部，发表学术论文近 500 篇。与此同时，各医院注重各类医学信息的汇集和整理，以最快的方式将整理后的信息以快讯的方式在学会内部或医院中传播。广州市妇女儿童医疗中心科教信息部图书馆编辑了《医学信息》简报，及时报道了有关甲型 H1N1 流感蔓延发展的情况，上海分会的委员们创编了《上海医图委信息》简报，为会员和医护人员及时提供医疗资讯及学会信息，有力地支持了医院的医、教研工作的开展。各省医院图书馆获得省卫生厅项目立项 8 项，获省部级科研课题 6 项。

5. 科学研究又上新台阶

2009年，医院图书馆委员会于2008年2月设立的科研基金项目“全国医院图书馆情况调查”结题。这次全国性医院图书馆情况调查涉及全国20多个省市的1200余家图书馆。为做好这次调查，学会拟定开展《中国医院（学）图书馆情况调查》的课题内容，有20个省、市向学会提交了课题申请书，经审定，18个省、市获得课题批准，有16个省、市最后完成课题调研并结题。通过书面问卷、电话采访等多种形式展开调查，并利用专门开发的《中国医院（学）图书馆情况调查》系统软件进行统计分析，历时一年多，投入经费近8万元，共回收有效数据1277份，包含了16个省、市83.1%的三级医院、18.3%的二级医院图书馆信息。本次课题设计目标合理、组织规模大、调查地域范围广，参与人员科研责任心强、积极性高。采集数据真实可靠，结题报告反映问题实事求是，问题分析深入客观，提出建议合理可行。

通过此次科研活动，锻炼了医院图书馆队伍的科研素质和能力，促进了同行的团结协作，提升了学会及各地分会在全国和本地区的影响力、凝聚力，有效地促进了行业的健康发展。

在实施过程中，各地课题组主要负责人、组织者及全国医院图书馆工作者都付出了艰辛努力，克服了重重困难。经费紧张时，有的常委自掏交通费进行实地调研核查；调研过程中统计数据繁杂，千头万绪，但大家凭借耐心与坚韧确保了调研结果的准确。在这项活动中涌现出一批组织工作过硬、科研能力较强、完成任务较好的分委会。他们是北京市、广东省、浙江省、上海市和陕西省医院图书馆专业分会。

基金课题的顺利完成，充分展现了学会的凝聚力、影响力和科研实力，奠定了学会积极向政府职能部门提供发展战略参考和改善工作建议的理论与实践基础，在学会发展史上将具有里程碑的意义。

6. 医院图书馆制度创新意识不断加强

在整个社会法制意识日渐增强的今天，在广大图书馆界呼唤人文精神、重视人文意境的背景下，医院图书馆原有的规章制度中却存在着大量的侵犯读者权益的规定。这些规定在很大程度上违反了法制原则，且与医院图书馆员所追求的、符合时代潮流的人文精神相悖。制定规章制度的目的、原则应该是通过对人的行为方式的规范来保证馆藏资源的流通传播和利用率，最大限度地满足读者的需求，其价值取向应该是理性原则与人性原则的结合。而医院图书馆现行规章制度的内容却明显滞后，这一点在读者规章制度中表现尤其突出。在医院图书馆的读者规章制度中，大多只对读者的相关责任义务进行了明确规定，关于读者合法权益的界定和公示却很少或完全忽视，语言生硬、侵犯读者权益的规定比比皆是。2009 年，相当数量的省级医院图书馆对原有的图书馆规章制度做了修改、补充和完善，以读者为本的服务和管理理念得到加强。因此医院图书馆在强调读者遵守图书馆规章制度的义务的同时，也应当充分保护读者的合法权益不受侵犯。这是时代对医院图书馆的要求。

7. 其他工作持续发展

广东省和浙江省医院图书馆分会在省卫生厅等有关部门的支持下，积极推动医院图书馆规范管理，整理并上报了医院图书馆评价管理办法，并就医院图书馆评价展开讨论和试行，为全国医院图书馆规范管理作出了表率，摸索了经验。学会利用多种形式，及时与各地区分会沟通联络，结合实际情况，充分发挥分会班子的主观能动性，督导各地分会开展组织、宣传、学术交流等各项工作。北京、广东、浙江、陕西、上海、山东、黑龙江、广西等先后组织了 2009 年度年会，开展了学术交流和技术培训，浙江省医院图书馆组织了学会换届改选年会，选出了新的学会领导班子。山东、黑龙江分会配备了专人负责医图委工作。学会积极适应医院图书馆发展的新形势，密切关注各地图书馆的发展动态信息与经验，加快引导行业发展力度与经验推广。上海交通大学附属瑞金医院、河北省人民医院图书馆、中国医科大学附属盛京医院，在医院图书馆信息服务方式的创新与研究方面走在了行业的前列。通过有效的引导与支持，增强了各地医院图书馆与政府、企业的桥梁作用，在本地区会员馆中具有较大的凝聚力和号召力，使各方都达到了互惠共赢的局面。

中小学图书馆

（一）全国教育发展状况

从全国教育事业总体发展来看，2009 年，全国各级各类教育蓬勃和协调发展，教育公平与效率得到进一步实现，入学机会进一步扩大，教育资源配置更趋合理，教育质量得以提高。

学前教育规模持续增长，毛入园率继续上升。2007 年有幼儿园 129 086 所，在园幼儿 2348. 8 万人，比 2006 年增加 85 万人。2008 年幼儿园为 133 722 所，比 2007 年增加了 4636 所，在园幼儿达到 2475 万人，比 2007 年增加了 126. 1 万人。2009 年幼儿园达到 138 209 所，在园幼儿 2657. 8 万人，比 2008 年增加了近 183 万人，增长 7. 4%，是近年来增长最大的一年。与 2002 年相比，在园幼儿增加了 439 万人，累计增长 21. 6%，毛入园率达到 50. 9%。但是，即便如此，到 2010 年仍将难以如期实现《“十一五”教育事业发展纲要》提出的 55% 毛入园率目标。因此，需要加大加快全国学前教育的工作力度，以解决广大人民群众对学前教育的客观需求。

中等职业教育在 2007 年发展迅速，增长了 7. 2%。2008 年，中等职业学校在校生为 2056. 7 万人，2009 年全国中等职业教育在校生达 2178. 7 万人。反映了中等职业教育规模持续增长，增速有所放缓。

高等教育规模稳步发展，2009 年全国各种形式高等教育在学总规模达 2979 万人，与 2002 年相比，增加了 1379 万人，累计增幅达 86.2%。

1. 义务教育阶段规模逐年趋减

2009 年全国普通小学在校生为 100 714 661 人，比 2008 年减少 260 万人，降幅为 2.5%，比 2007 年减少 4 925 366 人，降幅为 4.7%，比 2006 年减少 6 400 685 人，降幅为 5.97%。与 2002 年相比，小学在校生已累计减少了 2085 万人，降幅为 17.2%。

2009 年全国初中阶段在校生为 54 409 415 人，比 2008 年减少 1 440 295 人，降幅为 2.6%，比 2007 年减少 2 952 532 人，降幅为 5.1%，比 2006 年减少 5 170 076 人，降幅为 8.7%。与 2002 年相比，初中阶段在校生已累计减少了 1246 万人，降幅达 18.7%。

受学龄人口下降的因素影响，义务教育招生总量继续减少，在校生总规模继续下降。全国各地全面落实了城乡免费义务教育政策，实施了中小学校舍安全工程，提前一年落实了农村中小学公用经费基准定额，加强了农村中小学现代远程教育，促进了城乡义务教育的均衡发展。

2. 高中阶段教育规模进一步扩大

2009 年高中阶段教育在校生规模达到 4624.4 万人，比 2008 年增长 1.1%，其中中职教育在校生增长了 4.4%，增速放缓；普通高中在校生为 24 342 783 人，持续减少，比 2008 年减少1.7%。2008 年是近年来高中阶段教育规模增加数量最小的一年，在校生为 45 457 007 人，比 2007 年增加了 168 850 人，增幅为 0.4%。而 2006 年比 2005 年增加 3 109 143 人，增幅为 7.7%；2007 年比 2006 年增加了 1 869 605 人，增幅为 4.3%。但是与 2002 年相比，高中阶段教育在校生累计增加 1638 万人，增幅达 56.3%。

高中阶段教育受国家“加快普及高中阶段教育”的任务要求，总体规模平稳增长。受大力发展职业教育政策措施的影响，中等职业教育持续发展，普通高中在校生人数连续四年下降，中等职业教育招生比例2009年首次超过了普通高中，中等职业学校办学条件紧张的矛盾比较突出。跟不上在校生规模增长的需要，今后10年仅教师就有47万人的缺口。

（二）中小学图书馆的建设与发展

1. 教育部对中小学图书馆建设的要求

教育部非常重视中小学图书馆的建设与利用。2003年3月25日教育部在教基［2003］5号文件“教育部关于印发《中小学图书馆（室）规程（修订）》的通知”中，对全国教育行政管理部门提出9条要求：（1）加强对中小学图书馆的管理，强调“把加强中小学图书馆（室）的建设，使其规范化、科学化和现代化，作为教育图书管理工作的一项中心工作来抓”。（2）专项经费投入，要求“各级教育行政部门要在每年的教育经费中按一定比例设立图书专项经费，保证中小学图书馆（室）购买图书资料的需要”。(3）现代化信息化建设。(4）发挥使用效率。(5）加强图书馆教师队伍建设。(6）规范图书供应市场，完善图书供应体制。(7）经济发达地区教育行政部门要组织本地区中小学积极开展对经济欠发达地区中小学图书馆的对口支援工作。（8）分类执行标准，提出“已实现‘两基’的农村地区，要做好巩固提高工作，向新《规程》相应标准看齐；大中城市和经济发达地区中小学图书馆（室）建设按新《规程》一类标准执行，在图书馆（室）的管理、建设、使用效益以及图书馆（室）现代化等方面达到较高水平”。(9）加强检查指导，把对中小学图书馆的检查“列为对中小学校综合督导评估的一项内容”。

《中小学图书馆（室）规程（修订)》规定了中小学图书馆的建设、使用、人员素质等重要问题。《规程》第四章条件保障中规定“图书馆应配备书架、阅览桌椅、出纳台、报刊架、书柜、目录柜、文件柜、陈列柜、办公桌椅、装订设备、安全设备等必要的设施、设备，并有计划地配置复印、声像、文献保护、计算机、网络设备、扫描仪、刻录机、打印机等设备。图书馆要设置藏书室（包括学生借书处）、学生阅览室、教师阅览室，有条件的学校可按学科分类设置阅览室和电子阅览室、电子资料室、多功能学术报告厅等”。“图书馆应有良好的避风、换气、采光、照明、防火、防潮、防虫等条件”。并提出“图书馆应逐步实现计算机管理、图书馆要重视和加强图书馆与校园网（城域网）的结合，实现网上电子图书资源共享”。

《规程》对各级各类中小学校的图书馆藏书量也做出了规定，见下表。

图书馆（室）藏书量

	完全中学		高级中学		初级中学		小学	
人均藏书量（册数）（按在校学生数）	1类	2类	1类	2类	1类	2类	1类	2类
	45	30	50	35	40	25	30	15
报刊种类	120	100	120	100	80	60	60	40
工具书、教学参考书种类	250	200	250	200	180	120	120	80

各省、自治区、直辖市教育部门根据各地区的不同情况，分别制定了本地区的中小学图书馆（室）装备标准，如广东省的标准如下表所示。

广东省高级中学（含完中）图书馆（室）藏书标准

项目 / 数量 / 馆室类别	省一级学校	市县一级学校	普通高中
生均图书拥有量（册）	60	50	40
生均年递增量	1册/人	1册/人	1册/人
文艺类图书占总藏书量比例	54%	50%	40%
报刊种类	150	120	100
工具书、教学参考书种类	300	250	200

广东省初级中学图书馆（室）藏书标准

项目 ╲ 馆室类别 数量	省一级学校	市县一级学校	普通初中
生均图书拥有量（册）	40	30	25
生均年递增量	1册/人	1册/人	1册/人
文艺类图书占总藏书量比例	54%	50%	40%
报刊种类	80	70	60
工具书、教学参考书种类	180	150	120

广东省小学图书馆（室）藏书标准

项目 ╲ 馆室类别 数量	省一级学校	市县一级学校	普通小学
生均图书拥有量（册）	30	20	15
生均年递增量	1册/人	1册/人	1册/人
文艺类图书占总藏书量比例	54%	50%	40%
报刊种类	60	50	40
工具书、教学参考书种类	120	100	80

又如上海市中小学生均图书和馆藏报刊种类，把《规程》1类标准定为上海市的最低标准：

藏书项目 ╲ 类别	小学	初级中学	完全中学	高级中学
生均图书（按在校学生数）	30册（件）	40册（件）	45册（件）	50册（件）
馆藏报刊种类	60种	80种	120种	120种

2. 各地中小学图书馆装备依然不平衡

《通知》发出后，各地的图书馆建设和装备虽然有了较大的进展，但到目前为止，大多数中小学校图书馆依然与《通知》的要求差距很大，尤其是西部地区和农村地区。

根据教育部2008年的统计，全国现有普通中小学校350 958

所。中小学图书馆近几年虽然有了较大的发展，但是，和全国中小学教育的整体状况一样，发展很不均衡，存在着非常大的差异。从普遍状况来看，东部优于中西部，城市优于农村，高中优于初中、小学。

东部地区如上海市，全市 1600 多所中小学校在 20 世纪 90 年代就都建立了图书馆。根据 2008 年的统计，东部地区的福建省建有图书馆（室）的中小学校占全部中小学校数的 92.4%；西部地区的陕西省建有图书馆（室）的中学占中学总校数 90%，建有图书馆（室）的小学占小学总校数的 62.9%；四川省建有图书馆（室）的中学占中学总校数的 89.77%，建有图书馆（室）的小学占小学总校数的 62.4%。全国中小学图书馆建立的比例大体如此。

在建立了图书馆（室）的中小学校，条件差别很大。有的学校图书馆建设了独栋馆舍，内部设施配备齐全，书库图书充盈，更新周期短；分别建有教师阅览室、学生阅览室、电子阅览室，期刊种类多，工具书品种齐全。

有的学校图书室馆舍面积狭小，藏书大部分是复习资料、习题集、练习册。有的仅有教师阅览室而无学生阅览室，还有一些学校学生阅览室面积太小，光线暗淡，报刊杂志品种太少，满足不了学生阅览的需求。

2009 年农村小学图书馆人均拥有馆藏册数，东部大多数省市都超过了 20 册，北京达到了 36.47 册，但西部大多数省区市都在 12 册以下，有 5 个省区还不足 10 册。城市普通初级中学图书馆人均拥有馆藏册数，东部的上海已达 38.44 册，而西部的四川、云南、甘肃还不到 8 册。普通高级中学图书馆人均拥有馆藏册数，东部的北京、上海分别为 82.64 册和 71.42 册，可中西部大多省区市的人均拥有馆藏册数也就 20 余册。

这些年，中西部地区的中小学校图书馆装备工作虽然距离教育部对中小学校图书馆装备的要求还有相当的距离，但2009年各地都增加了图书的购置经费和图书数量，如陕西省小学人均册数比2008年增长了20.21%，四川省小学人均册数比2008年增长了6.16%。

为解决城乡地区学校图书馆的发展不均衡问题，各地教育部门做了不少工作。上海市教育局采取重点扶持策略，连续8年，每年为农村学校图书馆配置约800—1000万元的优秀图书，以促进生均图书拥有量的达标。同时在2007—2008年，为全市所有的农村学校图书馆初步建成了数字图书馆。目前，上海市全市中小学图书馆馆舍使用面积校均320平方米，一些学校已达到2000平方米及以上，有的还建立了独立的图书馆专用楼。师生普通（纸质书刊）阅览座位校均98座，百生拥有座位达11座。目前全市80%以上的学校建立了电子阅览室，70%以上的学校实现了利用计算机进行图书馆管理。

附表：

2007年小学四省市对比

省市	藏书册数	人均册数	电子图书	人均片数	计算机数	百人台数
北京	22 075 965	33.12	567 225	0.86	109 924	16.48
上海	15 205 251	28.51	472 256	0.89	86 118	16.15
陕西	56 157 951	18.38	4 441 304	1.45	125 840	4.12
四川	57 764 281	8.29	1 662 444	0.24	204 627	2.94

2007年初中四省市对比

省市	藏书册数	人均册数	电子图书	人均片数	计算机数	百人台数
北京	8 451 564	25.38	310 978	0.93	43 791	13.15
上海	13 955 624	32.68	550 620	1.29	92 347	21.63
陕西	33 181 815	16.28	2 732 001	1.34	115 580	5.67
四川	31 079 037	8.56	651 573	0.18	163 656	4.51

2007 年高中四省市对比

省市	藏书册数	人均册数	电子图书	人均片数	计算机数	百人台数
北京	15 542 051	63.74	1 937 668	7.95	103 650	42.51
上海	12 992 871	56.74	634 576	2.77	94 094	41.09
陕西	19 698 138	20.45	3 651 946	3.79	92 488	9.60
四川	29 241 159	20.56	4 520 885	3.18	120 047	8.44

2008 年四省市对比

省市	小学人均册数	小学百人台数	初中人均册数	初中百人台数	高中人均册数	高中百人台数
北京	33.05	18.39	25.97	15.13	73.50	51.51
上海	26.37	17.11	35.14	25.36	66.33	50.64
陕西	19.64	4.57	17.96	6.22	22.24	10.40
四川	8.61	2.95	8.77	4.68	20.52	8.72

2009 年四省市对比

省市	小学人均册数	小学百人台数	初中人均册数	初中百人台数	高中人均册数	高中百人台数
北京	36.47	17.13	26.88	13.04	82.64	48.73
上海	24.70	14.92	35.42	23.32	71.42	48.31
陕西	23.61	4.54	19.85	6.12	22.50	9.79
四川	9.14	2.39	9.74	4.04	20.64	6.92

全国普通高中学校图书馆基本情况统计

	学校所数	学生人数	图书室面积平方米	人均平方米	藏书册数	人均册数	电子图书数	人均数
2004	15 998	22 203 701	8 543 888	0.38	487 087 208	21.94	15 516 992 片	0.7 片
2005	16 092	24 090 901	9 394 712	0.39	526 657 527	21.86	47 794 085 片	1.98 片
2006	16 153	25 144 967	10 236 217	0.41	566 177 258	22.52	79 888 917 片	3.18 片
2007	15 681	25 224 008	10 619 885	0.42	587 048 013	23.27	108 627 813 片	4.31 片

续表

	学校所数	学生人数	图书室面积平方米	人均平方米	藏书册数	人均册数	电子图书数	人均数
2008	15 206	24 762 842	10 954 946	0.44	599 951 482	24.23	125 883 945 片	5.08 片
2009	14 607	24 342 783	11 241 322	0.46	616 254 109	25.32	11 467 595.83GB	0.47GB
城市								
2008	5918	8 771 418	5 520 448	0.63	260 668 779	29.72	60 664 876 片	6.92 片
2009	5675	8 656 221	5 588 498	0.65	267 105 464	30.86	5 089 846.44GB	0.59GB
县镇								
2008	7526	14 070 082	4 802 594	0.34	292 394 456	20.78	57 788 548 片	4.12 片
2009	7314	13 945 001	5 054 592	0.36	304 017 866	21.80	5 730 167.32GB	0.41GB
农村								
2008	1762	1 921 342	631 904	0.33	46 888 247	24.40	7 430 521 片	3.87 片
2009	1618	1 741 561	598 232	0.34	45 130 779	25.91	647 582.07GB	0.37GB

全国普通初中学校图书馆基本情况统计

	学校所数	学生人数	图书室面积平方米	人均平方米	藏书册数	人均册数	电子图书数	人均数
2004	63 060	64 750 006	6 820 961	0.11	856 511 328	13.23	10 586 790 片	0.16 片
2005	61 885	61 718 079	7 061 900	0.11	877 797 806	14.22	35 090 119 片	0.57 片
2006	60 550	59 373 792	7 261 346	0.12	894 932 516	15.07	56 165 091 片	0.95 片
2007	59 109	57 208 992	7 475 518	0.13	911 098 066	15.93	68 907 771 片	1.20 片
2008	57 701	55 741 542	7 740 538	0.14	939 017 372	16.85	90 507 433 片	1.62 片
2009	56 167	54 336 420	7 936 680	0.15	952 246 414	17.53	8 878 478.55GB	0.16GB
城市								
2008	7581	10 670 632	1 869 762	0.18	162 759 837	15.25	28 284 986 片	2.65 片
2009	7336	10 590 533	2 009 265	0.19	167 774 742	15.84	2 002 733.05GB	0.19GB
县镇								
2008	18 662	24 428 493	2 922 455	0.12	372 165 386	15.23	32 988 626 片	1.35 片
2009	18 653	24 400 826	3 056 008	0.13	385 856 519	15.81	2 960 290.35GB	0.12GB
农村								
2008	31 458	20 642 417	2 948 321	0.14	404 092 149	19.58	29 233 821 片	1.42 片
2009	30 178	19 345 061	2 871 407	0.15	398 615 153	20.61	3 915 455.15GB	0.20GB

全国小学校图书馆基本情况统计

	学校所数	学生人数	图书室面积平方米	人均平方米	藏书册数	人均册数	电子图书数	人均数
2004	394 183	112 462 256	13 537 276	0. 12	1 421 451 482	12. 64	19 768 156 片	0. 18 片
2005	366 213	108 640 655	13 474 613	0. 124	1 479 450 009	13. 62	54 213 642 片	0. 5 片
2006	341 639	107 115 346	13 409 819	0. 125	1 482 221 928	13. 84	88 969 651 片	0. 83 片
2007	320 061	105 640 027	13 302 302	0. 126	1 487 034 984	14. 08	169 574 005 片	1. 61 片
2008	300 854	103 315 122	13 159 266	0. 127	1 478 784 325	14. 31	119 167 339 片	1. 15 片
2009	280 184	100 714 661	12 715 758	0. 126	1 469 710 523	14. 59	15 444 150. 25GB	0. 15GB
城市								
2008	17 339	18 043 818	2 018 402	0. 111	296 881 097	16. 45	50 756 983 片	2. 81 片
2009	16 363	17 787 684	2 051 438	0. 115	305 917 086	17. 20	4 182 106. 87GB	0. 24GB
县镇								
2008	30 474	26 022 475	2 490 652	0. 096	368 100 270	14. 15	31 804 794 片	1. 22 片
2009	29 664	26 371 538	2 563 578	0. 097	382 902 568	14. 52	3 488 455. 50GB	0. 13GB
农村								
2008	253 041	59 248 829	8 650 212	0. 146	813 802 958	13. 74	36 605 562 片	0. 62 片
2009	234 157	56 555 439	8 100 742	0. 143	780 890 869	13. 81	7 773 587. 88GB	0. 14GB

（三）图书馆工作全面配合新课改

1. 新课标对图书馆的要求

教育部制定的中小学各学科课程标准，要求在各个学科课程教学中，培养学生正确认识学科与自然界、人类社会的关系；认识学科的科学价值、文化价值。在学习中提倡自主学习，开展探究活动；学会交流与合作，加强阅读自学；把学到的知识技能联系生活实践、社会实践，学会综合运用。让学生在实践中体验科学探究的过程，了解科学探究的方法；培养他们搜集和处理科学信息的能力、获取新知识的能力、批判性思维的能力、创新意识和实践能力。从而使他们形成良好的思想道德素质和科学文化素质，为终身学习和有个性的发展奠定坚实基础。

各个学科的课程标准都强调，仅靠有限的课堂教学难以满足学生对学科科学技术进展知识的渴求。学校图书馆是课程资源的重要组成部分，对于扩大学生的知识面，培养学生收集信息的能力等方面具有重要作用。提出学校应有意识地根据实际财力，合理配置调整本校图书馆或资料室的藏书结构，增加科普读物、专业书籍和报刊杂志的种类和数量，扩大音像资料和计算机多媒体教学软件的收藏量，以丰富学生的知识，使学生能够利用图书馆、网络等信息渠道尝试进行探究性阅读，加深学生对课程内容的理解。学校图书馆要通过调整和延长服务时间、改变服务方式、方便学生借阅等措施提高使用效益，切实为提高学生科学素养服务。

新课标的实施，使基础教育的“教育观念和培养模式正在发生深刻变革”，这就要求各个学科教师、学生更好地利用社会上、校园中的各种课程资源，尤其是学校图书馆、公共图书馆、高校图书馆，以保障新课标的实施的有效落实。许多学校图书馆教师的工作，以新课标的实施为契机，大胆开拓创新，创造出许多新的工作模式和方法，积极参与到课内教学中去，推动促进学校的教育改革、课程改革，体现学校图书馆存在的价值和应尽的责任。

2. 引导学科课程直接利用图书馆来上课

图书馆教师主动与学科教师联手，充分利用图书馆、语言实验室、音像设备等基本的和常规的教学设施，让学生在图书馆或电子阅览室结合本节课的教学要求，查阅广播影视节目、录音、录像资料、网络资源、报刊杂志等丰富的、在一般教室中难以接触到的课程资源，提出问题，思考问题，相互交流，合作研讨，学习探究，掌握方法，提高能力。如北京市人大附中图书馆教师就承担了全校学生计算机课、心理测试、研究性学习、生物、文史教学、阅读课及各种主题班会等多种教学任务，每周约 23 节课。

3. 利用图书馆开设阅读指导课

《规程》第十五条规定，“学校应开设阅读指导课并纳入教学计划，有条件的学校要开设电子阅览指导课，指导学生正确运用电子阅读系统。”许多学校的图书馆教师在图书馆开设了阅读指导课。

上好阅读指导课，能够开拓学生的视野，对课上内容作必要的补充和加深理解。能够帮助学生、启发学生，使他们勤于思考，善于交流研讨，懂得合作的重要。对阅读的对象不要停止于表面理解，要一步一步地深入下去，一步一步地探究下去，联系学过的已有知识，通过研讨，解决问题，获取能力，并养成对问题深入探究的良好习惯，具备创新精神和创新能力。

多年前，许多中小学图书馆教师都开设了图书情报或图书馆利用的选修课。近几年，承担阅读指导课的教学任务的图书馆教师，已经非常普遍。中小学图书馆委员会每年开展的优秀阅读指导课案例征集评奖，都是在各省市成百上千的案例评选的基础上进行的。在《中小学图书情报世界》杂志上，也发表了很多这方面的文章，每期附赠的电子光盘内都含有优秀中小学阅读指导课教学实录。

4. 学科课程资源的开发

利用图书馆的丰富资源，开发学科课程资源，为各学科教师的教学工作提供课件，实质参与新课标的实施，使中小学图书馆赢得了尊重并提高了在学校中的话语权。如：北京日坛中学图书馆为全校新课标的实施，按照学科教学的要求制作了大量课件包，方便了学科教师的教学工作。

（四）利用图书馆开展多种教育活动

许多中小学图书馆直接或配合少先队、共青团的工作，组织学生根据各自不同的兴趣和特长，成立文学社、诗社、朗诵社、读书社、名家研究社、学科兴趣实践社、社会问题调查社、社区服务社、关爱老人社、学习互助社等等，使孩子们从小学会与他人和谐相处，学会关爱他人、尊重他人，学会交流协作。图书馆是学生社团集会的主要场所，他们也为图书馆反馈了同学们的需求。

很多中小学图书馆都设有宣传橱窗，开设了“图书信息”、“新书通报”、“文摘集萃”、“读者长廊”、“图书馆动态”等。有条件的学校则利用校园网进行这些交流，并有“每日新闻推荐”、

“每周一刊推荐”、“每周一书推荐”、“优秀读书心得推荐”、“本周最受欢迎的十本书”等。

通过诸如上述多种多样的师生互动，及时掌握学生阅读需求。凡是学生正确的、合理的需要，就尽可能改进工作，予以满足，方便学生借阅。有问题的，就要注意在平时工作中、阅读指导课上给予必要的引导。

加强对广大中小学生读书活动的组织和指导，更是中小学校图书馆教师的日常工作。许多中小学校图书馆利用重大节日、双休日、纪念日、节假日、寒暑假，举办读书征文、朗诵会、辩论会、演讲比赛、读书夏令营、读书知识竞赛、读书心得交流会等活动。组织有针对性的专类图书评介会、作家报告会、专题报告会。组织书画比赛、科技小制作活动，以及家长学习班、家教知识讲座、亲子共读活动等。各种形式的佳篇朗读、名著朗读、系列故事朗读和辩论会、演讲比赛活动，为学生创造了参与锻炼、展示才华的平台，使学生有机会锻炼自己敢于在同学面前表演、演讲、发表意见和见解，促进了同学之间的相互交流，加强了学生的团结合作意识，提高了学生自身的思考能力、表达能力和应变能力，在学校的素质教育中发挥了良好的作用。

（五）中小学图书馆建设、管理新模式的产生

1. 企业建设、学校管理、社区受益模式

采用公司企业建设图书馆、学校管理图书馆、村（社区）利用图书馆三结合的形式办好中小学校图书馆，公司企业从中可以提升企业的知名度，学校图书馆获得了社会的尊重和学校的重视，社会居民素质的提高净化了学校的周边环境。这是一种多方受益的良好尝试。

萧山二中图书馆经萧山区教育局批准命名为三弘图书馆，得到三弘集团财力上的鼎力支持，实现了跨越式发展。现面积达 3800 平方米，藏书 162 000 册，生均超过 50 册，报刊杂志 600 种，音

像资料 2000 余盘，合订报刊 13 000 册，电脑 78 台。设有五个书库、五个阅览室、一座能容纳 600 人的报告厅。另建国学馆，融古典与现代为一体，有匾额、瓷器、明清桌椅、地契和中国近代名人蔡东藩、汤寿潜的真迹等，并收藏文渊阁本宣纸印刷的《四库全书》。

图书馆内专门设立了“萧山区图书服务一体化专用书库”，藏书 20 000 余册，主要包括农业科技、实用技术、卫生保健、家庭生活、文学欣赏等社会居民喜爱的图书，该书库的主要功能就是向临浦镇的社区居民及农村居民开放。他们采用下设流通点，定期轮换借阅的开放模式。以每个村（社区）为一个流通点，由村（社区）派专人管理。图书馆开通远程查阅功能，在流通点就能方便查阅学校图书馆的所有书目。图书馆每次向每个流通点一次性外借 500—1000 册图书，每三个月更换一次。不仅方便了社会居民的就近借阅，也避免因居民个人到学校借阅造成的校园管理混乱。

萧山二中的成功实践，说明中小学校图书馆向社会开放是可行的。

2. 政府建设、公共图书馆管理、学校社区受益模式

发展文化教育事业，提高全民族素质，建设和谐社会，是地区政府部门的职责；由公共图书馆专业人员管理学校图书馆，不占学校教师编制职数，而且能实现专业化管理；学校图书馆免费向社会开放，提高了图书馆的利用效率：这又是一种多方受益的做法。

广东省广州市禅城区张槎中心小学图书馆，由区政府投资建成，是禅城区公共联合图书馆的五个分馆之一。这个图书馆由区政府提供日常运作经费、图书购置费用，经费的落实保证了图书馆的正常运作和逐年发展。小学没有图书馆学专业的教师，由公共联合图书馆派遣专业人员到学校图书馆实施管理，保证了图书馆的专业化管理和有效的利用。该馆建筑面积 600 平方米，主要收藏国内外出版的少儿书刊和电子出版物。藏书 10 万册，包括图书 3 万册，电子图书资源 7 万册（件）。馆内设有阅览区和多功能活动区，不

但服务于张槎中心小学的教育、教学、科研工作，也面向全区少年儿童免费开放，并兼顾服务于周边社区的居民，是全国文化信息资源共享工程试验点，是禅城区少年儿童思想道德建设、科普知识普及、综合素质教育的第二课堂。

张槎小学图书馆实现了政府投资、公共图书馆专业人员管理、兼顾学校使用及向社会开放，为中小学校图书馆与公共图书馆共建共享提供了范例。

（六）中小学图书馆委员会的工作

1. 举办了首届全国中小学数字图书馆建馆大赛

课程资源是我国基础教育课程改革重点强调的概念之一。课程目标实现的范围和水平，很大程度上取决于课程资源开发与利用的状况。其中数字信息资源是课程资源的重要组成部分。

数字图书馆作为一项知识基础设施，以其内容丰富、使用方便受到越来越多中小学校广大师生的欢迎，在学校教学活动、课程资源开发、校本课程建设中发挥着重要作用。

为学校机构/个人数字图书馆提供定制、推送、应用、评价等个性化增值服务功能，可以使数字图书馆更好地为日常课堂教学服务、为校本课程资源建设服务、为学生研究性学习服务。

为了在中小学更好地普及学校机构/个人数字图书馆的建设和应用，中小学图书馆委员会与清华同方中国学术期刊电子杂志社从2009年5月至11月，举办了首届全国中小学数字图书馆建馆大赛。大赛不向学校和教师收取任何费用。大赛期间，“中国知网”给报名参赛的学校和教师提供开放平台和资源任意定制、下载服务，并免费提供上门辅导培训。

2. 第九届全国中小学图书馆工作暑期高级研修班暨优秀中小学阅读指导课教学案例、教育论文评选活动成功举办

第九届全国中小学图书馆工作暑期高级研修班于2009年7月18至21日在山西省太原市举办，由山西省教育厅装备处承办，有

来自全国各地 250 余名代表与会。教育部教学仪器研究所所长、中国教学仪器行业协会理事长王富，中小学图书馆委员会副理事长原永堂（教育部关心下一代工作委员会原秘书长），教育部教学仪器研究所副所长李玉先等参加了研修班。中国图书馆学会也派员监督、了解研修班举办情况。李玉先致《开幕词》，山西省教育厅及太原市教育局领导等到会讲话。会议由王富作了《加强中小学图书馆建设，全面为实施素质教育服务》主题报告，秘书长骆桂明作了总结报告。

研修班邀请了有关专家学者作了学术报告、讲座，并交流了工作经验，主要有：太原理工大学图书馆自动化研究所所长原晓冬的《无限相信书籍的教育力量——图书馆能为中小学生阅读做些什么》、河北省教育技术装备中心康敏的《打造阅读环境——为中小学生终身学习服务》、山西省太原市教育物资装备中心主任许原芝的《广泛开展读书活动是培养学生全面发展的重要途径》、上海市杨浦区教师进修学院图书馆馆长甘民立和复旦大学附属中学图书馆原馆长阎衡秋的《让更多的中小学生学会利用图书馆——“中小学开设‘信息检索与利用’课的探索”研究成果介绍》、山西大学附属中学图书馆馆长金恒怡的《踏踏实实做好读者服务工作》、山西省太原市后小河小学校长王素萍的《让校园干干净净 充满书卷气》、北京市日坛中学图书馆馆长李小燕和清华同方电子杂志社李小红的《新课程背景下数字信息资源开发与应用的实践研究》等。代表们还参观了山西大学附属中学、太原市第十二中学和太原市后小河小学的图书馆。

代表们对领导的主题报告和专家学者的学术讲座认真地进行学习讨论和广泛地交流，认为这期研修班内容丰富，指导性强，收获很多，并对办好下期研修班提出了一些建设性建议。

这次研修班经过专家组评审，从各省市推荐的 1000 余件优秀阅读指导案例中评选出一等奖 10 名、二等奖 12 名、三等奖 26 名；另有 4 个单位获得了组织奖。中小学图书馆委员会领导向获奖者颁发了获奖证书。获奖人员名单在《中小学图书情报世界》上予以刊登。

会议期间，到会的理事召开了工作会议，会上决定2010年的第十届研修班在河北省召开。会上由秘书长通报了刘堂江理事长因身体原因诚恳提出辞职，并提名李玉先担任中小学图书馆委员会理事长，会议一致认可了刘堂江理事长的提议，决定经中国图书馆学会批准后在2010年换届会议时提交会议讨论通过。

3. 会同有关单位举办全国青少年艺术教育精品展演系列活动

活动组委会主任、副主任由中小学图书馆委员会理事长和副理事长担任。活动的目的是：全面实施素质教育，推进青少年艺术教育活动的开展、普及和艺术人才的培养，通过艺术教育教学成果系列展示活动，交流艺术教育学习心得，总结推广、改进艺术教育教学方法，提高艺术教育教学水平。活动分声乐、表演（朗诵、主持、影视剧或小品表演）、器乐、舞蹈四大类。

中小学图书馆委员会总顾问柳斌，副理事长李玉先、曹志祥及中国教育电视台党委书记黄百炼，以及谢芳、刘江、李光羲、陶玉玲、张目、陈爱莲、张金玲、于黛琴、韩善续、贾作光、范圣琦等老艺术家分别出席了活动的启动仪式和闭幕演出。节目由中国教育电视台一套播出。

4. 举办了“2009年中小学生庆祝建国60周年暑期读书系列活动”

为了丰富中小学生的暑期生活，引导他们从优秀书籍中获取精神养料，提高思想道德素养和文化科学水平。自2009年6月下旬起至8月下旬，中小学图书馆委员会会同有关省市教育部门共同举办了2009年中小学生暑期读书系列活动。活动要求地方教育有关部门和中小学校应结合学校的教育教学工作和暑期工作，认真开展中小学生读书活动的组织和指导；在开展读书活动的同时，努力为学生提供图书馆、电子阅览室等相关活动的场地、设施和图书资源，并争取社会机构的支持，为学生提供开展活动所必需的条件。

并结合观看有关影视，举办专题讲座、报告会，进行参观考察和社会实践等内容生动、形式活泼的学习教育活动，使广大中小学生充分了解新中国成立 60 周年特别是改革开放 30 年的辉煌成就，从中受到深刻的爱国主义教育和民族精神教育、热爱中国共产党和热爱社会主义的教育。

活动内容分：

（1）主题活动：《我爱我的祖国——纪念中华人民共和国成立 60 周年读书征文奖励活动》

（2）专题活动：

①文学作品原创活动（小说、诗歌、散文、小剧本等）

②艺术作品原创活动（书画、摄影、手工制作等）

③电脑作品制作活动（绘画、动画、程序设计等）

④校报校刊网上展评活动

（3）网上读书活动

在活动网站上，为学生提供了近 1000 册各类适合中小学生阅读的思想道德教育、文学艺术修养和科技教育等方面的优秀图书，供学生免费阅览。

据统计，整个暑期，共有 1400 余所学校组织学生参加了本次活动，登入读书活动网站参加活动的学生为 29. 6 万人次，学生递交的有效征文和作品 13 096 篇/件。在暑期读书活动期间，广大学校还通过各种形式开展了丰富多彩的读书活动和社会实践活动。一些学生家长也参与了相关的活动。

经专家对学生的征文和作品进行评选，获得主题读书活动征文一、二、三等奖项的有 1656 名学生，获得专题读书活动作品一、二、三等奖项的有 441 名学生，另对一批组织开展活动成绩显著的学校和教师也分别给予表彰。

5. 认真办好指导刊物及网站

（1）《中小学图书情报世界》2009 年全年刊登 310 余篇稿件，共计 140 多万字。随每期纸质刊物附赠光盘一张，主要反映鲜活的中小学图书馆活动内容及2008—2009年获奖的有指导意义的优秀阅读指导课范例，很受学校教师欢迎。

（2）全国中小学图书馆协作网（www. co—library. com）2009年进行了重新改版，新版在教师、学生两大板块外，单独开辟了学会工作的专栏。网站及时登载有关教育政策，宣传学会的工作、动态和活动，刊登学会发出的各项通知，公布各项活动的综合情况和获奖名单。增加了中小学图书馆名馆风采。教师板块刊登教师的教学心得、学术论文、相关教学资料等，学生板块刊登学生的作品、报道介绍学校的有益活动等。

（七）几个解决问题的建议

1. 图书馆立法

全国中小学图书馆现状的形成，原因是多方面的。立法的缺失是重要的原因之一。

教育部虽然于2003年3月对原国家教委1991年颁布的《中小学图书馆（室）规程》进行了修订，颁布了《中小学图书馆（室）规程（修订)》，但“规程”毕竟不是立法，不具有强制约束力，起不到法律保障作用。目前，世界上已有60多个国家先后颁布了250多部图书馆专门法。我国除了有关图书馆的条例和规程，尚没有图书馆专门立法。图书馆专门法是构成图书馆法律保障的基础，通过立法，可以对中小学校图书馆的地位、性质、作用、功能、任务、经费、人员、义务、设置制度、专业职务资格和政府所承担的责任等，做出严肃的法律规定。在学校中必须设置学校图书馆，不设置就是违法。仅仅“设置”还不够，还应该努力完善并充实学校的图书馆，保证学校图书馆不断稳步发展，能够适应学校教育、教学、科研的发展需求。这样，才能使我国的中小学图书馆依法建设、发展。

有了中小学校图书馆的立法，会使每一个公民对中小学校图书馆有广泛的认知程度，有较高的利用图书馆意识。

2. 废除不合理的规章制度

教育行政部门会同相关部门制定了优惠经济政策，提出了具体可行的实施办法，鼓励东部发达地区与西部欠发达地区部门间、学校单位间的帮扶结对，定点支援，加快欠发达地区学校图书馆的建设步伐，促进全国教育的均衡发展。

一些条件非常好的中小学校图书馆图书定时更新有保障，部分下架图书完好无损，完全可以捐赠给贫困地区、农村地区的中小学校图书馆继续使用。但是，因为学校图书馆的图书是国有资产，上级财政部门要回收这部分下架图书的残值，不允许学校捐赠，学校只能作为废纸出售后上缴残值。这样的规定应该废止。全国富裕地区、大城市的重点学校每年下架的可继续使用的图书不在少数，如果能够把这部分资源充分利用起来，通过办理必要的手续，捐赠给贫困地区和农村地区的中小学校图书馆，不仅可以部分解决一些中小学图书馆馆藏图书奇缺的现实问题，也是对脑力劳动的尊重和对精神食粮的珍惜。

上海市的图书捐赠开创了新的模式。捐赠图书的学校开出捐书证明，列出所要捐赠的图书清单，注明原值。接受图书捐赠的学校开出收书证明，附列所收图书清单。捐赠校与受赠校把两份证明和清单，上报教育行政主管部门批准认可，就实现了学校与学校之间的捐赠或调拨。跨区县、跨省市的捐赠都采取了这样的做法，取得了很好的效果。

中小学图书馆委员会曾设想创立“爱心书库”，把富裕省份、大城市家庭中多余的图书，或是孩子升学后不再用的课外读物，捐赠出来支援给贫困地区、农村地区的孩子们。但是，由于捐赠的图书需要经过统一集中、消毒、分学科合理配置、运输等诸多环节才能实现，囿于财力，这一好的设想未能实现。如果教育部能够统筹此项有益工作，也是实施素质教育、促进中小学图书馆事业发展的一项得力举措。

3. 多渠道进行图书馆教师的培训

中小学图书馆工作人员与公共图书馆有很大不同，大多不是图书馆专业出身，基本上是已经从事过多年其他学科教育而转行的教师。目前，我国高校图书馆学专业规模有限，不可能为中小学图书馆输送大批专业人才。加之图书馆网络化、数字图书馆的高速发展，提高中小学图书馆馆长的现代化管理水平及图书馆教师的业务水平就显得尤为迫切和重要。

中小学图书馆委员会每年都对地区教育部门有关干部和图书馆馆长、教师进行业务培训。从 2004 年至今，中小学图书馆委员会已培训了近 4000 名中小学图书馆工作人员，推动了中小学图书馆人员素质的提高和现代化建设。

各省市也都开展了培训工作。上海市 4200 多名图书馆教师中，所有非图书馆专业的工作人员均接受了图书馆专业上岗培训，并取得相应的上岗证书。福建省截止到 2008 年共有 4753 名图书馆教师参加了培训；广东省教育厅装备处 2009 年对全省 500 多名中小学图书馆教师进行了培训；北京市朝阳区教育局装备中心 2009 年对全区 200 多位中小学图书馆教师进行了培训；重庆市 2009 年对全市 400 多位中小学图书馆教师进行了培训。

各地主管中小学图书馆工作的装备部门，都对本地区的图书馆教师进行了不同方式的培训，有条件的地区还选送部分中小学校图书馆教师到高校图书馆学专业去进修。

会议型的培训和去高校进修，毕竟参与的人数有限。开办网上图书馆专业讲座，鼓励中小学图书馆教师在岗自修、自学也不失为一种补充方式。但如果能在全国所有的公共图书馆内，建设中小学图书馆教师常设培训基地，借助公共图书馆专业队伍的巨大人力资源，配合各地教育行政部门的继续教育证书认可，相信有可能解决普遍、尽快提高中小学图书馆教师专业水平、业务能力的问题。

当然，如果全国各地各级教师进修学校也能够担当起中小学校图书馆教师的进修任务，采取灵活多样的授课方式，所带来的成效也会是巨大的。

工会图书馆

2009 年是新中国成立 60 周年，是深入学习实践科学发展观、全面建设小康社会的重要一年，同时也是应对国际金融危机冲击、保持经济平衡较快发展的关键一年。在这一年中，工会图书馆委员会在中国图书馆学会的正确领导和分管领导的大力支持下，坚决贯彻执行党的路线方针政策，紧紧围绕党和国家的工作大局及工会工作全局，解放思想，求真务实，团结奋进，开拓创新，以高度负责的态度，较为出色地完成了全年的工作任务。

（一）综述

2009 年工会图书馆委员会主要是继续围绕“职工书屋”建设开展工作。经过 2 年的努力，截至 2009 年 12 月，全国“职工书屋”建设的数量，由全总扶持建设的“职工书屋”示范点已建好 2007 家并正常使用，由各级工会自建的“职工书屋”已达 20 165 家，比计划目标增长了 7 个百分点；全国“职工书屋”建设的资金安排，除全总下拨的 4000 万元专项经费外，各级工会已投入的“职工书屋”建设资金总额达 4.35 亿元。目前总面积已有 108 万平方米，工作人员总数 2 万余人，藏书总量 5626 万册，报刊种（类）总数 7.57 万份，音像制品总数 20.78 万张，电脑总数 2.7 万台，全年借阅量达 7620 万册。在全年的工作中，工会图书馆委员会圆满完成了 2009 年度全国工会“职工书屋”的建设工作，开展了“读书——助我素质提升”主题读书征文活动，并对全国工会“职工书屋”两年来的建设工作进行了深入的调研。

（二）年度总体扫描

为贯彻落实全国总工会第十五届第二次执委会作出的《关于

充分发挥工会“大学校”作用，提高职工队伍整体素质的决议》的精神，加强对职工的形势政策教育和专业技能培训，着力引导广大职工激发攻坚克难的勇气、凝聚共克时艰的合力，树立战胜国际金融危机冲击的信心和决心，全国总工会副主席、书记处书记，全国工会“职工书屋”建设领导小组组长倪健民同志就2009年的工作提出了五项新的要求：一是要在提供职工喜爱的书目方面下大力气，进一步加大职工技术技能培训类图书的比例；二是在工作中要向农民工群体和边疆、西部等地区给予政策倾斜，推出一批各具特点的标兵，充分发挥他们的带头引领作用；三是要大力开展读书活动，力争在读书节时形成高潮；四是要注意长效机制的建设，对一些好的经验和做法要及时总结出来并推广下去；五是要做好详细的工作规划。按照倪健民同志的指示精神，工会图书馆委员会及各相关部门积极行动起来。

一是圆满完成了2009年度全国工会“职工书屋”的建设工作。努力克服2009年一、二月份节假日较为集中等不利因素，争时间，抢进度。2月12日下发了《中华全国总工会办公厅关于申报第二批全国工会“职工书屋”示范点的通知》（厅字［2009］1号），对第二批全国工会“职工书屋”示范点的申报程序、申报材料和报送时间及方式进行了明确的规定。为切实落实全国工会“职工书屋”领导小组会议精神和倪健民同志的工作指示，还起草上报了《关于第二批全国工会“职工书屋”建设增加经费的请示》《关于合作建设“职工书屋”手机服务平台的请示》。

2009年度为各地职工书屋配送的图书涵盖37家出版社的960种图书，总码洋为32 117元，其中中国职工出版社的图书360种，占37.5%。入围的书目中，职工技术技能培训类的占14.2%；文学文化类的占56%；经管励志类、生活健康类的占22%；工会工作政策法规类的占7.8%。其中，职工技术技能培训、文学文化等类别的图书比重比去年有显著提高，充分体现了全国工会“职工书屋”建设工作改善一线职工特别是农民工的学习条件、传播先进文化、普及科技知识、养成“爱读书、读好书”良好习惯、开启智慧、激发创造力、丰富精神文化生活和保障基本文化权益的宗旨，使这项工作能够更加贴近职工，更好地为职工群众服务。

经过工会图书馆委员会的不断努力，圆满地完成了 2009 年度工作计划，共建成全国工会“职工书屋”示范点 1000 家，各地工会兴建职工书屋 10 000 家。

二是开展了“读书——助我素质提升”主题读书征文活动。为贯彻《中共中央办公厅关于转发〈中央宣传部关于围绕庆祝新中国成立 60 周年深入开展群众性爱国主义教育活动的意见〉的通知》和落实全国总工会作出的《关于充分发挥工会“大学校”作用，提高职工队伍整体素质的决议》的精神，进一步推动我国全民阅读活动的开展，不断丰富广大职工群众的精神文化生活，继续加强“职工书屋”建设，工会图书馆委员会从 2009 年 7 月开始，依托“职工书屋”，广泛开展了“读书——助我素质提升”主题读书征文活动。

此次征文要求各省（区、市）总工会宣教部，将征文活动与庆祝新中国成立 60 周年深入开展群众性爱国主义教育活动、职工素质工程及充分发挥工会“大学校”作用等工作结合起来，认真做好当地的征文组织工作，保证征文的质量。通过读书征文活动，促进全民阅读活动，带动“职工书屋”建设。

此次征文活动得到了各地工会组织的大力支持和广大职工群众的踊跃参与，截至 2009 年 11 月底共收到各地选送的征文 699 篇。经专家和全国“职工书屋”领导小组组成的评审组进行初评、复评和终评，80 篇征文作品入围，其中一等奖 10 名、二等奖 20 名、三等奖 50 名，并评选出组织奖 20 个。

三是对全国工会“职工书屋”两年来的建设工作进行了深入的调研。为进一步贯彻落实《中华全国总工会关于开展全国工会“职工书屋”建设的实施意见》（总工发［2008］3 号），充分发挥工会“大学校”作用，全面提高职工队伍整体素质，工会图书馆委员会与全总宣教部、中国工人出版社等全国工会“职工书屋”建设成员单位组成联合调查组，对全国工会“职工书屋”两年来的建设情况进行了一次深入调研。

此次调研采取问卷调查与实地考察相结合的方法，对各地职工书屋的建设总体情况，建立领导机构的情况，“职工书屋”人员、设施设备、藏书、面积、资产等整体情况，经费投入及使用情况，借阅人次、数量、阅览图书类型及“职工书屋”开展活动等情况进行了调研。

（三）年度主题透视

在深入调研的基础上，我们认为全国工会“职工书屋”建设之所以取得较好的成效，主要是做到了以下几点：

1. “职工书屋”建设的重要性认识在实践中不断提高

各级工会按照全总力争用5年左右的时间，在全国目前尚缺乏读书条件的基层企事业单位、社区等建设5万家“职工书屋”和三年间集中力量扶持建设3000家全国工会“职工书屋”示范点的总要求，结合各自实际给予极大重视、关心和支持，主管领导把其当做重点工作来抓，普遍成立了“职工书屋”建设领导小组，不仅完成了全总建设“职工书屋”示范点的目标要求，而且有的单位还超额完成了以示范点带动自建书屋的目标任务。

各级工会普遍认识到，建设“职工书屋”是推动社会主义文化大发展大繁荣的重要举措，是着力于提高职工队伍整体素质的现实需要，是满足广大职工日益增长的精神文化需要，进而以建设“职工书屋”为契机和载体，普遍开展了学习讲坛、读书会、专题讲座、征文、演讲等广大职工喜闻乐见的教育活动，不仅丰富了“创建学习型组织，争做知识型职工”活动的内容，推动了职工文化和企业文化的发展，而且有效推动了职工队伍素质的提高，不断满足广大职工的精神文化需求。比如，福建省总工会、大连市总工会和河南省内黄县总工会等各级工会组织，都能结合各自的实际，因地制宜，积极探索，勇于创新，在建设和作用发挥等方面，都取得了有益的经验，充分显示了“职工书屋”这种基层创造的新事物，具有强大的生命力。

2. “职工书屋”建设的成效在实践中日益呈现

各级工会遵循“职工书屋”建设的宗旨，以“职工书屋”为基本平台，着眼于在广大职工中传播先进文化，普及科技知识，引导职工“爱读书，读好书”，丰富职工精神文化生活的总要求，从各自实际出发，作出统一规划和具体实施安排。在建设过程中，自觉做到以职工群众欢迎、受益作为标准，以贴近基层、贴近实际、贴近职工为原则，以边建设、边使用、边完善和逐步推进为方法，以重大建设项目工地和一线职工为重点，注重调动基层单位的积极性和创造性，从而努力地推动了“职工书屋”建设的全面展开。

按照全总出资规模一比一的筹措和配套资金要求，各级工会舍得投入，使其有必要的资金保证。同时，各地工会也采取“多腿走路”筹资方式，首先有效保障了示范点建设所需资金的及时到位。比如，上海市总工会确立了 3 年内建设“职工书屋”示范点 120 个，每年新建 40 个，5 年内达到 1880 个示范点的目标要求，目前仅市级以下各级工会就投入 180 余万元。又比如，广东省总工会连续 3 年，注入资金 180 万元用于“职工书屋”建设，现已建成全国示范点 120 个，省级示范点 150 个，省级自建点 2000 个，计划用 3 至 5 年时间，总计建设 3000 个以上“职工书屋”。还比如，河北省石家庄市总工会已投入资金 281.3 万元，建成“职工书屋”全国示范点 21 个，省级示范点 150 个，市级示范点 200 个。

3. “职工书屋”建设的制度在实践中逐步完善

按照全总《“职工书屋”建设实施方案》的总体要求，各级工会已将“职工书屋”建设作为提高职工综合素质的重要抓手和工作载体，并纳入年度工作的重点，摆上重要议事日程，积极加以推进。大家在深入基层调研的基础上，普遍制定并下发了“职工书屋”建设的实施意见和一系列相关文件。比如，天津、河北、山西、吉林、江苏、浙江、安徽、湖北、重庆、西藏、陕西、甘肃等地工会不仅及时成立了“职工书屋”领导小组，而且很快制发了“职工书屋”建设的实施意见和相关文件，明确提出了适应各自实际的基本思路和工作目标。又比如，广东省总工会对“职工书屋”建设提出了“五要五不要”、“五个结合”、“五有”的工作思路和措施；上海市总工会采取“以点带面、逐步推进，夯实基础、有效推进，分类指导、分层推进”等措施，切实加强领导和推进工作。再比如，福建省福州市总工会提出了完善“三个机制”：一是建立健全资金筹集机制，逐步形成行政支持、社会资助、教育经费列支、工会经费补贴的资金筹措格局；二是建立健全图书征集配送机制，特别是运用数字技术、网络管理、电子图书等现代化手段，不断丰富着“职工书屋”的图书资源；三是建立健全基层管理机制，包括统一配备书架、电话、图书、标牌和网络，逐步建立健全借阅制度、财务制度和图书管理责任制度等，使“职工书屋”建设逐步走上规范有序的良性循环发展轨道。

按照全总力求把好事办好、实事办实，把“职工书屋”精心打造成内聚人气、外树形象的职工文化品牌的总要求，各级工会坚持从实际出发，立足既要便利职工又要着眼于长期发挥效益，既要继承发扬好的传统又要适应新的形势不断创新活动方式等，从而不断探索并逐步形成有中国工会特色的、可持续发展的“职工书屋”建设管理运行模式，使其既保障了为职工群众提供健康向上、丰富多彩的精神文化产品，又能切实立足创新，扩大社会影响，把好事办实办好。比如，江苏省总工会采用企业内部书屋、职工聚居宿舍区书屋、流动书库等各种形式，不仅使“职工书屋”建设发展快，而且规模也比较大，工作水平也比较高。同时，配建电子阅览室、文体活动室等配套设施，大大增强了“职工书屋”的吸引力和活动效果。又比如，上海市广宁区“职工书屋”是在整合原有社区图书馆资源基础上建立的，他们推出“职工书屋”借书卡，并向社区内农民工较集中的企业赠送借书卡，使农民工凭卡可以借阅到社区图书馆的各种图书。再比如，江苏省总工会“职工书屋”建设的不仅仅是单一的读书场所，而是拓展成为工会开展职工教育培训、职工之家建设的重要抓手和载体。还比如，陕西省渭南市总工会，利用“职工书屋”开展了形式多样的“员工职业生涯规划”活动，通过他们乐于接受和参与的形式，引导员工在读书的过程中，进行职业生涯规划，从而使读者和员工的理想树立、人生追求等更上一层的目标结合起来。

综上，实施全国工会“职工书屋”建设两年来，这项工作经历了从无到有、由点及面、从最初试点到快速发展的历程。应该肯定地说，这是全国总工会为基层职工特别是农民工学习知识、获取信息、提高素质、丰富精神文化生活所开拓出的一条新路子。当然，在看到“职工书屋”建设取得明显成绩的同时，也要清醒认识到“职工书屋”建设仍然存在的一些问题。一是认识有待进一步提高。主要是有的同志对“职工书屋”建设的重要意义认识还不够，资金落实还不到位，工作还缺乏主动性。二是管理有待进一步加强。主要是有的地方重建不重管，对已建成的“职工书屋”缺乏指导和监督，日常管理不到位，“职工书屋”的作用没有得到很好发挥。三是效果有待进一步增强。主要是有些“职工书屋”的图书质量不高，除示范点由中国工人出版社配送的图书质量有保证外，其余是从新华书店、书商等处采购，来源杂，图书品质、质量难以控制。同时，“农家书屋”建设也对“职工书屋”的进一步推广带来挑战，他们不仅有专项资金保证，而且资金相对充足，覆盖率也比较高。

（四）2010 年度趋势分析

针对经过广泛调研所取得的分析数据，在 2010 年度的工作中，我们要集中精力做好以下工作：

1. 精心做好 2010 年规划，保证“职工书屋”建设总体要求的实现

2010年是全国工会“职工书屋”建设目标完成的最后一年，任务艰巨而繁重。规划既要有总体要求，更要突出重点和薄弱环节，特别是对经济社会发展相对滞后的西部地区，在经费等具体建设的指导和服务上，应给予更多的关心和政策倾斜。要指导和帮助“职工书屋”建设还有差距的地方，结合本地区实际情况，认真研究和总结工作，查找问题的原因，有针对性地制定实施计划和切实可行的措施。同时，要积极争取政府、企业和社会各个方面的支持，确保建设“职工书屋”目标任务的完成。

2. 从配书的源头上严格把关，确保“职工书屋”建设质量

“职工书屋”建设的关键在图书的配置。要充分考虑不同地区、不同职工群众的实际，推广由基层选书、职工选书、农民工选书的有效做法，进一步增强“职工书屋”读物的实用性、针对性。要更加重视配置图书的合理结构，既要不同的门类，还要其教育性、知识性和娱乐性；既要利于职工知识技能的提高，也要益于职工思想道德水准的提升。建议中国工人出版社要进一步加大这方面的编辑、出版力度，着眼“职工书屋”建设的长期性和有效性，创立好“中工”品牌，为各级工会和广大职工提供优秀的精神食粮。同时，各级工会要严把源头配置关，不断提高“职工书屋”的建设质量。

3. 围绕各地“职工书屋”建设，进一步做好各项配套工作

要通过建立健全各种交流平台和媒介，加强全国各地“职工书屋”建设情况的信息和经验交流，各地要将“职工书屋”建设、活动开展情况、意见和建议及时主动地进行交流和反馈。全总“职工书屋”办公室和配送中心要与各地工会宣教部门、相关政府部门、企业建立更密切的协作，积极网络社会资源，通过各种形式和办法，进一步推动“职工书屋”示范点及自建点的建设，并通过开展各种相关的教育培训和文化活动，保持“职工书屋”的活力和可持续发展。

4. 加强多种形式宣传，不断扩大“职工书屋”的社会影响

要进一步协调各方，采取多种宣传形式，让全社会更多的人了解“职工书屋”、支持“职工书屋”、参与“职工书屋”。各级工会要进一步加大舆论宣传工作力度，通过发生在广大职工群众身边的生动事例，使“职工书屋”的形象和声音传向社会，让更多的机关、企事业单位、社会团体和农民工等单位与个人参与到“职工书屋”的建设与活动中来。要把“职工书屋”作为保障广大职工基本文化权益的有效载体和提高职工自身素质的重要文化园地，不懈打造并努力形成工会“大学校”的文化品牌。要建立健全严格的考核激励机制。建议 2010 年适当时候开展一次全国工会“职工书屋”建设工作总结表彰活动，深入总结交流“职工书屋”建设的经验，表彰在这项工作中作出突出成绩的单位和个人，以充分发挥其示范带动作用。同时，要进一步研究借助“职工书屋”平台，由中国工人出版社配合全总宣教部搞好读“中工图书”征文比赛活动，不仅能扩大“职工书屋”的社会影响，还能进一步带动各地“职工书屋”作用的发挥。

5. 重视研究体制机制，努力拓展职工精神文化生活的领域

“职工书屋”建设虽逐步纳入工会的常规工作，但毕竟是一个新生事物，建设的时间还比较短，为此要特别重视从体制机制的建立健全上给予保证。在计划安排、工作部署、调查研究、工作指导检查、宣传教育、总结表彰、阵地建设和人力物力财力保障等诸多方面，都要纳入各级工会体制机制的自我良性循环之中，使其成为不可缺少的一个重要组成部分，包括要纳入各级工会职工文化体育工作与设施的程度统计与情况分析之中。与此同时，要根据广大职工的实际要求，重视工作领域的拓展。特别是随着网络的不断普及，电子商务技术的不断进步，为数众多的职工已逐渐习惯电子图书在日常阅读和学习中的应用。我们应该适应这种新情况，重视“职工书屋”中的电子图书建设，建立和拓展网上电子、手机图书等网络平台，使其既便利职工，又长期发挥效益。

6. 高度重视资金筹集，切实保障“职工书屋”可持续发展

“职工书屋”的建设、运行和发展，都离不开必要的经费保障。因此，除了保证建造性资金来源外，还应研究解决保证“职工书屋”长期可持续发展的资金。一方面应纳入各级工会年度正常财务预决算之中，另一方面应积极争取中央和地方各级政府的财力支持，力求作为提高全民素质的一个重要组成部分，纳入中央和各级政府的财政计划之中。还要善于动员社会力量的关心与支持，按照中宣部的要求，努力争取各出版发行集团对这项具有深远意义的社会性文化工程的支持，同时也使“职工书屋”成为推动中国出版事业发展的一个重要领域，成为推动企业、职工、社会全面发展的重要事业，成为中国特色社会主义文化事业建设和发展的一项典范工程。

分报告六：图书馆学教育

2009 年，是中华人民共和国成立 60 周年，也是中国改革开放 30 周年。回顾、总结新中国 60 年、改革开放 30 年我国图书馆学教育取得的重要成就，探索在新的环境中图书馆学教育进一步改革发展的方向，成为 2009 年图书馆学教育研究的热点。与此同时，我国图书馆学教育在改革中继续发展，社会对图书馆学专业人才的需求不断增加，图书馆学教育的发展前景良好。

一、图书馆学专业教育体系的发展

经过 20 世纪 80 年代的迅速发展和 90 年代后期以来的调整和逐步完善，我国图书馆学教育已经形成了一个包含本科生、硕士研究生、博士研究生以及博士后流动站在内的较为完整的专业教育体系。2009 年，我国图书馆学专业教育体系在稳定中又有新的发展。

（一）图书馆学本科教育

2009 年齐齐哈尔医学院新增了图书馆学专业，这是图书馆学专业教育在社会对图书馆职业需求中自我调节的结果。截至 2009 年 12 月，我国共有 50 所院校及图书馆开办图书馆学专业教育，其中本科教育点为 30 个，这些图书馆学专业本科教育点，分布在我国东北、华北、华南、华中、西北、西南等各地区，分布逐渐走向均衡。总的来看，图书馆学专业本科教育点这两年变化不大，说明我国的图书馆学专业本科教育正渐趋稳定。

（二）图书馆学硕士研究生教育

我国图书馆学专业硕士研究生教育近年来发展迅速，从2001年到2008年间，图书馆学专业硕士研究生教育点已经从18个增加到了43个，2009年的数量与2008年持平。很多高校和教育机构没有开设图书馆学专业本科教育，却开设了硕士研究生教育。这说明我国图书馆学专业教育的办学层次逐渐提高，并向以硕士研究生教育为主导的格局转变。这种格局的形成是顺应社会的发展和需求的结果，是我国图书馆学专业教育在多年来的发展中不断探索和调节的结果，符合世界图书馆学专业教育发展的潮流。

（三）图书馆学博士研究生教育（含博士后流动站）

截至2009年12月，我国图书馆学专业博士学位授予点共有8个，图书馆、情报与档案管理博士后流动站共有4个，与上一年的数量持平。图书馆学专业博士学位的8个授予点分别是武汉大学、北京大学、中国科学院文献情报中心、南京大学、南京政治学院上海分院、南开大学、中山大学和吉林大学；4家图书馆学专业博士后流动站分别是武汉大学、北京大学、中国人民大学和南京大学。

我国图书馆学专业博士研究生教育和博士后流动站这些年的发展和增加，标志着我国的图书馆学专业教育不断迈进新的高度。这不仅为我国图书馆学专业人才的培养提供了高层次的平台，也培养了大批富有开拓能力、创造能力和敏锐洞察力的高水平学科带头人，推动着我国的图书馆事业不断进步。

二、招生与就业

图书馆学专业教育是有明确的职业去向，并以职业需求为导向的教育。近年来，我国图书馆事业迅速发展，图书馆职业对人才的需求也在不断增长。这对图书馆学教育产生了怎样的影响？图书馆学教育机构的招生与就业情况如何？这是每年人们关注的焦点。

为准确了解 2009 年我国图书馆学专业的招生与就业情况，我们于 2010 年 9 月以电子邮件的方式向开设有图书馆学专业教育的学校和机构发放了 40 份调查问卷，共回收有效问卷 23 份。部分院系或机构出于种种原因，并没有反馈信息。但是根据调查所得到的数据，我们可以大致了解 2009 年我国图书馆学专业招生与就业的情况。

（一）图书馆学专业招生情况

此次调查回收的 23 份调查问卷中，共有 12 所学校招收图书馆学本科生，21 所学校招生图书馆学硕士生。

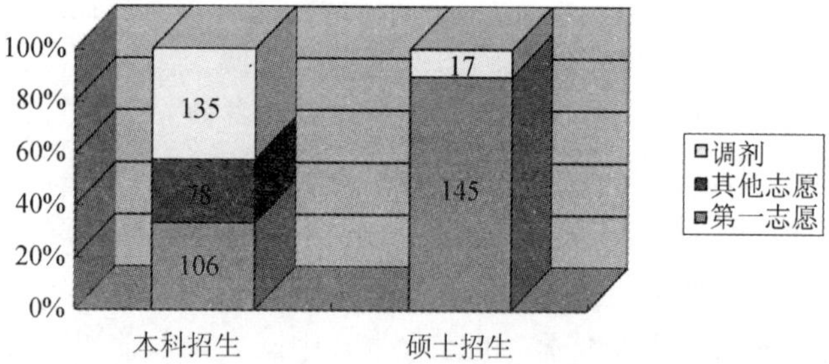

图 1　2009 年图书馆学专业招生情况

通过图 1 可以看出，反馈信息 12 所招收图书馆学专业本科生的学校，共招收学生 319 人，第一志愿报考图书馆学的有 106 人，占全部招生人数的 33.2%。与 2008 年的比例 17.6% 相比，增长将近一倍，说明社会对图书馆学专业的认识正在迅速改变。如果加上将图书馆学专业作为非第一志愿填报的考生，自愿选择了图书馆学专业的考生占全部考生的比例达到了 57.6%。在反馈信息的 21 所招收硕士研究生的学校中，90% 的研究生第一志愿报考图书馆学，通过调剂录取的图书馆学硕士生仅占全部招生人数的 10%。当然，这主要是因为研究生考试是按照专业来设置考试科目和考试内容的，考生在报考时就已经确定了学校和专业。然而，图书馆学本科招生中，第一志愿报考图书馆学专业的生源大幅度增长，无疑是图书馆学教育中可喜的现象。

在回收的问卷中，共有4所学校招收图书馆学专业博士生，随着图书馆学的发展，图书馆学专业博士生培养机构的数量和博士研究生的招生人数都在增加。

本次调查表明，2009年我国图书馆学专业在稳定发展。本科生源在多年徘徊中，第一志愿报考学生明显增多。相信随着我国图书馆事业的加快发展，社会对包括图书馆职业在内的信息职业人才需求的增加，人们对图书馆学专业的认识也会逐步加深，图书馆学专业生源向好的局面会持续下去。

（二）图书馆学专业就业情况

本次调查将图书馆学专业毕业生的毕业去向分为图书馆、考研、出国或其他单位就业四种情况。在本次回收的23份有效调查问卷中，有11所学校有本科毕业生，15所培养单位有硕士毕业生。从调查结果来看，图书馆学专业就业去向如图2所示。

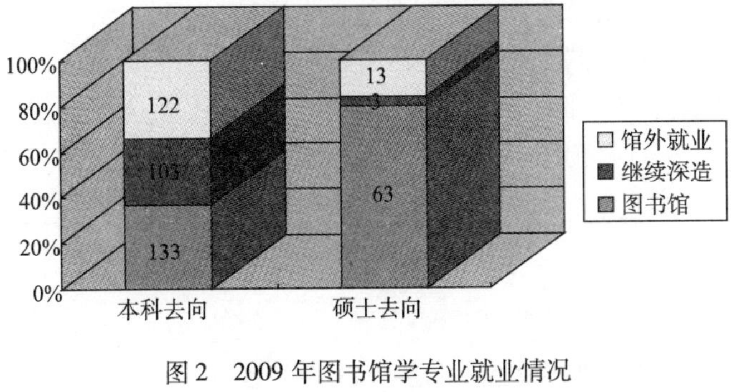

图2　2009年图书馆学专业就业情况

通过图2我们可以发现，图书馆学专业本科毕业生中有37%的人选择到图书馆就业，29%的人选择考研或出国深造，34%的人选择到图书馆以外的其他行业就业。与往年的调查结果相比，选择图书馆就业的有所下降。出现这种局面是由多种原因造成的，其中的重要原因是，近年来许多大型公共图书馆、大学图书馆和科学专业图书馆招聘图书馆学专业学生要求具有研究生以上学历，致使许多本科毕业生被挡在这些图书馆的大门之外。而由于毕业生对择业还存在片面认识，也由于现实存在的客观原因，不少毕业生不愿去中小型图书馆就业，这可能是图书馆学专业本科毕业生在图书馆就业比例较低的主要原因。从另一个方面来讲，近年来许多学校的图书馆学专业教育调整了培养目标和课程设置，致力于培养综合素质高、厚基础、宽口径的人才，学生适应不同信息职业的能力增强，就业门路比较开阔，这也是图书馆学专业毕业生选择图书馆以外的其他职业就业的重要原因。

图书馆学专业硕士研究生的就业去向与本科生有很大的差异。其中，64% 的硕士生选择在图书馆就业，4% 的硕士生选择继续攻读博士或者出国，只有 19% 的硕士毕业生选择到非图书馆行业就业。与图书馆学专业本科毕业生相比，有将近 2/3 的研究生选择到图书馆行业就业，这主要是因为硕士研究生在报考时对就业去向就有相对明确的意向，同时也说明只要图书馆对图书馆学专业的毕业生敞开大门，愿意去图书馆就业的学生还是很多的。

此次调查，共有 4 所学校或机构反馈了图书馆学博士研究生的毕业数据。在全部的 13 名博士毕业生中，有 5 人选择到图书馆就业，有 7 人选择到图书情报教育机构工作，只有 1 人选择到其他行业的单位就业。

三、教育教学状况

（一）核心课程设置在调整中趋向稳定

课程设置在很大程度上决定着学生的知识结构和思维方式，进而影响着他们的职业核心竞争力。在整个图书馆学专业课程体系中，专业核心课程决定着图书馆学专业教育的本质属性和基本特征，是图书馆学专业教育的重心，因此确定图书馆学专业核心课程具有特别重要的意义。

2003年4月，教育部高等学校图书馆学学科教学指导委员会在湘潭大学召开了主题为“图书馆学专业本科核心课程建设”的会议。会议上确定了7门图书馆学专业核心课程：图书馆学基础、信息组织、信息描述、信息资源建设与服务、信息存储与检索、数字图书馆、目录学概论。2007年，新一届教育部高等学校图书馆学学科教学指导委员会成立。2008年和2009年，该届教指委对各教学点核心课程开设的情况进行了广泛的调研和深入的讨论，并于2009年11月召开的该届教指委第三次工作会议暨专业主任联席会议上确定将图书馆学基础、信息资源建设、信息与知识组织（含信息描述）、信息服务、信息检索等6门课程作为图书馆学专业核心课程。此外，还推荐数字图书馆、图书馆管理、目录学、图书馆学研究方法等4门课程为核心课程。这一核心课程体系是培养图书馆学专业学生职业竞争力必须具备的知识。确定这些核心课程，使图书馆学专业教育有了基本的规范，同时，各教学单位又可在此基础上根据自身的特点和需要开设相关课程，办出自己的特色。

（二）教材建设取得新的成绩

为了加强教材建设，确保高质量教材进课堂，教育部制订了“普通高等教育‘十一五’国家级教材规划”，遴选了一大批各学科高质量的教材。图书档案学类也有一批优秀教材入围。

至2008年底，共出版普通高等教育“十一五”国家级规划教材图书档案学类教材9种，分别为叶鹰编写的《情报学基础教程》（科学出版社）、柯平编写的《信息管理概论（第二版）》（科学出版社）、郭莉珠编写的《档案保护技术学教程》（中国人民大学出版社）、李东编写的《管理信息系统的理论与应用（第三版）》（北京大学出版社）、吴慰慈编写的《图书馆学概论（修订二版）》（国家图书馆出版社）、黄霄羽编写的《外国档案管理学》（中国人民大学出版社)、赵静编写的《现代信息查询与利用(第二版)》(科学出版社)、胡昌平编写的《信息服务与用户》(武汉大学出版社)和肖希明编写的《信息资源建设》(武汉大学出版社)。2009年,该类又有四种普通高等教育“十一五”国家级规划教材面世,分别是王众托编写的《知识管理》(科学出版社)、崔巍编写的《数据库应用与设计》(清华大学出版社)、王知津编写的《信息存储与检索》(机械工业出版社)和潘燕桃编写的《信息检索通用教程》(高等教育出版社)。同时,从2007年开始,教育部高等教育司为进一步加强高等教育教材建设,促进“十一五”规划教材质量不断提高,对已出版的普通高等教育“十一五”规划教材进行了评审。2009年确定了209种教材为年度普通高等教育精品教材,其中图书档案学类有1种教材上榜,即冯惠玲和王立清编写的《信息检索教程(第二版)》(中国人民大学出版社)。

(三)国家精品课程数量增加

为了切实推进教育创新,深化教学改革,共享优质教学资源,提升我国高等教育的综合实力和国际竞争能力,教育部于2003年启动了高等学校教学质量与教学改革工程精品课项目。国家精品课程是具有一流教师队伍、一流教学内容、一流教学方法、一流教材、一流教学管理等特点的示范性课程。自2004年武汉大学彭斐章教授负责的《目录学概论》成为图书档案类的第一门国家级精品课程以来,“图书馆、情报与档案管理”学科共产生了13门国家级精品课程。其中2009年有2门课程被评为国家级精品课程,它们是上海大学金波教授负责的《档案学导论》、中南大学罗爱静教授负责的《文献信息检索》。2004年以来“图书馆、情报与档案管理”学科获得的国家级精品课程如下表所示。

“图书馆、情报与档案管理”学科国家精品课程

年度	课程名	学校	负责人
2004	目录学概论	武汉大学	彭斐章
2005	图书馆学概论	北京大学	吴慰慈
2005	信息管理学基础	武汉大学	马费成
2006	电子文件管理	武汉大学	刘家真
2006	档案学概论	中国人民大学	冯惠玲
2007	信息用户与服务	武汉大学	胡昌平
2007	文书学	黑龙江大学	倪丽娟
2007	信息资源共享	中山大学	程焕文
2007	信息检索与利用	山东理工大学	葛敬民
2008	档案管理学	广西民族大学	黄世喆
2008	信息资源建设	武汉大学	肖希明
2009	档案学导论	上海大学	金波
2009	文献信息检索	中南大学	罗爱静

国家级精品课程的申报参选也是不断提高教学质量的过程。越来越多的专业核心课程被评为国家级精品课程，表明我国优质的教学资源在不断增加，“图书馆、情报与档案管理”专业教育的水平和质量得到了不断地提升。

（四）博士生学术会议成功举办，学术交流活跃

2009 年 11 月 28 日至 29 日，北京大学信息管理系成功举办了全国图书馆学博士生学术会议暨北京大学图书馆学开放论坛。“2009 年全国图书馆学博士生学术会议”是教育部研究生教育创新计划资助项目，该项目旨在促进图书馆学博士生进行前沿性的学术探讨，为与会博士生营造浓厚的学术讨论氛围，增强自主创新能力。参加会议的有武汉大学、南京大学、中山大学、南开大学、南

京政治学院上海分院、中科院、北京大学等七家图书馆学博士点的老师与学生，会议主题为“社会转型与图书馆事业发展”。北京大学图书馆学开放论坛由北京大学信息管理系与东莞图书馆合作举办，是面向全国图书馆工作者与图书馆学研究者的大型、免费、开放、公益性的图书馆学高层论坛。北京大学图书馆学开放论坛已经分别于2006年9月、2007年10月在北京大学成功举办两期。本次举办的是第三次。

本次会议与论坛共邀请了16位演讲专家与来自全国信息管理院系的图书馆学博士生们交流研讨。不仅图书馆学教学研究领域的知名教授、图书馆学博士点的院长与系主任以及著名图书馆馆长登上讲坛，而且各与会博士生也登上了讲台。本次会议与论坛不仅仅是百余名专家、学者及博士生的学术思想在论坛中汇聚与碰撞，而且教授与馆长针对博士生介绍的研究情况进行了现场指导，给出了中肯的建议，这不仅使博士生感受到了浓烈的研究氛围，而且开拓了博士生的研究思路。

（五）国际交流与合作活跃

北京大学信息管理系与国外一些重要大学的图书馆学情报学系都有密切的交往，每年都接待一定数量来访的外国专家学者进行交流，同时选派若干教师和学生出国访问、进修、学习或参加学术会议。武汉大学信息管理学院将国际交流与合作办学作为办好研究型学院的重要发展战略，与美国、英国、德国、俄罗斯、加拿大等十多个国家的30多所大学建立了学术交流关系。近年来每年举办不同类型不同规模的国际学术会议和学术交流活动，邀请国外学者专家讲学。2009年9月18日，美国德克赛尔大学（Drexel University）信息管理学院 David Fenske 院长与武汉大学信息管理学院陈传夫院长签署了两院合作办学协议并受聘为武汉大学图书情报国际合作研究院咨询委员会委员。2009年12月28日，武汉大学信息管理学院邀请丹麦皇家图书情报学院院长 Per Hasle 进行了主题为

“Two Concepts of Information—with some Implications for Design” 的演讲。而中山大学资讯管理系一贯坚持“走出去请进来”的开门办学方针，积极参与国际学术交流。近年来在美国岭南基金会的资助下，每年邀请一名国际著名学者来系讲学一个月已成为制度。国际知名的图书馆学情报学专家如兰开斯特、库珀、马丁、陈钦智等都曾到该系讲学。

四、学科建设

（一）国家重点学科建设

国家重点学科是教育部在中国内地的高等院校中，对有博士学位授予权的二级学科进行详细考核后，择优确定并计划安排重点建设的学科。原国家教委于 1986 年在全国高等院校中开展了首次重点学科评选。在 2002 年的国家重点学科评选中，北京大学与武汉大学的图书馆学、武汉大学的情报学、中国人民大学的档案学被评为国家重点学科，取得了图书馆学学科发展历史性突破。2007 年，在教育部进行的新一轮重点学科评估验收中，武汉大学的“图书馆、情报与档案管理”学科被评为国家一级学科重点学科，北京大学的图书馆学、南京大学的情报学和中国人民大学的档案学被评为国家二级重点学科。2008 年，“中国大学评价”课题组评选出了中国大学研究生院管理学各一级学科 A + + 级学校，图书馆学、档案学和情报学类中的武汉大学和北京大学被评为 A + + 级学校。

（二）iSchool 走进中国

2003 年，美国 7 所著名的图书馆学情报学院的院长齐聚北卡罗莱那州立大学图书馆学情报学院，共同提出了“信息学院运动”（Information Schools Movement，简称 iSchool 运动）。此后，20 所美国 LIS 学院及与 LIS 有关的学院（其中包括加拿大多伦多大学）于 2004 年共同创建了 iSchool 项目，致力于以信息、技术和人的关系为中心的研究与实践。iSchool 的理念是，主张建立以职业竞争力为导向的教育体系，以图书馆与情报价值为核心，加强 LIS 学科与相关学科的合作及教师队伍的多元化，促进学科研究与实践的联系，将人的信息需求、技术、管理与政策作为 LIS 学科教学与研究的四要素。[1]在课程设置上，iSchool 强调能力导向和未来导向，突出了以职业需求变化为出发点的职业竞争力培养，重视学生的职业兴趣，在强调信息、技术和人之间的关系的前提下，突出技术类课程在课程体系中的主体地位，课程设置与其他学科广泛融合。[2]

2006 年 10 月 7—9 日在武汉大学召开的“第二届中美数字时代图书馆学情报学教育国际研讨会”上，iSchool 问题引起了广泛关注，此后，不断有学者撰文对 iSchool 进行研究。而中国图书馆学教育融入 iSchool 具有实质意义的行动则是 2009 年 2 月，由国际一流信息学院组成的“信息学院联盟”（iSchools）宣布接纳武汉大学信息管理学院为 iSchools 成员，从而成为 iSchools 的 27 个成员之一，也是来自发展中国家的唯一成员。2009 年 6 月，iSchool 联盟联络专员、美国伊利诺伊大学香槟分校图书馆与情报学研究生院院长 John Unsworth 教授代表 iSchools 核心领导小组在武汉大学宣布这一决定，标志着 iSchool 运动与中国图书情报教育建立了联系。

（三）获国家社科基金资助项目逐年攀升

高校教师获得科研项目情况是反映其科研能力和水平的一个重要指标，高水平的科研项目不仅能促进学科的发展和教学水平的提高，而且可以培养和提升学生的科研能力。我们通过全国哲学社会科学规划办公室网站，对 2000 年到 2009 年图书情报学领域研究人员（绝大部分是高校教师）获得国家社科基金“图书馆、情报与文献学”类项目进行了统计。统计结果如图 3 所示。

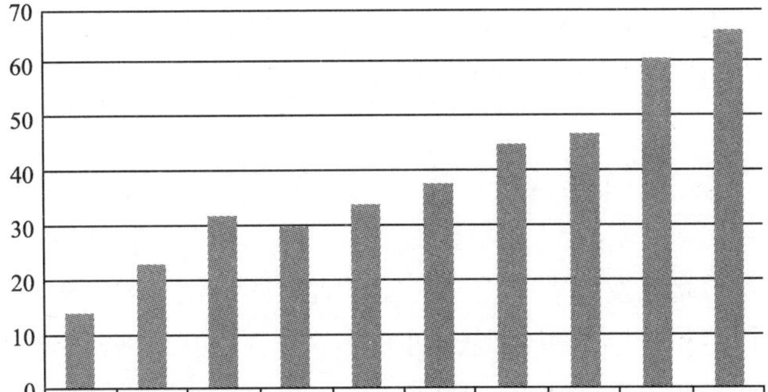

	2000	2001	2002	2003	2004	2005	2006	2007	2008	2009
■数目	14	23	32	30	34	38	45	47	61	66

图 3　2000—2009 年图书情报学领域获国家社科基金资助情况

根据图 3，我们可以明显看出，从 2000 年到 2009 年，“图书馆、情报与文献学”领域获得的国家社科基金资助项目数总体呈上升趋势。在这 10 年间，该领域一共有 390 个项目得到了国家社科基金资助，仅在 2009 年，在“图书馆、情报与文献学”领域一共有 66 个项目获得了国家社科基金的资助。其中包括 1 个国家重点项目，36 个一般项目和 29 个青年项目。

（四）高等学校科学研究优秀成果奖（人文社会科学）

教育部自 1995 年启动的“高等学校人文社会科学研究优秀成果奖”一般每 3 年评选一次，2009 年第五次评选时将名称改为“高等学校科学研究优秀成果奖（人文社会科学）”。本届高等学校科学研究优秀成果奖（人文社会科学）评奖，全国共有 648 项成果获奖，其中一等奖 38 项、二等奖 205 项、三等奖 392 项、成果普及奖 13 项。其中，“图书、情报与文献学”类斩获一等奖 2 项、二等奖 4 项、三等奖 8 项。由于到目前为止，我国尚未设立人文社会科学方面的国家级奖项，教育部高等学校人文社会科学研究优秀成果奖通常被看作是我国人文社会科学研究领域的最高奖励。图书情报领域如此众多的研究成果获奖，显示该领域高校教师的科学研究已经达到了较高的水平，这对于促进学科教育的长足发展以及学科地位的提升具有重要的作用。

五、图书馆学学科教学指导委员会取得两项成果

为了充分发挥图书馆学专家学者对图书馆学教育教学改革与建设的研究和指导作用，促进图书馆学教育更好地为经济建设和社会发展培养高质量的人才，2002 年，教育部决定成立高等学校图书馆学学科教学指导委员会。2007 年，新一届图书馆学学科教学指导委员会成立。2009 年 11 月 14—15 日，教育部高等学校图书馆学学科教学指导委员会第三次工作会议暨专业主任联席会议在西北大学隆重召开。本次会议的议程主要是讨论通过《中国图书馆学教育发展战略报告》和《高等学校图书馆学本科指导性专业规范》。会上，委员们对《中国图书馆学教育发展战略报告》（讨论稿）和《高等学校图书馆学本科指导性专业规范》（讨论稿）进行了热烈讨论，提出了修改意见和建议。在汇总意见的基础上，教指委对二者进行了修订和完善，并最终完成定稿。《中国图书馆学教育发展战略报告》和《高等学校图书馆学本科指导性专业规范》的撰写和制定，将为推进我国图书馆学教育教学改革，提高高等学校图书馆学专业教学水平和人才培养质量起到积极作用，对未来图书馆学教育将会产生重大而深远的影响。

六、图书馆学专业教育发展中的问题与对策

2009 年，图书馆学专业教育总的来说是在变革中稳定发展。但是随着数字化、网络化的迅速发展，传统图书馆正加速向现代图书馆转型，而在这转型的过程中，图书馆职业活动内容也在悄然发生变化，这些变化直接或间接导致了图书馆对人才需求的变化。近年来，这种变化最明显的表现是，图书馆职业对人才知识结构需求

向多元化发展，对人才层次需求向高端化发展。近年来多项调查表明，在图书情报机构录用的人员中，具备图书馆学专业背景的人员比例逐渐下降，其他专业人员的比例明显增加；图书馆学本科毕业生的比例在下降，图书馆学硕士研究生的比例在增加。如李春新统计了2004年到2006年国家图书馆招聘的人才结构状况，2004年国图引进人才38人，其中图书馆学专业及信息管理学专业毕业生5人，仅占总数的13%；2005年引进人才42人，其中图书馆学专业及信息管理学专业毕业生4人，占总数的9%；2006年引进人才78人，其中图书馆学及信息管理学专业的毕业生10人，占总数的12%。[3]笔者也曾调查了武汉大学图书馆和清华大学图书馆等图书馆在近三年来的招聘情况，结果显示，2007年到2009年，武汉大学图书馆共招聘员工20人，全部为硕士研究生，其中只有5人具有图书情报学科背景知识；清华大学图书馆一共招聘员工14人，全部为硕士研究生，其中只有3人具有图书情报学科背景知识。本次调查结果也表明，近年来图书馆学本科毕业生选择从事图书馆职业的比例在下降。这一局面应该引起图书馆学教育机构的重视，并积极寻求解决的方法和对策。这些对策大致有以下几方面。

（一）调整图书馆学教育人才培养目标

图书馆学教育的人才培养目标要以职业需求为导向，这是毫无疑问的。但是随着数字时代的到来，泛在信息环境的形成，不仅使图书馆职业活动的内容发生了深刻变化，而且由于信息链条上各个环节的相互融合，使不同信息职业的界限越来越模糊，图书馆学情报学的原理和技术可应用于越来越广泛的领域。在这种情况下，如果仍“局限于为某一特定类型的机构，如图书馆培养专业人才来开展图书情报教育，无疑是一种狭隘和固步自封的教育观。”[4]因此，图书馆学教育必须调整人才培养目标，为更广阔的信息职业培养人才。这种调整不仅不会削弱图书馆学教育的地位，反而会由于毕业生就业机会扩大，吸引更多的学生就读图书馆学专业，进而促进图书馆学教育的发展。

（二）变革图书馆学教育的模式

长期以来，图书馆学专业毕业的学生从事图书馆职业，被认为缺乏相关学科知识背景，因而难以胜任现代图书馆的一些高层次的知识信息服务工作。近年来，不少图书馆学教育机构已经注意到了这个问题，因而在课程设置时，开设了若干相关学科的选修课，希望以此改善学生的知识结构。但这种做法效果有限，因为靠选修一两门课程很难对某一学科的知识有比较系统的掌握。因此，最根本的解决办法是借鉴国外，特别是美国图书馆学教育的经验，转变我国现行的以本科教育为主的图书馆学教育模式，逐步过渡到以研究生教育为主的图书馆学教育格局，主要从非图书馆学专业本科毕业生中招收硕士研究生，即让学生在系统掌握某一学科的知识以后，再学习图书馆学的知识。这样能有效解决图书馆学专业的学生缺乏相关学科知识这个存在多年的老大难问题。这种教育模式的转变在目前有些难度，但随着我国高等教育大众化的发展，这种转变应该是图书馆学教育发展的路向。

（三）优化图书馆学专业的课程设置

目前图书馆学教育在课程设置方面主要存在两个方面的问题：一是有些学校图书馆学专业的课程设置对变化的信息技术环境关注不够。如在信息组织中，传统的分类、主题方法讲述较多，而对元数据、知识本体、知识地图、数据挖掘等则少有涉及，落后于数字信息组织发展的需要。当 Web 2.0 技术在图书馆实践中出现并广泛应用时，在图书馆学课程内容中鲜有反映；二是有些学校的图书馆学专业在课程体系改革时呈现出非理性状态，随意增设其他专业的课程，而图书馆学真正的核心专业课程却被边缘化了。这样的课程改革后果是淡化了图书馆学专业特色，其初衷或许是为了增强学生的职业竞争力，但事实却恰恰是削弱了学生的职业竞争力。[5]因此，图书馆学专业课程设置的理性选择是必须坚守自己的“根据地”，不能让图书馆学的核心知识边缘化，同时必须拓展自己的领域，将信息科学、信息技术融入图书馆学的课程体系和教学内容之中。图书馆学的教学内容与方法必须改革，增强课程内容的实用性和新颖性，特别是方法类、技术类课程的教学，要突出其实用价值，要紧跟现代信息技术的发展，将国内外最新的技术和方法及其发展动向及时介绍给学生，使学生走上工作岗位后，能将最先进的技术、方法运用到实际工作中，从而显示出自己的职业竞争力。

（四）加强与图书馆实践领域的联系

图书馆学是一门与实践联系密切的学科，图书馆学教育则是有明确职业导向的专门教育，因此，图书馆学教育领域与图书馆实践领域应该加强联系与沟通。图书馆学教育要关注现代信息职业对人才的需求，倾听来自图书馆与其他信息领域的呼声，及时将国内外图书馆学学科发展与图书馆和其他信息职业领域发展最新的、最前沿的理论、方法和技术吸纳到教学内容中去。图书馆实践领域，特别是图书馆管理者，则要了解图书馆学教育的特点和规律，应该为图书馆学专业的毕业生敞开大门，为他们在实践中培养和锻炼自己，成为图书馆职业队伍中的生力军提供坚实宽广的平台。

参考文献

[1] 陈传夫. iSchool 运动与图书馆学情报学教育变革. 图书情报工作，2007（4）：5

[2] 沙勇忠，牛春华. iSchool 联盟院校的课程改革及其启示. 图书情报知识，2008（6）：28－35

[3] 李春新. 图书馆学教育改革和图书馆人才培养模式探讨. 江西图书馆学刊，2009，39（3）：15，17

[4] 柯平，赵益民，詹越．图书馆学毕业生就业核心竞争力．图书情报工作，2009（5）：11－14，18
[5] 肖希明．调查引发的思考——图书馆学教育七问．图书馆建设，2007（6）：25－28

分报告七：图书馆学研究

2009年，伴随着我国经济建设和文化建设的不断发展，图书馆学研究也延续了前几年良好的发展态势，取得了一系列新的成果。无论是在图书馆学理论研究方面还是在应用技术研究方面，相关研究成果在质量和数量上都有较大的提高和增长。仅从中国期刊网（CNKI）“图书馆学、图书馆事业”专题数据库的收录情况看，2009年我国发表图书馆学研究论文总量高达20 121篇，比2008年的18 468篇增长了约8.9%。这些成果涉及的研究领域主要有图书馆学基础理论、信息资源建设、信息组织、图书馆管理与服务、数字图书馆、图书馆法治建设等，下面分别加以叙述。

一、图书馆学基础理论研究

图书馆学基础理论是图书馆学的灵魂和核心，也一直是图书馆学研究中最活跃的领域。2009年，我国图书馆学基础理论研究在研究者们的努力下，在以下方面取得了新的进展。

（一）对图书馆学理论研究走向的思考

研究者们在总结过去的基础上，对图书馆学理论体系的构建和未来的发展前景进行了规划。吴慰慈指出，新一代图书馆学人应承担如下使命：一要更加重视理论创新；二要严谨治学，摒弃“简单化”；三要加强实证研究；四要突出应用研究；五要关注方法论的研究。他强调，图书馆学研究要坚持理论与技术相融合，开展跨学科的交叉研究；要坚持理论与实践的结合，回答实践所提出的问题；要坚持基础研究和应用研究，逐步形成两者相互融合的研究局面。[1]

黄宗忠在研究中指出，图书馆学是在“变化”中发展、丰富和成长的，但必须厘清图书馆学发展中“变”与“不变”的因素。例如，图书馆学研究对象是“图书馆”不会变，图书馆学历史不会变，图书馆学为图书馆实践服务、指导图书馆实践发展的基本目标不会变等。他认为，只有在此基础上，才能把握未来图书馆学发展的方向和研究的内容。因此，在未来图书馆学研究中，图书馆学理论研究仍是龙头，信息资源建设则是研究的重要内容，读者服务是永恒的研究主题，新技术与方法将是研究热点，相关学科和边缘学科等的研究也会更加引起人们重视。[2]

吴建中则从实践层面分析了图书馆学与图书馆逐渐分离的现象及危害，指出由于计算机技术的发展以及信息革命对社会信息交流方式的影响，图书馆学与图书馆出现了逐渐分离的趋势，表现在图书馆学系名称的改变（改为“信息管理系”等）、与图书馆工作相关的课程在学科教学体系中的比例逐渐缩小等方面。图书馆与图书馆学专业的脱节不仅影响了图书馆学专业的健康发展，而且制约了现代图书馆事业的发展，导致了图书馆学理论研究滞后于图书馆实践的局面。为此，应当重新聚焦图书馆学的核心内容，回到学科的原点重新考察图书馆学，不能因为图书馆学的发展、延伸及其与其他学科的融合而偏离了其主要研究轨道，只有这样，才能实现图书馆事业和图书馆学的共同发展和相互促进。[3]

王宗义对我国当前图书馆学理论研究的现状提出了批评，认为当代中国图书馆学基础研究中存在着专业思维缺失现象，导致专业活动定位的迷失，社会职能认识的虚幻和事业发展研究的空洞化等。他认为，图书馆学基础研究不能把目光放在专业活动对象上去进行无谓的抽象，而应回归专业实践的基础，集中精力于创新探索的归纳、提炼，科学把握专业活动的自身发展规律。[4]他还指出，当代中国图书馆学基础研究的不足，在于对专业活动基础研究缺乏全面的认识，影响了专业活动的健康发展。需要关注当代环境下图书馆社会职能的科学认定，清晰界定当代图书馆专业活动的范畴，切实加强对图书馆创新工作方法的归纳与提炼，这是中国图书馆学基础研究面临的挑战，也是学科和事业发展的需要。[5]

白君礼针对一直以来人们对图书馆学理论研究是否脱离图书馆实际的争论，从理论与实践以及理论与实践关系的内涵上进行了辨析，认为理论应当是结论、思维观点和方法的统一，是现实性与理想性的统一；而实际的内涵却非常丰富，形式上包括中国社会、图书馆存在与发展、图书馆工作等，内容上则包括批判精神、超越精神以及中国文化传统和中国图书馆文化传统。因此，图书馆学理论与图书馆实际的关系应该是统一的、复杂的，但却不可能是一一对应的。[6]

蒋永福分析了“后现代图书馆学”这一称谓的涵义及其所具有的“精神气质”。认为它既具有对现代图书馆学的转向、批判、否定和解构性质，又具有对现代图书馆学进行引申和“扬弃”的继承性。其理论品格主要表现在价值多元化；权利话语取向由二战之前的“教化—控制”话语到二战后的“权利保障”的转向以及在后现代语境中工具性的走向等。但是中国的图书馆学是否已经进入后现代图书馆学时期却是个需要探讨的问题。[7]

王平则针对目前图书馆学理论研究中出现的两个较为明显且公认度较高的研究倾向——知识化和职业化，采用文献调研基础上的归纳分析的方法，对两种理论导向展开分析并加以比较，指出知识化导向集中体现为构建以“知识”为逻辑起点的图书馆学理论体系，职业化导向则倡导图书馆学理论研究要向实践倾斜，二者在本质出发点、对“机构图书馆学”的态度以及对图书馆职业的认知上都存在差异。尽管知识化和职业化导向是我国图书馆学研究者在吸收了西方对“知识”的研究成果和对“图书馆职业”的思考后对图书馆学理论研究方向的选择，但在我们的图书馆学研究中究竟应该对“知识”和“图书馆职业”持什么样的学术态度，对知识的研究能否与图书馆职业相融合，这种融合又能否成为现阶段图书馆学理论研究新的路径等，都值得我们思索。[8]

（二）对图书馆学研究对象、研究范式的总结与探索

傅荣贤认为，图书馆学的研究对象在经历了从文献到信息再到知识的三次嬗变以后，尽管“知识论”已经成为主流认知，但是文献是人类心智产物和人类文明的结晶，不仅仅只是“记录有知识的一切载体”。因此图书馆学既是知识之学又是智慧之学，图书馆学应从文献的知识论的单一向度走向智慧之学的圆满境界。[9]

在研究范式方面，傅荣贤认为，迄今为止的图书馆学研究主要囿于“实在论”和“价值论”两大范式之下。“实在论”范式以回答“图书馆的本质是什么”为最高目标，集中关注图书馆学的研究对象。但其从本质上是一种旁观者式的研究方法，研究者只能独立于图书馆之外用“发现”的方式去获得图书馆的真理；而且由于它所专注的图书馆本质和规律是不以人的意志为转移，因而导致研究主体的失落。而“价值论”范式则以追问“图书馆应该怎么样”为核心旨趣，立足于人的主体价值的实现，在研究取向上致力于从实然到应然的转变，意味着人对自我主体地位的确认以及对自身认识之自觉程度的提高。“价值论”范式在图书馆学研究中日益受到学者们的垂青，但这并不意味着其必然的合理性，比如，它没有厘清价值和事实的关系，而且它无法证伪并导致了图书馆学研究的西方化和他律化，因而使得大多数研究结论都难以永恒。而无论是“实在论”范式还是“价值论”范式，都是以旁观者的身份，努力给出关于图书馆学的终极认识，未能回答“如何处理和协调人与文献信息的关系”这一图书馆学研究的真正旨趣。因此应当在反思两种范式的基础上，努力构建真正具有现实指导意义的图书馆学理论体系。[10]

钟丽萍、孟连生引入了最早应用于医学领域的循证实践（Evidence-based Practice，EBP）理论，积极探索循证法在图书馆领域应用的可能性，他们通过将经过严格评价的研究成果应用于图书馆

业务实践，以改善服务质量和水平，试图为图书馆学理论研究提供一种新的范式——循证图书馆学。他们认为，在图书馆学研究中开展循证研究，可以架构起理论与实践之间的桥梁，不仅减少理论与实践的脱节，而且还可能形成二者的巨大合力，共同推进图书馆学前进。[11]

（三）对图书馆学与其他学科融合的研究

在图书馆学与其他学科的交叉融合研究方面，2009 年的主要进展表现为图书馆学与情报学、档案学的一体化研究，以及数学方法和经济学方法在图书馆学中的应用等。

叶鹰通过求同存异，对图书、情报、档案一体化的学理基础进行了研究。他认为，求同体现在以信息本体论、经验认识论和使用价值论作为图书、情报、档案一体化的哲学基础和用资源—人员—服务构成图书情报档案一体化的理论轴心；存异表现在图书、情报、档案在资源、人员、服务管理中分别采用不同的指导原则。[12]

黄媛对我国近年来图书、情报、档案一体化研究进行了回顾与展望，分析了当前研究的成就与不足，提出要实现图书、情报、档案一体化管理，应借鉴周文骏的文献交流理论，走建构的道路。[13]

廉清分析了图书馆学情报学数学模型的基本内涵、种类，以及构建数学模型的常见方法以及逻辑过程，指出目前数学模型方法在图书馆学的应用主要是在基础理论、文献计量、信息资源管理、读者服务和服务质量评价等方面。他探讨了数学模型方法在这些应用中存在的问题和未来的发展趋势，期待新的具有普遍意义的建模方法和技巧的出现，以推进数学模型方法在图书馆学情报学研究中取得突破性进展。[14]

（四）关于图书馆事业发展的研究

王子舟认为，社会力量是近现代图书馆事业发展的原动力，图书馆事业进入近现代时期的一个标志是分化出了国家、公共、大学、专业以及私人图书馆系统。不论是哪种类型的图书馆，社会力量都是其初创过程中的原动力或发动机。那些早期捐助图书馆事业的知识精英、社会贤达、公益慈善家们，皆对图书馆的伟大作用有着深刻认知。他们的善举推动了图书馆事业的发展，他们的公益意识也成为了珍贵的思想资源而被后人所珍视。[15]

柯平等则采用问卷调研的方法，对图书馆外部公共服务机构进行了考察，了解它们的服务范围、条件、目的、与图书馆的合作关系及评价、合作渠道和合作期待、对公共文化服务体系中相关部门重要性的认知等；并在研究结论中提出，图书馆应简化服务条件，主动发挥部门优势，加强与同质部门在资源、业务、服务等方面的合作和援助，注意借鉴商业性机构的灵活服务手段并建立异质联盟，坚持无偿服务以提高服务质量，争取政府和社会外界的资金投入，推动公共文化服务体系的发展。[16]

柯平、赵益民还从实证角度，分析论证了新中国图书馆事业发展的若干问题，如西部地区人均图书馆数量高于东部的平均水平，但在经费保障、文献信息、人力资源、服务提供、文化基础等方面处于劣势；全国图书馆的经费支出增长很快，但流通册次数则呈现负增长的态势等。他们认为，针对公共文化需求，市级和县级图书馆拥有更大的职能提升空间；代表图书馆事业投入/产出的经费支出和流通册次数与经济、人口、教育、文化等方面的社会影响因素存在着可量化的相关关系等。[17]

在公共图书馆研究方面，于良芝以 1994 年以来我国图书馆学期刊公开发表的公共图书馆评估总结材料为分析对象，采用话语分析方法，分析了图书馆职业话语对“公共图书馆服务”及“图书馆服务效益”的意义建构。对于“公共图书馆服务”，1994 年以来的评估总结话语继续凸显“面向普通公众的借借还还”及“面向政府和企事业单位的信息开发、编辑、传递”的意义；对于“图书馆服务效益”，评估总结话语首先将“社会效益”建构为图书馆服务的范围和数量（如开馆时长），将“经济效益”建构为图书馆对财富创造的贡献。她认为，这样的意义建构由于排除了很多重要意义，已经在我们的职业中留下了美国图书馆学家维根德所说的管状视野和盲点（Tunnel Vision and Blind Spots）。[18]

蒋永福认为，公共图书馆是民主政治的产物，保障公民的政治权利和个人权利是民主政治的基本精神。“获得教育的权利”是公民合法的个人权利，公共图书馆是保障公民“获得教育的权利”的必要设施，是向公民提供信息和接受社会教育的公共设施，是实现民主政治的基本条件之一。[19]他还将平等服务、知识自由、信息公平、民主政治、社会包容等归纳为现代图书馆的基本理念，并引经据典对这些理念进行了分析，为公共图书馆存在的必要性做了诠释，对公共图书馆服务的基本原则进行了概括。他指出，这些基本理念也是图书馆从业者应该秉承的职业“意识形态”。[20]

（五）关于图书馆学史的研究

刘兹恒系统介绍了沈祖荣、杜定友和刘国钧三位图书馆学家在20世纪初我国图书馆学本土化中的贡献，对他们的思想和实践进行了归纳和总结，并分析了其对今天我国图书馆学研究者的启示。首先，中国图书馆学的发展必须要面向世界，对国外先进的图书馆学知识要积极引进、合理借鉴，同时要善于继承中国古代藏书思想中的传统精华，勇于创新；其次，要充分发挥图书馆学学术团体的组织和引导作用，使图书馆学本土化活动由“自在”变成“自为”。他还重点强调了人才的重要性，指出图书馆学本土化需要有一批爱国、敬业、知识渊博、求实创新的高素质图书馆学人才。[21]

刘宇等人研究了《图书馆学季刊》（1926—1937）对民国时期图书馆学的贡献，认为该刊的出版对传播西方先进图书馆学思想、帮助国民树立现代图书馆理念、促进我国新图书分类法的诞生、完善我国图书馆学学科体系等贡献巨大，特别是该刊通过对中西方图书馆学思想批判性的吸收与继承，结合我国图书馆事业发展的实际，推进了图书馆学本土化的实现，并为我国图书馆学的人才培养提供了思想交流的平台。[22]

顾烨青考察了民国时期几个鲜为人知的图书馆学会，包括杜定友发起成立的第一个学会性组织——广东图书馆管理员养成所图书馆研究会、天津市图书馆学会、金陵大学图书馆学会、中国图书馆学社等，对它们的发起、成立以及在推动中国图书馆学教育和图书馆事业发展等方面所起的作用进行了探讨。[23]

范凡则从图书馆学和编辑出版的双重视角，考察了民国时期发生在图书馆学人和商务印书馆之间的一场学术论战，即围绕《万有文库》的分类和卡片，以及《中国图书统一分类法》和四角号码检字法等问题展开的学术争论，分析了这场争论产生的深层次原因主要在于当时图书馆学人与外行之间，以及图书馆界与出版界之间存在着天然的矛盾，[24]这一研究结论引起了人们的关注。

二、信息资源建设研究

关于信息资源建设的研究在 2009 年既有继承又有突破，相关研究主要围绕信息资源建设政策、数字信息资源建设、信息资源共建共享等内容展开。

（一）关于信息资源建设政策的研究

信息资源建设从来就不是一个单纯的技术问题，它需要国家信息政策的指导、调控和规范的体系规划。张新鹤利用中国期刊全文数据库对我国信息资源建设政策研究进行了文献调查，在此基础上，他从文献信息资源建设政策、数字信息资源建设政策、信息资源共建共享政策以及信息技术与标准化政策四个方面，探讨了 20 世纪 90 年代以来我国信息资源建设政策的研究进展，指出我国目前有关信息资源建设政策的专门研究还较为薄弱，相关研究大多包含在国家信息政策研究中。[25]

为此，肖希明等在比较和思考国内外信息资源建设政策和对我国图书馆信息资源建设政策需求调查的基础上，提出在我国制定国家信息政策以指导图书馆信息资源建设已成为当务之急，而数据库建设、信息资源共建共享、知识产权制度、资金投入等问题是信息资源建设政策应该关注的重点；信息技术、标准化及信息人才政策等也应该得到相应的重视；确保政策的有效实施则应该是全体图书馆人关心的重要问题。他们建议，国家信息资源建设政策的制定应把握重点，兼顾全局；既要重视政策的制定，也要保障政策的有效实施。[26]

与此同时，张新鹤、肖希明还认为，我国已经制定了大量信息资源建设政策，但政策目标和政策重点的不清晰严重阻碍了政策作用的发挥。现阶段，我国信息资源建设政策的目标应集中在构建全国信息资源保障系统、数字信息资源建设、协调信息资源共建共享中的利益关系、推动信息技术的应用和标准化建设四个方面。他们提出，应以引导扶持数据库产业的发展、推进信息资源共建共享、完善知识产权法律制度、加大技术支持力度等内容为制定政策的重点。[27]

随着互联网的飞速发展，网络信息资源的配置和利用已成为现代信息资源管理的一个热点问题。网络信息资源配置政策具有独特性、灵活性、难操作性和层次性。沙忠勇等在对我国网络信息资源配置政策问题分析的基础上，构建了由元政策、基本政策、专项政策所组成的网络信息资源配置政策体系，提出完善我国网络信息资源配置政策应以效率为导向、鼓励公众参与政策制定、健全网络信息资源配置政策体系、加强网络信息资源配置政策的实施与反馈。[28]

（二）关于数字信息资源建设的研究

数字信息资源是图书馆信息资源的重要组成部分。关于数字信息资源建设方面的研究包括特色数据库建设、网络数字资源的合作保存、数字信息资源整合等方面的内容。

特色数据库是针对某一学科或某一专题有利用价值的信息进行标准化和规范化的处理、评价，以更好地满足用户个性化需求。我国图书馆界十分重视创建特色资源数据库，郭太敏等人在介绍江苏省高校图书馆特色数据库建设时指出，江苏省高校图书馆特色数据库建设的基本思路清晰、建设目标准确、注重分类指导、加强组织领导和规范管理等方面的经验值得借鉴。他们还针对特色数据库建设中特色资源的整合与利用、成果的开放共享及发展机制等方面存在的问题，提出了创新发展思路、注重特色库建设的可持续发展和逐步建立评价体系等建议。[29]覃凤兰则通过对广东省高校图书馆和公共图书馆自建的各种特色资源数据库进行调查，分析了广东省图书馆特色数据库建设存在着的各自为政、重复建设，检索途径单一，缺乏标准化和规范化，宣传力度不够，影响力小、利用率低等问题；并针对这些问题提出了相应的对策，即整合资源、建立专题知识库，科学规划特色数据库的建设，宏观调控、走联合建库之路，完善特色数据库检索功能，注重特色数据库建设的标准化和规范化，加强宣传推广等。[30]

合作是网络信息资源保存的趋势，而构建适当的合作机制则是网络信息资源合作保存的基础。王婷等人通过对国外重点网络信息资源保存合作项目的调研得知，目前国际上网络信息资源保存有三种合作机制，即责任高度集中的合作机制、责任平等的合作机制、责任高度分散的合作机制。这三种机制各具优劣，其中高度集中机制主要适用于刚开始的项目，责任平等机制比较适合很多机构都有保存兴趣但缺乏担任领导者愿意的情况，高度分散机制适合机构在某些方面有更多自由的合作情况。各网络信息保存机构应针对不同情况选择适当的合作机制。[31]

由于网络信息的特点，使得网络信息资源长期保存面临着一系列的问题和挑战。刘兰认为网络信息保存在技术方面存在信息的采集、归档、长期保存和访问等方面的难度；法律方面则有采集阶段的复制权问题、保存阶段的长期保存权和编辑修改权问题、访问阶段的提供访问权问题；经济方面有成本问题、经费来源与运作模式问题；而网络信息保存的责任主体问题目前还很不明确，究竟应该由哪一个部门承担网络信息资源的保存问题，目前法律和法规都没有明确的责任界定，也没有专门的机构来制定采集标准或网络保存策略。[32]

关于数字信息资源整合的研究主要包括相关技术介绍、整合模式的探讨以及系统平台的设计与实现等。王瑞从数字信息资源整合模型、资源组织体系分析、全文传递功能、检索平台的设置、数字参考咨询、个性化服务等方面对国家科技图书文献中心、中国科学院国家科学数字图书馆、中国高等教育文献保障系统进行了对比分析，认为建立与完善我国数字信息资源整合优化策略应包括构建国家数字信息资源长期保存机制、制定数字信息资源管理政策、建立多种数字信息资源整合模式、强化数字信息资源整合质量控制、健全数字信息资源整合评价机制、加强宣传与营销等。[33]

刘瑜则认为，面向资源的图书馆信息资源整合模式有基于OPAC的整合模式、基于跨库检索系统的整合模式、基于资源导航的整合模式和基于信息链接的整合模式；面向用户的图书馆信息资源整合模式有基于学科信息门户的整合模式、基于RSS的整合模式、My Library模式、合作数字参考咨询模式。她在研究中具体阐述了各种信息资源整合模式的含义、特征及应用实例，指出面向资源的整合是面向用户整合的基础，面向用户的整合是面向资源整合的进阶。随着技术的发展和理念的更新，图书馆的信息资源整合将朝着一体化的综合整合方式发展。[34]

蔡翠盟通过对相关资料的分析研究，总结出图书馆信息资源的整合有传统馆藏文献与馆藏数字化资源的整合、馆藏数字化资源之间的整合、馆藏数字化资源与网络信息资源的整合、联合目录式的整合等模式，探讨了实现信息资源整合的相关技术，包括传统书目检索系统的整合技术、馆藏链接全文信息技术、跨库检索整合技术、异构数据库互联技术、信息资源分类的技术等。[35]

（三）关于信息资源共建共享的研究

信息资源共建共享也是信息资源建设研究中一个非常热门的主题。作为国家社科基金项目“网络时代我国图书馆信息资源共享模式研究”的研究成果，李朝阳等通过对英国信息资源共享的主要形式——图书馆联盟作简要的划分，阐述了英国图书馆联盟的组织体制、管理体制以及经费来源，分析了英国图书馆联盟在信息资源共享中的主要活动内容、共享形式、共享特点及其存在的问题；[36]高波等在对澳大利亚图书馆联盟的管理机制与组织形式、经费来源、采用的技术标准、资源共享的形式与内容、资源共享的成果等5个方面进行介绍的基础上，总结了澳大利亚图书馆联盟的特点，指出澳大利亚图书馆联盟存在部门系统条块分割、经济压力大、馆际互借与文献传递的评价标准不恰当及资源共享发展不平衡等问题。[37]

赖辉荣通过对比当今比较盛行的两种资源共享形态——图书馆联盟和图书馆集群管理之间的异同，提出图书馆集群管理一般适合同一区域范围，而图书馆联盟则可以跨区域进行。在某个区域具备了较好的经济基础时，为了使该区域的信息资源得到充分的共享和利用，可以在这一区域实行图书馆集群管理；而在有着众多中小型图书馆存在的区域，可以先选择图书馆联盟形式。[38]

信息资源共享活动必须同时考虑效率和公平两个向度。信息资源共享参与方之间经常处于合作与不合作的矛盾关系中，为了更好地约束、引导参与方，孙瑞英等从“智猪博弈”模型视角解释了这种关系，认为采用合理的共享机制能够取得合作共赢效果，这种共享机制包括激励机制、约束机制和扶持机制。[39]

国家社科基金项目“文献资源共享系统的绩效评估研究”在肖希明团队的努力下取得了一系列的成果，[40]他们在界定信息资源共享系统绩效评估概念的基础上，介绍了国内外信息资源共享绩效评估的进展，论述了信息资源共享系统绩效评估的必要性，分析了系统科学理论、利益相关者理论、成本/效益理论、信息资源配置理论作为信息资源共享系统绩效评估支撑理论的指导意义。[41]他们还在综述国内外关于信息资源共享系统绩效评估要素研究的基础上，对系统观、资源观和功能观三种不同视角的要素进行了分析，提出利用统计标准和利用模型是两种确定信息资源共享系统绩效评估要素的主要方法，信息资源共享系统绩效评估应根据不同的评估目标综合应用多种视角并采用两种方法兼具的评估策略。[42]在如何具体选择科学合理的绩效评估方法方面，他们在借鉴并比较分析CIPP法、标杆分析法、平衡记分卡法、绩效参考模型法的基础上，认为：CIPP最适用于决策制定阶段，标杆分析法适用于持续改进阶段，平衡记分卡法适用于战略实施阶段，并尝试性地把PRM运用到信息资源共享系统中。[43]他们全面归纳了信息资源共享系统绩效评估的资源、服务、人力、成本四要素，提出了评估指标选取的可操作性、定性与定量指标相结合、统筹兼顾、开放性等原则，构建了40个三级评估指标并具体明确了其相对应的指标内涵。最后，他们还通过对NSTL的实证分析，对评估指标体系的科学性和可行性进行了验证。[44]

(四) 关于信息资源开放存取的研究

信息资源的开放存取近年来吸引了许多研究者的关注。如何在图书馆信息资源建设中利用免费的开放存取资源以弥补图书馆资源短缺的问题，已成为研究的热点。牛琳琳从分析开放存取对图书馆信息资源建设的影响出发，探讨了如何在开放存取环境下抓住机遇，把图书馆资源建设提升到一个新的高度。她认为，适宜图书馆信息资源发展的策略应该是建立包含开放存取资源的合理馆藏体系、整合馆藏资源与开放存取资源，建立统一检索平台和建立导航库、创建本馆特色的学科门户和机构知识库。[45]

黄如花介绍了联合国、国际图联、世界经济合作与发展组织、世界知识产权组织、国际科学技术信息委员会国际科学技术数据委员会、世界卫生组织和国际出版商协会在信息资源开放存取领域的有关活动，并基于对开放存取资源影响力的实证分析，论证了开放存取资源在丰富图书馆馆藏和提升图书馆服务质量方面的作用。[46]

杨桂莲认为开放存取对图书馆信息资源建设有四方面的影响：影响图书馆工作理念、影响图书馆工作方式和工作人员、影响图书馆信息资源建设经费、影响图书馆的信息资源共享。而图书馆为了能够更好地利用开放存取进行信息资源建设，必须加大对开放存取信息资源的宣传力度、积极参与开放存取活动、加强开放存取的技术研究、加强开放存取资源与馆藏资源的整合、及时调整电子资源的发展策略和成立图书馆联盟。[47]

赵研科认为开放存取影响力的日益扩大，给数字图书馆信息共享带来了机遇和活力。他在比较开放存取和数字图书馆信息共享之间关系的基础之上，提出了大力发展开放存取以促进数字图书馆信息共享的策略，即转变观念、创新数字图书馆信息共享体制、数字图书馆应充分利用开放存取资源并积极参与开放存取活动以扩展数字图书馆的功能、在全社会倡导开放存取精神和宣传开放存取资源。[48]

随着开放存取期刊数量不断增多，所覆盖学科领域和分布地域不断扩大以及语言种类的不断丰富，开放存取期刊对学术交流系统产生了相当积极的影响。胡德华采用平均影响因子、平均即年指数、平均 IF 百分位数和平均 ImInd 百分位数等指标，对 2001—2005 年的 9 个学科领域 596 种开放存取期刊进行了统计分析，发现开放存取期刊的质量总体上处于中等偏上水平，但是存在学科差异；开放存取期刊的质量稳步增长，并逐渐被科研人员所接受，已成为科研人员进行学术交流的重要工具。他认为，开放存取出版模式有助于提高期刊/论文的显示度和引文率，加快科学成果交流的速度。[49]

（五）有关信息资源评价和管理的研究

信息资源的评价与管理是图书馆信息资源建设的重要环节，其研究内容包括对馆藏文献资源的质量评价、馆藏文献发展规律的研究、馆藏文献资源的布局与调整等。

基于读者需求的文献资源质量评价，是要通过对馆藏文献满足读者需求的程度做出准确判断，从而为图书馆选择、采集文献资源提供依据。贺霞以所在图书馆为研究案例，在对读者利用图书馆等情况进行调查分析的基础上，提出馆藏文献资源质量评价应包括馆藏利用率、文献所产生的社会效益和经济效益、馆藏文献占学科文献的比例、馆藏文献资源的更新率等标准。[50]

汪跃春以馆藏流通统计的相对指标代替传统的绝对指标，通过实例统计回归，得出馆藏图书随着图书年龄增长被读者利用的概率呈指数衰减以及 8 个主要类别图书的指数方程，并对曲线变化规律与原因进行了分析，探讨了不同学科的变化差异、图书老化速度的纵向比较、电子图书对纸质图书老化速度的影响，指出了馆藏图书老化规律统计对馆藏布局、剔旧与馆藏文献开发利用的指导作用。[51]

随着越来越多的数字信息资源进入图书馆，使得图书馆信息资源建设面临更多的经济、管理、技术、法律等方面的问题，数字信息资源更需要进行质量优化才能确保本馆读者的需求。任通顺指出了图书馆数字馆藏质量优化需考虑的问题，包括：使用的软、硬件环境及方便程度；数字资源的内容质量；检索系统和检索功能；提供商的后续服务；成本效益分析；许可和保存以及对数字化前的现实条件分析；数字化内容的选择；数字化过程优化和数据标准规范；数据库管理和维护等。[52]

三、信息组织研究

信息组织对于用户的信息有效获取和利用起着至关重要的作用，因此，信息组织研究一直受到了研究者们的关注。2009 年信息组织研究在分类与编目、元数据以及新技术、新方法的研究方面取得了一些新进展。

（一）关于分类与编目的研究

对传统信息组织工具之一的叙词表的研究，主要集中在对叙词词间关系的探讨和计算机辅助叙词表的编制上。倪皓、侯汉清在研究中对比了国内外几种代表性叙词表的编制标准，分析了这些叙词表等级关系处理和显示的异同，指出随着网络技术的发展，叙词词间关系的处理及显示出现了以下几种变化，即词间关系的可视化显示；自定义词间关系；将本体引入次序表等。[53] 杜慧平则以 Term Tree 2000、MultiTes Pro 2007、WebChoir TCS10 为例，对国外叙词表管理软件的数据导入和输出、词的处理和控制、词间关系的处理和控制、叙词表查询与显示等功能的相关指标配置进行了研究，指出叙词表管理软件应加强互操作能力，增加可视化功能，以及拓展词间关系类型。[54]

而伴随着《中国图书馆分类法》（简称《中图法》）第五版的修订，文献分类法的研究也成为了一个热点。如在网络环境下怎样才能使分类法得到更好的应用，马张华提出，文献分类法在电子环境下应该进行相应的改造，包括专业领域的完备性改造、多维系统的构建和标引方式改进等多个方面。他认为底层类表和上层类表结合应用应该是多维类表构建的基本方式。[55] 陈立华就《中图法》（第四版）沿革注释符号“｛　｝”的使用进行了研究，通过大量实例说明了“｛　｝”符号的使用有需要修改之处，部分使用“｛　｝”符号标识的类目需要重新评定。[56] 孟英等则对《中文新闻信息分类与代码》进行了测评，通过对“类目数量”与“类目质量”两个大的方面进行比较，指出该分类表为新闻信息数字化提供了统一的标准，它的编写有利于新闻信息的整合与管理，有利于用户对新闻信息进行有效的检索。[57]

由于资源描述与检索（Resource Description and Ac2cess，RDA）是以《英美编目规则》（第 2 版）（AACR2）为基础，为数

字环境设计的适用于图书馆和其他信息机构进行资源描述与检索的内容标准，使得学习和研究RDA的有关知识成为了图书馆员尤其是编目工作人员的任务之一。霍艳蓉从RDA与AACR2、FRBR、ISBD以及MARC21之间的关系等方面分析了RDA，并就RDA的内容大纲、术语以及RDA Online的特点做了介绍，对人们全面深入了解RDA起到了积极的作用。[58]

（二）关于元数据的研究

在元数据研究方面，MODS（Metadata Object Description Schema）成为近来的研究热点。MODS中文译名是元数据对象描述模式，是在美国国会图书馆网络发展部和MARC标准办公室的共同努力下研制出来的。MODS考虑到了用户的多种需求，能够描述多种形态的信息资源，它的产生意味着不同图书馆系统的OPAC能够相互利用。近年来，国内虽然已开始了对MODS的研究，但真正尝试应用MODS的项目却比较少。

吴桂英在对MODS的研究中，首先分析了MODS元素结构，然后根据国外对MODS的实际应用，归纳出目前MODS的主要应用模式，继而对国内图书馆应用MODS提出了相关的建议。[59]刘圆圆、殷荣则对DC元数据及MODS元数据在数字图书馆中的应用进行了研究，通过对二者发展历史的回顾、元素集的分析、各自优缺点的比较，以及二者之间映射关系的探讨，得出了相关的研究结论：MODS在识别及描述数字信息方面比DC更具有明显的优势，符合复合图书馆对元数据的要求。[60]罗红燕等人也就MARC、DC、MODS、FRBR等文献编目元数据进行了比较，并通过对四种元数据的起源兴衰的研究，指出MODS表达方式更有利于元数据之间的互相映射，目的是给用户提供尽可能多的事先可能未曾想象到的相关的充足资料，以供用户更准确筛选文献。[61]

针对元数据元素语义结构的研究依然是2009年元数据研究的重点。孙丰满在国家社科基金重点资助项目“基于XML电子文件管理元数据标准研究”中，就电子文件管理元数据元素语义的结构化进行了探讨，指出在元数据元素语义结构的标准化过程中，元数据元素语义的结构化是最基本的语义结构化，是保证元数据基本元素和子元素理解的一致性、实现基本元数据和子元数据互操作的关键，标准化的元素语义结构在保证电子文件的真实性、可靠性、完整性，保证电子文件的法律证据价值方面起到了积极的作用。[62]

MARC元数据向DC元数据的转化也是元数据研究的一个重点。由于MARC元数据格式复杂，限制了馆藏文献资源的网络化数据格式，而都柏林核心元数据集由于自身的特点，能够很好地解决上述问题，因此MARC元数据向DC元数据的转化成为了数字图书馆建设的重要内容。石仙鹤、郑巧英介绍了一个用JAVA编程语言实现的MARC向DC元数据进行转换的程序，同时指出由于MARC字段众多，DC很难做到与其一一对应，因此需要建立一个相对完备的字段对照表，以减少信息的丢失。该程序不仅可以为元数据的转换提供一种思路，同时也可以为更多完备的转换软件的出现奠定基础。[63]

（三）关于信息组织新技术、新方法的研究

搜索引擎聚类、文本自动分类、本体应用、大众标注法等都是近几年信息组织研究和应用的热点。

近几年国外关于搜索引擎聚类的研究一直在稳步前进，一批代表性的聚类搜索引擎的出现，使得聚类搜索引擎的优劣逐步为公众所知。黄建年、侯汉清在研究中指出，采用聚类算法、重视结果的显示方式、关注用户提问信息、提供个性化服务均是聚类搜索引擎最显著的优点，应该引起人们足够的重视。针对目前聚类搜索引擎过分依托原生搜索引擎、没有形成专用聚类算法、搜索速度相对较慢、聚类层次有限等问题，他们对聚类搜索引擎的发展提出了一些建议，即实现人工聚类与自动聚类相结合、增加学术趋势分析功能、加强相关度研究等。[64]

文本自动分类是信息检索与数据挖掘领域的研究热点与核心技术，近年来得到了广泛的关注和快速的发展。文本分类技术应用广泛，在分类粒度较大、类目数量不多的行业分类中已逐渐趋于实用。但随着相关应用的发展及需求的不断提升，对于分类粒度小、类目数量庞大的多层分类仍存在很多值得研究的问题。何琳等人结合基于《中图法》知识库的多层自动分类项目的研究经验，分析了训练数据、特征词选择、分类算法、类目体系和评估方法等因素对多层自动分类的影响，对自动分类的适应性、稀有类别的处理、知识库更新、明显正确或错误数据的标注、标准数据集的制定等进行了深入的探讨。[65]

本体（Ontology）是关于领域知识的概念化、形式化的明确规范，是情报检索语言和信息组织领域的新方法，起初只是一个哲学范畴，后来被应用到人工智能、知识工程等多个领域。图书馆学有关于本体的研究，主要集中在基于本体的智能检索、基于本体的信息集成、基于本体的可视化检索等方面。[66]董慧等在国家自然科学基金资助项目“基于数字图书馆的本体演化和知识管理研究”中，提出了本体应用环境的概念与框架，并对其在数字图书馆环境下的具体应用进行了分析，开拓了本体理论的新应用。[67]司徒俊峰、曹树金在结合智能化本体方法的基础上，提出了一种基于用户本体和领域本体的面向个性化服务的信息组织模式，并详述了其中的资源描述、用户建模和信息重组 3 个模块的详细流程、描述语言和具体算法。[68]

信息可视化是一个较新的研究方向，它是将抽象数据用可视的形式表示出来，以利于洞察数据、发现信息，做出决策或解释数据，它为广大用户直观、方便地获取所需信息提供了有效途径。目前可用于叙词表词间关系可视化的工具或技术有三类：本体工具、主题图和 SKOS。王雯、徐焕良在研究中指出，三类工具在叙词表词间关系可视化方面都存在一定的问题：本体工具并不是专门的叙词表可视化工具，因此在各级类的设置、可视化效果等方面有着很大的不足；虽然主题图在可视化效果方面比本体工具更胜一筹，但在叙词表词间关系种类多样化的支持上却存在缺陷；而 SKOS 是一种相对较新的标准，整体还处于工作草案阶段，有待进一步完善。基于此，他们提出了一个适于叙词表词间关系可视化的逻辑模型，对本体的驱动、基于本体的检索功能、图形的动态切换与缩放等方面进行了改进，并用计算机语言实现了一个简单的本体可视化原型系统。[69]欧阳宁、胡飞燕则提出了《中图法》类目可视化设计思路，即以《中图法》基本大类作为研究对象，建立描述领域信息知识的本体，借助 Java 开发平台，设计可视化查询系统的结构框架，并经过推理调试，实现《中图法》类目信息的可视化查询功能。[70]同时，知识图谱作为信息可视化的一个重要分支，是利用信息可视化技术，根据引文分析、共现分析等理论构建的一种知识之间的网络，因此知识图谱在数据挖掘和知识发现等领域具有很大的优势。秦长江、侯汉清对构建知识图谱的理论以及构建知识图谱可用的软件进行了介绍，并就国内外知识图谱研究的发展作了具体的分析。[71]

分众分类法（Folksonomy，也被称为社会分类法、自由分类法、大众分类法），是由网络信息用户自发为某类信息定义一组标签进行描述，并最终根据标签被使用的频次，选用高频标签作为该类信息类名的一种网络信息分类的方法。[72]如今对这种新的分类法的研究受到了研究者的普遍关注。马狄伦、吴丹在中国博士后科学基金项目“网络学术信息的多语言表示与获取模式研究”中，就自由分类法对互联网、网络用户、图书馆、商业领域和其他组织机构等带来的影响、改变，以及产生的社会效益进行了分析，揭示了自由分类法在网络上的应用前景。[73]高彧、郭利伟则对大众分类法的优势及局限进行了研究，通过两个社会性网站 Zigtag 和 Fuzzzy 论述了大众分类法新的发展方向——语义标注。[74]羌丽等人也通过对豆瓣网图书的大众标注进行调查，将豆瓣网图书的大众标注与传统的主题标引进行比较，分析大众标注的优点与存在的缺陷，有针对性地提出了一些规范性意见和措施。[75]

《书目记录的功能需求》（Functional Requirements for Bibliographic Records，FRBR）研究报告是 IFLA 面对新的信息资源环境和不断发展的用户需求于 1998 年颁布的一个新的书目模型，它是 1961 年国际编目原则会议以来，国际编目原则和编目思维模型上的重大突破。当前国际编目环境发生了很大变化，对编目理论和实践提出了新的要求。正是基于此背景，FRBR 被正式提出，它从理论上探索了编目实体所具有的客观属性，以及实体之间的相互关系，并针对编目对象提出了立体化的编目工作模型。王松林在研究中针对搜索引擎资源组织的优缺点，提出将 FRBR 应用于图书馆信息资源组织，与章节化组织一起成为图书馆信息资源组织的两种有效途径，以解决信息检全率尤其是检准率的问题，并弥补网络阅读“短、平、快”的弊端。[76]曾伟忠也在研究中介绍了 FRBR 的基本内容，分析了国外在 FRBR 的应用进展，并对我国如何运用 FRBR 创新目录工作提出了建议。[77]黄艳芬则对基于 FRBR 的网络信息资源组织进行了研究，阐述了 FRBR 在网络书目控制及网络资源分类组织中的意义，提出了基于 FRBR 的网络信息资源组织模式，并对这一模式中的网络信息资源书目控制组织模式及网络信息资源分类组织模式进行了具体分析。[78]

简单知识组织系统（Simple Knowledge Organization System，SKOS）为知识组织系统（叙词表、分类法、主题词表、术语表等）提供了一套语义 Web 环境下简单灵活、机器可理解的描述和转换机制，使叙词表之间、叙词表与本体之间的共享成为可能。国内已有很多学者开始尝试将主题词表、叙词表用 SKOS 进行描述，以实现不同叙词表间的映射以及叙词表到本体的转换。刘丽斌等人在国家社科基金资助项目“基于分布式数据库构建分布式 Ontology 的方案设计与实现”的研究中，提出了以程序设计语言、数据库查询语言为基础，将《中国分类主题词表》电子版自动转换为 SKOS 描述形式的构想，并通过实践对该构想进行了检验。[79]

四、图书馆管理与服务研究

2009 年我国图书馆管理研究主要集中于管理学思想应用、图书馆管理体制、图书馆危机管理等方面；而图书馆服务研究，则在参考咨询服务、服务质量评价、服务新模式等方面得到较多关注。

（一）关于图书馆管理的研究

如果我们将图书馆管理视为管理的一个特定领域，那么管理学或者其他特定领域的管理学思想对图书馆管理一定会具有较强的借鉴意义。关于这方面的研究在 2009 年成果颇丰，许多学者试图将德鲁克人本管理思想、组织管理科层制、道家“无为而治”思想、儒家“絜矩之道”思想等应用于图书馆管理。作为教育部人文社会科学重点研究基地重大项目“数字信息环境下的图书馆管理研究”的研究成果之一，肖希明和王喜和的两篇文章见解独到。他们首先提出科层制在图书馆组织管理中是客观存在的，从积极方面来看，科层制满足了传统图书馆内部管理的责任制和协作的需要；然而科层制与当代图书馆的基本理念与原则也是冲突的，其负面功能使图书馆组织管理面临诸多困境。因此，图书馆组织的科层化有必要进行以人为中心的改造。[80]通过进一步研究，他们还提出科层制与人本管理的结合，是图书馆管理创新的必由之路，并通过分析科层制与人本管理结合的可能性和现实性，探讨了在科层制的基础上对图书馆管理进行人本改造的主要内容。[81]

在图书馆管理体制的研究方面，有关总分馆制是最近几年的研究热点，不过已有的研究大多针对公共图书馆。但近来高校图书馆总、分馆模式的研究与实践已开始引起研究者的关注。王琼借鉴现代企业组织结构理论的研究成果，运用制度经济学观点，从管理体制、运行机制以及制度安排三个方面对高校图书馆总、分馆的管理模式进行研究，提出应在总馆的统一领导和规划下，以大学科群为主建立学科分馆，通过建立矩阵式组织结构以实现总、分馆的协调发展和高效运作。[82]李辉华等人则从实证的角度出发，以实地调研为基础，从分馆的组建方式、建设规划和目标、文献资源建设、服务对象与内容、培训与监管等五个方面，对四所重点高校图书馆分馆的运行现状进行了梳理和比较分析。[83]

有关图书馆危机管理的研究依然得到了诸多学者的关注和参与，其中由周金龙领衔的国家社科基金项目“数字时代图书馆危机管理研究”所取得的一系列研究成果具有较大的代表性。孙杨等认为，现代信息技术与网络技术的发展给我国各类图书馆的管理和发展带来了新的要求和挑战，图书馆管理在领导者、组织结构、战略规划、制度建设等方面存在危机因素，必须采取积极措施加以应对。[84]韩毅等将图书馆视为一个系统，认为图书馆系统自身矛盾运动及其与环境发展的不适应，必然导致图书馆危机的产生，并以此为突破口分析了影响当前图书馆危机及其管理的重要因素，讨论了数字网络信息环境下图书馆危机的产生根源、基本类型和解决办法等。[85]马学良等则从图书馆服务危机的角度进行了研究，总结了图书馆服务危机的定义、特点，尤其是数字化背景下的特点，提出了服务危机的解决方案。[86]

（二）关于图书馆服务的研究

随着搜索引擎服务商信息服务的日益完善，用户信息获取能力的不断增强，图书馆服务理念的更新，以及 Web2. 0 技术的出现，图书馆参考咨询服务也在发生着越来越明显的变化。就在这种背景下，2009 年全国图书馆参考咨询工作会议召开了，此次会议以“协作·共进：新时期参考咨询工作探讨与展望”为主题，着重研讨了参考咨询工作的理论与实践、咨询服务体系、规范建立和特色服务等问题，并对新时期参考咨询业务的发展进行了展望。[87]翁畅平从开展参考咨询工作的四要素出发对图书馆参考咨询工作范式进行了探讨，指出我国图书馆参考咨询工作范式已经从基于文献的传统参考咨询过渡到基于服务的数字参考咨询，并正在逐步向基于用户的数字参考咨询演变。[88]而冯向春的研究则提出，图书馆虚拟参考咨询服务未来的发展将是向信息共享空间发展、借鉴搜索引擎在线问答服务模式、纵向沟通与横向联合发展、构建完善的服务管理机制。[89]

在网络环境下，为了更好地吸引读者、服务读者，国内外图书馆都在通过各种手段丰富服务内容、提高服务质量，其中，构建信息共享空间和知识共享空间就是一个很好的尝试。与此相适应，近年来相关的研究和实践在我国图书馆界也很活跃。

所谓信息共享空间（Information Commons，IC）是 20 世纪 90 年代初在欧美等国家的图书馆产生的全新服务模式。曾翠、盛小平从信息共享空间的定义与内涵、结构、模式、服务内容、知识产权、评估、实施案例和发展趋势 8 个方面述评了国外信息共享空间的研究进展；[90]刘青、刘勤则对信息共享空间在我国的发展进行了总结，他们用表格的形式描述了中国 19 所高校及科研图书馆已建成或正在筹建的 IC 现状，分析了中国高校图书馆 IC 构建的特点，并针对现存的问题提出了相应的对策。[91]

学习共享空间是继信息共享空间之后图书馆采用的又一新的服务模式，主要用于支持个性化和小组协作学习，为学习者提供信息服务和技术帮助。[92]李瑛在总结学习共享空间定义的基础上，重新界定了学习共享空间的概念与内涵，论述了学习共享空间特征，并结合国内外大学图书馆开展学习共享空间的实践，探讨了如何构建学习共享空间的相关问题。[93]目前，加拿大皇后大学图书馆和国内的上海师范大学图书馆在学习共享空间的实践方面具有一定的代表性，已成为许多学者观察和研究的对象。

社区信息服务最早出现于 20 世纪 60 年代的美国。经过近 50 年的发展，美国公共图书馆社区信息服务形成了注重专业化建设，服务内容多元、文化活动多样，细分服务对象、关注弱势群体，注重社区记忆的保存与服务，重视各类机构的支持与合作等诸多特点，[94]成为全世界学习的典范。为反映此研究领域的进展，付璐、李晓新全面综述了2003至2007年国内外的相关研究成果，从基础理论、服务内容、作用影响、服务方式和发展策略等方面对图书馆社区信息服务进行了分析。[95]王知津、张恒则探讨了网络环境下图书馆社区信息服务的新变革，分析了公民共享知识信息的图书馆服务模式，重点研究了Web2.0模式下网络社区信息服务建构的核心。[96]

图书馆的学科化服务继续得到广大研究者的关注与重点讨论。郝风素等人在对学科化服务的涵义、特征以及产生的背景进行分析的基础上，重点介绍了目前国内高校图书馆学科化服务的几种模式，包括学科馆员模式、学科信息门户模式、学科知识库模式和学科分馆模式等。[97]在这几种模式中，关于学科馆员模式的研究相对较多。目前学科馆员主要有四种服务模式，即“学科馆员—图情教授”协作模式、“学科分馆—学科馆员”组合模式、专职学科馆员直接负责模式以及高素质馆员兼职模式。[98]而在这四种服务模式中，“学科馆员—图情教授”协作模式和“学科分馆—学科馆员”组合模式在实践中应用得比较广泛。黄欣通过对“学科馆员—图情教授”协作模式和“学科分馆—学科馆员”组合模式的优劣势分析，构建了以“学科馆员—图情教授”协作模式为基础，以“学科分馆—学科馆员”组合模式为补充的新模式。在这种新模式中，学科讨论小组是重要内容，同时也是两种模式的结合点。她还以中国科学院国家科学图书馆学科馆员分布式协同工作模式，展示了学科讨论小组及学科服务支撑平台在新模式中的功能。[99]龙雪梅的研究则立足国内图书馆实情，指出了“学科馆员—图情教授”模式的不足，提出学科服务应由学科团队完成，学科馆员宜兼任学术秘书之职，可采用学科服务矩阵管理模式，设立首席学科馆员岗位，并引入学科信息共享空间。[100]

近年来国外图书馆界还出现一种全新的读者服务方式：Living Library。对这种起源于欧洲的图书馆服务方式，苏海燕认为，它通过借阅“活人”的方式减少偏见，促进理解和宽容，不仅更新了图书馆服务理念，更拓展了图书馆读者服务形式，对图书馆在网络环境下的发展极具开拓意义。[101]张立亚也分析了Living Library在国内外的发展趋势及对我国大学图书馆服务创新的启示，认为Living Library是我国大学图书馆构建学习与科研、创新与分享、文化与传承、静态与互动的知识文化环境与交流平台的良好契机。[102]

（三）关于图书馆服务质量评价的研究

关于图书馆服务质量评价的研究也是2009年我国图书馆学研究中的一大亮点，其中以施国洪研究团队在国家社科基金项目“图书馆服务质量评价体系研究”中取得的一组成果较有代表性。该研究团队首先对图书馆服务质量评价研究进行了回顾与展望，从图书馆服务质量评价不断发展完善的角度，将图书馆服务质量评价研究的进程划分为引入期、成长期与发展期三个阶段。在全面总结和分析图书馆服务质量评价研究的发展历程和主要研究成果的基础上，指出了未来的研究方向：图书馆服务质量评价的理论研究、图书馆服务质量评价模型的跨文化适用性研究、规模化和系统性的实证研究，以及图书馆服务质量管理研究。[103]

该研究团队在“图书馆服务质量评价模型的跨文化适用性研究”和“规模化和系统性的实证研究”等方面进行了深入的探索：如他们应用Kano模型探讨了图书馆服务质量的特性，以寻求图书馆服务质量的五种不同质量属性，并在此基础上用顾客满意系数研究了质量要素对满意程度的提高效果或对不满意的解除效果。此项研究结果表明，图书馆管理人员应首先满足用户认为的必备质量属性，其次当指标属性为一元属性时，具备的品质改善指标越高，应予以优先满足，最后应适当开发魅力属性指标；[104]应用Kano理论分析SERVQUAL模型22个指标中的魅力属性、一元属性、必备属性以及无关属性的数量，发现SERVQUAL的评价结果不具有很好的说服力，需要经过修正，如对必备属性指标和一元属性指标进行吸收，对低魅力属性指标考虑丢弃，去掉无关属性指标，加入我国文化背景下特有的一些服务指标等；[105]应用 PZB 的服务质量差距模型对我国图书馆服务质量的差距进行分析，从图书馆和读者两个角度分析产生这些差距的原因，提出了改进我国图书馆服务质量的措施、建议；[106]他们还基于 SERVQUAL 设计图书馆服务质量评价调研问卷，以我国 5 个大学图书馆的调研数据为依据，对问卷进行可信度和效度分析，将图书馆服务质量归纳为可靠性、个性化需求、魅力性、有形性、接触性和情感性 6 个维度，并对各个质量维度及其影响因素进行统计分析。他们认为，魅力性是读者评价最低的质量维度，有形性是读者评价最高的质量维度。该研究还进一步证实，性别和使用频率对读者评价图书馆服务质量有显著的影响。[107]

五、数字图书馆研究

2009 年，我国数字图书馆研究在理论层面及技术应用层面均取得了较大进展，尤其是在数字图书馆的理论研究、数字图书馆应用技术研究、数字图书馆的知识产权问题研究等方面取得的成果较多。

（一）数字图书馆的理论研究

姚星星等人对国内外数字图书馆的发展现状进行了总结，认为国外的数字图书馆研究比国内的研究更注重人的因素，其中用户研究和数字图书馆员教育成为重要研究课题；由数字化环境带来的新问题——开放存取、机构知识库和长期保存也成为研究的重点。而国内的数字图书馆研究则侧重在对个性化和互操作的研究方面。[108]李春旺、李宁撰文评述了 2009 年欧洲数字图书馆会议的总体情况，从数字图书馆与数字社会的关系、Web2.0 技术在数字信息服务中的应用、特定类型文献的数字化及服务技术、个人信息管理技术、数字图书馆互操作机制、Web Archive 等 6 个方面，介绍了当前欧美数字图书馆研究在理论、技术以及最佳服务建设方面的进展及发展趋势，为国内相关研究提供了参考。[109] 吴彩丽利用 CitespaceⅡ可视化分析工具，以从 Web of Science 中下载的 1997—2008 年的数字图书馆研究方面的数据为样本，进行主题、国家、机构和作者分析，发现国际上对数字图书馆研究的热点依次是：图形处理、分布式数字图书馆、网络、数字图书馆系统、资源收集和数字图书馆认知。她还通过不同国家、机构和作者分布的聚类图，揭示了各国数字图书馆研究的进展情况。[110] 苏娜也采用共词方法分析数字图书馆领域的研究主题和研究进展及趋势，指出在信息组织和描述标准方面，元数据和本体依然是研究的热点；而在技术方面，除了信息检索这个贯穿数字图书馆领域的研究内容，用户界面和用户研究已成为近年的热点；此外，对学习对象和数字仓储的研究、数字图书馆教育和评价研究也正在成为近年来研究者关注的对象。[111] 鞠彦辉等人则从系统技术框架、内容和元数据、语义技术应用三个方面分别对国外典型的三种语义数字图书馆系统 BRICKS、Fedora 和 JeromeDL 进行比较分析，认为三种系统各具特色，都对语义技术有较强的支撑。[112]

奉国和对数字图书馆的体系结构这一核心问题进行了研究，阐述了数字图书馆体系结构发展的状况，并指出网格、对等网、面向服务是下一代数字图书馆体系结构的发展方向。[113]

李卓卓认为，e-Learning 系统将是数字图书馆发展的一个方向，她从明确学习者需求入手，分析了基于数字图书馆的 e-Learning 资源整合优势，构建了网格技术下的 e-Learning 体系构架，并在此基础上给出了基于数字图书馆的 e-Learning 资源整合方案。[114]

吴志强等人提出，普适计算技术推动了新一代数字图书馆的研究和建设，普适计算的应用将对数字图书馆的形态、资源与服务等产生重要影响，因此，图书馆信息空间应与用户物理空间融合，并嵌入到用户的活动过程中，提供动态信息服务，建立“图书馆智能知识空间”和“泛在学习环境”，从而构建泛在图书馆。[115]

另外，作为数字图书馆系统结构的重要组成部分，关于网格知识组织系统（NKOS）的建设、标准化和互操作研究进展也较快。张继东等在国家自然科学基金资助项目“基于语义网格的数字图书馆应用模型”的研究中，利用语义网格技术来解决数字图书馆的互操作问题及检索性能的瓶颈问题，建立了一个基于语义网格的数字图书馆管理平台层次模型，并提出了实现这一模型的基本思路。[116]

吴晓骏、刘翔研究了数字图书馆环境下长尾服务的实现，他们通过对数据挖掘和语义网技术在数字图书馆中应用的分析，提出长尾的发现和组织是数字图书馆实现长尾服务的关键，并探讨了如何在数字图书馆环境下实现长尾的发现、组织与实现的方法。[117]张成昱等人则从一个新颖的角度——移动技术的角度探讨数字图书馆建设，并在研究系统结构设计、异构信息资源的整合和信息载体规模合理优化等几个关键问题的基础上，设计了清华大学无线移动数字图书馆系统（TWIMS）。[118]何颂英也以宁波市数字图书馆为例，介绍了区域性数字图书馆建设的经验，将宁波市数字图书馆坚持公益性原则，整合市内 18 家不同系统图书馆的资源，建立统一检索界面、统一身份认证的中心门户网站，实施 24 小时内文献传递答复机制等做法进行了归纳和总结。[119]

王卫军提出开展增值服务是数字图书馆获得可持续发展的必然选择，通过用户知识挖掘和学科知识挖掘可以有效地支持数字图书馆的增值服务。数字图书馆的增值服务包括效益增值服务、效用增值服务和服务体验增值，而基于知识挖掘技术的数字图书馆增值服务策略有超越用户需求服务策略、知识服务策略、人本服务策略等。[120]焦玉英、袁静研究了基于用户个性化需求的数字图书馆集成服务，提出了一个集成服务框架，并论述了服务的具体实现。该框架综合考虑用户的环境、偏好、需求以及数字图书馆服务组件的功能，主要利用 Web Services 技术实现不同数字图书馆系统中符合用户需求的子系统和组件的动态集成，以满足用户的个性化需求。[121]

数字图书馆的个性化问题可以细分为个性化服务、资源整合服务两部分。个性化服务是为了满足用户的个性化需求而构建的服务方式，其实质是对用户的兴趣、偏好、需求等进行描述，将隐含的用户需求显式化并存储到计算机内，由系统对用户信息进行维护。在个性化服务相关问题的研究中，2009 年出现频率最高的是基于本体的个性化服务研究。如袁静的研究旨在借助本体构建用户模型和对检索结果文档进行语义分析处理，以改善个性化服务的效果。[122]鲍翠梅也在研究中将本体引入对信息资源和用户兴趣特征的描述，提出在语义层次上实现数字图书馆个性化信息服务的系统框架模型，并分析了各个部分的功能，重点阐述了用户的兴趣建模和更新方法。[123]丁雪、张玉峰针对目前传统数字图书馆无法为用户提供准确个性化服务的问题，提出通过本体构建智能数字图书馆，并且分析了如何通过本体的作用使传统数字图书馆达到智能个性推荐的基本原理，探讨了基于本体的个性推荐中的关键性问题，即用户本体的构建，以及通过流程图诠释本体间的作用机制。[124]

（二）数字图书馆应用技术研究

数字图书馆应用技术研究中涉及最多的是有关知识组织的研究，如互操作、网格技术、语义网等都是研究的热点。孙雨生、董慧在教育部人文社会科学重点研究基地重大项目“数字图书馆网格应用模型研究”中对网格技术在数字图书馆个性化推荐中的应用进行了研究，分析了网格技术应用于数字图书馆个性化推荐的体系结构及其应用，力求为数字图书馆在海量、分布、异构信息环境下更好地开展个性化服务奠定基础。[125]

吴颖红关注了 OAI 协议这一新技术为数字图书馆带来的变革。OAI 具有简单性、开放性与灵活性等特点，可以很好地解决数字图书馆的互操作问题。她通过对基本的 OAI 协议与数字图书馆互操作方案存在的问题进行分析，着重探讨了基于网格技术的OAI协议的数据整合方法，并提出了与数字图书馆实现互操作的框架设想。[126]毕强、韩毅基于语义网格技术，探索了基于元数据本体的数字图书馆系统间的互操作策略，以期用来解决目前数字图书馆系统间互操作所面临的问题，即不同本体之间的互操作、跨语言跨文化的互操作、数字图书馆的发现与安全性等，提出了下一代数字图书馆系统间的互操作框架。[127]刘成山等研究了基于本体的数字图书馆语义互操作5S模型，提出了一种基于本体的数字图书馆的层次模型，即资源层、元数据层、本体层和互操作层，对各层的作用进行了阐述，并用OWL的抽象语法描述了各层的概念与关系，探讨了如何利用语义Web Services实现数字图书馆的语义互操作。[128]

李超、王亮也同样提出了一种基于网格的数字图书馆体系结构。该体系结构由资源层、本地服务层、中间件服务层和网格门户层构成，在这个体系结构的基础上，他们提出了一种分布式检索算法。通过原型系统的运行及模拟实验，证明该体系结构和算法能实现不同物理节点的互操作、方便用户通过统一的接口透明地共享资源且检索的效率很高。[129]王知津、于晓燕在探讨了网格环境下数字图书馆的设计目标与特点后，提出网格环境下的数字图书馆系统设计的4大功能模块为：内容管理、资源上载/下载、检索服务和权限控制。他们还根据网格的结构和数字图书馆的功能特征深入探讨了基于网格的数字图书馆的体系结构。[130]张自然、董慧对数字图书馆网格服务描述机制进行了研究，将数字图书馆网格中的服务特征进行分类，并基于这些特征分类进行了多属性的数字图书馆网格服务描述，同时对数字图书馆网格服务的语义描述层次问题进行了探讨，最后提出了基于本体的数字图书馆网格服务语义描述模型。[131]王常武等人则针对现有数字图书馆网格系统中存在的瓶颈、低扩展性及节点自主性差等问题，引入P2P自组织管理策略，试图用P2P和网格技术互补特性及自主性管理策略来弥补这些缺陷。他们在研究中首先提出了一个基于P2P自组织的三层数字图书馆网格结构模型，然后分析了模型的体系结构并对主要模块的功能进行了详细介绍，最后通过数字图书馆网格体系结构的 Petrinet 描述方法对模型进行了评价。[132]

云计算以用户为中心，提供强大的数据存储和网络服务等功能，是交往聚合与设备聚合的中枢。相对于传统图书馆，数字图书馆具有很多优点，但也面临着技术困境和服务困境，这些困境促使数字图书馆对云计算产生了现实需求。云计算以其特有的优势影响着数字图书馆的信息资源、信息用户、信息人员与信息设施，进而推动了数字图书馆的发展。[133] 王文清、陈凌结合云计算、SaaS、Web2. 0、SOA 等技术，基于 CALIS “十一五” 成果和三期建设的目标，提出了 CALIS 云战略和相应的数字图书馆云服务平台（即 Nebula 平台）模型。该模型适合于构建大型分布式的公共数字图书馆服务网络，能将分布在互联网中各个图书馆的资源和服务整合为一个整体，形成一个可控的自适应的新型服务体系，并通过对各种服务进行动态管理和分配，满足不同层次和规模的数字图书馆需求；同时还支持馆际透明的协作和服务获取，支持多馆资源的共建和共享，具有自适应扩展的能力。他们在研究中详细描述了 Nebula 云服务平台总体模型和主要服务功能，描述了平台的整合机制（包括开放接口和服务整合方式等），给出了数字图书馆公有云、私有云和混合云的构建方式，并提出了该平台建设需要解决的部分关键问题。[134]

黄卫春等人对服务器集群技术进行了深入的研究和分析，提出了如何采用服务器集群技术保证数字图书馆的高效性、高可靠性及可伸缩性的方案，设计了一个将集群服务和网络负载均衡技术联合使用的三层服务器集群结构。他们还通过对其性能的测试，证明了在数字图书馆中使用服务器集群技术对于提高网络整体性能、保证服务质量是非常有效的方法。[135]

韩毅根据 OWL-S 本体框架，基于 OWL-S 的三类本体 Service Profile，Service Mode，Service Grounding 来探讨基于 OWL-S 的数字

图书馆服务映射、服务发现及服务组合，提出了数字图书馆服务发现的思路与模型。[136]朱晓燕针对数字图书馆中不同类型之间的数据转换和数据共享问题，从若干方面对文档数据库与关系型数据库进行了比较，提出了基于 Microsoft 的开放数据库连接（ODBC）技术、使用 Lotus 脚本语言实现关系型数据与文档型数据间的相互转换的基本思路和具体解决方法。[137]徐健、张智雄研究了数字图书馆服务登记系统，指出其应具有服务发布、服务检索、监测和评估、支持服务工作流管理等功能，他们对具有代表性的服务登记系统 IESR、OCKHAM-DLSR、myGrid 和 OFSR 以及相关标准 ISO2146 进行了分析，提出了数字图书馆服务登记系统在发展中需要解决的问题以及相应的对策。[138]

（三）数字图书馆的知识产权问题研究

目前，数字图书馆建设中涉及的知识产权问题随着信息环境、资源发展和服务方式的变化而不断加大。余倩将近两年国外数字图书馆资源建设中的著作权问题研究进行了详细的梳理，指出数字图书馆在资源获取过程中涉及的著作权问题包括著作权保护技术、获取停印图书数字化版本涉及的著作权问题、特殊人群获取数字资源涉及的著作权问题以及电子学位论文获取涉及的著作权问题；在资源利用过程中涉及的著作权问题包括文献传递及馆藏资源数字化涉及的著作权问题和 e-Library 时代对受版权保护资源的利用；在资源存储过程中涉及的著作权问题包括自存储中著作权的转移和数据典藏的法律环境中涉及的著作权问题等。[139]周建强分析了数字图书馆发展过程中产生版权问题的原因，提出了数字图书馆发展中保护版权的若干方法，如将服务限定在一定的范围内、控制任意下载和复制、寻求自愿免费授权许可、寻求技术支持、加强网络运营商的管理等。[140]冉从敬也提出数字图书馆可以通过免费资源的充分挖掘、授权许可方式的合理采用、技术措施的充分保障、馆藏资源的增值加工、管理制度的不断完善和法定权利的积极争取等策略来尽可能规避这些风险，以提升图书馆的服务。[141]陈彩红、鲁欣还从数字图书馆与信息资源共享及知识产权三者之间的关系入手，讨论了数字图书馆在信息资源共享技术、网络资源整合共享、数据库资源共享以及馆际互借资源共享等方面存在的知识产权风险，并探讨了规避这些风险的措施。[142]

林爱群的研究则对数字图书馆知识产权的评估问题给予了关注，她针对数字图书馆的建设、管理和服务等环节所涉及的知识产权问题，论证了知识产权评估的重要性，并就如何利用市场对比法、替代成本法以及收益法等方法来进行数字图书馆的知识产权评估给出了详细的介绍。[143]

朱娜娜等人基于对授权要约及其法律依据的分析，探讨了数字图书馆通过授权要约和著作权集体管理相结合的模式取得海量授权的适用性，并针对现行著作权法在授权要约规定上的不足，提出了著作权制度效率改进的几点建议。[144]宗诚等人则针对目前“保留所有权利”的版权授权声明方式导致网络作品无法得到最大价值的利用或最广泛传播的现状，介绍了开放存取制度的产生原因和发展，分析了开放存取制度的理念，提出我国著作权法在理论和实践上都可以借鉴开放存取制度的相关理念，以重新构建著作权授权制度，解决传统著作权授权模式在数字图书馆所遇到的诸多问题。[145]马海群等人还探讨了现存的主要著作权授权模式，包括集体管理模式、授权要约模式、开放获取模式、补偿金支付模式、法定许可模式、创作共用模式、数字版权管理模式和著作权代理模式，通过分析这几种授权模式各自的优势和不足，指出这些授权模式存在整合的必要性与可行性。他们呼吁，应基于数字图书馆平台，整合现有著作权授权模式，以实现有效的信息获取自由。[146]

（四）数字图书馆其他相关研究

关于数字图书馆评价问题，吴建华、王朝晖建议将其分为微观、中观、宏观三个层次，并针对不同层次的评价问题，建立分层次的评价标准体系。他们在分析现有评价标准的基础上，提出了微观层次单体数字图书馆的评价标准，同时也对中观层次评价标准、宏观层次评价标准中相关的内容和指标给出了建议。[147]李友诚也依托数字图书馆馆藏评价的概念，从数据加工格式、数字资源收录信息的质量、信息描述与组织方法、数据构成时间等影响因素的分析着手，提出了一个由数字资源、服务质量、存储体等共同构成的数字馆藏资源的评价体系。[148]吕娜、余锦凤则在分析国内外基于焦点团体的数字图书馆评价研究的基础上，构建了基于用户、馆员和专家三个不同适用范围、三种类型的焦点团体评价研究框架，并将其应用到了数字图书馆项目规划、管理和服务等领域。[149]而赵丽梅、张庆普针对更具体的数字图书馆绩效评价问题进行研究，结合数字图书馆评价指标体系的特点，指出运用层次分析法和模糊数学方法进行评价，是目前最为简单易行而且科学的方法。他们尝试建立了一个关于数字图书馆绩效评价的模型，并给出了用层次分析法确定指标权重和模糊综合评价方法的实施步骤，对数字图书馆的绩效评价具有较好的可操作性。[150]王居平则选择基于群评价的方法来进行数字图书馆读者满意度指数测评，将不同专家给出的判断信息按照几何平均的方法进行组合，通过组合赋权，使得评价结果能较好地体现不同专家的信息，他还通过实例说明了这种方法对读者满意度指数的测评结果令人满意，表明该方法具有可行性。[151]

黄水清等人在国际标准 ISO27001 基础上提出了一种基于模糊数学、构建威胁场景、CVSS 以及风险矩阵相结合的综合评估模型。该模型通过对数字图书馆资产价值、威胁等级和薄弱点等级的分别判定，综合计算得到了数字图书馆信息资产的风险总值。他们还采用该模型对某一数字图书馆进行了实例研究，结果与该馆实际情况相符，证明该模型用于计算数字图书馆风险值具有一定的合理性和可行性。[152]

关于数字图书馆信息安全问题，李红玲等人介绍了数字图书馆体系中采用的安全中间件，详细分析了目前安全中间件中的关键技术，重点阐释了公共密钥基础设施（PKI 技术）。他们认为，PKI 利用密码学原理，借助公钥理论和技术，能够解决大部分的网络安全问题，为网络应用提供信息安全服务。他们指出，数字图书馆可以通过自动管理密钥和证书，使用户可以在多种应用环境下方便地使用加密和电子签名技术，为用户建立起一个安全的网络环境，从而在技术上解决网络上的信任问题。[153]

六、图书馆法治建设研究

随着 2008 年底我国《公共图书馆法》制定工作的正式启动，2009 年有关图书馆法治建设的研究也形成了高潮，其研究内容更广泛，关注的焦点也更多，但主要仍可归结为关于《公共图书馆法》的研究、图书馆立法研究、与图书馆立法相关的法规和标准研究、图书馆读者权利及保障研究等。

（一）关于《公共图书馆法》的研究

张云芳的研究较为全面地阐述了我国公共图书馆立法的若干问题，指出尽快确立和出台《公共图书馆法》是促进我国图书馆事业，保障公众利用图书馆权益的根本。她在简要回顾和介绍了我国公共图书馆立法的历史和现状后，提出了制定《公共图书馆法》的四点建议，包括加快立法进程；体现“以人为本”、“普惠全民”的基本原则；立法应立足国情、体现特色；立法框架结构科学合理等较为具体的内容。[154] 陈国英也同样强调了《公共图书馆法》立法势在必行，阐释了公共图书馆立法的作用和基本原则，并指出《公共图书馆法》不可能是包含图书馆事业方方面面的各项管理规定、规范，而应是图书馆事业发展的大政方针，是各地方政府制定本地区图书馆各项法规的根本依据和参照。[155]

也有一些学者从不同角度探讨了公共图书馆的立法问题，如赵晓强从国家利益的角度研究了中国公共图书馆立法进程缘何如此曲折，《公共图书馆法》应有什么样的基本制度安排，以及中国的公共图书馆事业应有什么样的最终保障等一系列在立法进程中至关重要的问题，论证了图书馆法是图书馆事业的有力保障，而图书馆事业对社会主义文化建设有重要且独特的作用，所以完善的图书馆法攸关国家利益。[156]而王坚方在研究中受到“好政治”精神的启发，从“好政治”的视角讨论了图书馆立法的原则，拓展了图书馆伦理学研究的新领域。他认为，图书馆对“好政治”命题的理解就在于国家秩序的正当性原则必须符合“大多数人的利益与幸福”这一法理特征，其中一线伦理的考量是对权利的肯定与坚守，其核心就是对人权的维护成为图书馆的立法理由，公共图书馆的大门要向社会所有成员开放，即“在低门槛里接纳陌生人”；二线伦理的考量是对分识的合理协调，其核心可以归结为“途中的道德”，即从多样性过渡到共识过程中的有效协调，具体体现在制度的弹性化和人性化上，彰显的是人类的宽容和智慧。因此《公共图书馆法》应当是一种两线理论不可偏废的理性秩序，无疑是一种好政治的体现。[157]

（二）关于图书馆立法的研究

关于图书馆法属性的研究也开始出现。郑敬蓉认为图书馆法的属性是对现实生活中图书馆与读者之间权利义务关系的反映，在市场经济体制中，其属性是私法，这表明了图书馆与读者之间是一种平等地位，读者权利与图书馆利益具有同样的重要性；并且通过对图书馆法的私法属性分析，提出了中国图书馆法应当以权利为价值本位。[158]但袁庆东则对郑敬蓉的观点表示质疑，他通过考察日本、韩国等地的图书馆法主要内容提出，图书馆法的主导性规范主要规定了图书馆的设置、机构组织、法律地位、运作、监督管辖、经费来源以及人员的任用资格等内容，是不折不扣的行政组织法，具有公法属性无疑。[159]

在图书馆立法的基础和调整对象方面，宋义认为我国图书馆法的立法基础主要由经济基础、社会基础、法学理论基础、立法实践基础四部分构成，从目前的情况看，我国图书馆立法已经具备了一定基础，但也仍然存在许多不利条件，需要重视和改进。[160]胡沐曦界定了图书馆法的调整对象是图书馆管理活动中存在的社会关系，具体有图书馆的设立关系、图书馆管理关系、图书馆的利用关系、馆际协作和文献资源共享关系、国家指定的图书馆与出版单位之间的呈缴本送缴关系等。[161]

在对图书馆立法中存在问题的探讨方面，刘丽斌认为我国图书馆法的制定受到了五个阻力因素的影响，即国民经济发展水平、图书馆的社会认知度、国家法制建设进程、图书馆统一管理机构和图书馆立法理论研究。[162]李高峰将我国图书馆立法现存的问题总结为八个方面，分别是立法心理非正常化、立法作用认知模糊、立法实践主体错位、立法研究存在偏差、立法管理系统上的阻碍、立法者无法应对环境变化、立法缺乏压力与动力、对国外图书馆立法的经验借鉴无所适从。[163]这些研究非常及时和中肯，重视并解决这些问题有助于推动我国图书馆立法的进程。

在关于地方图书馆立法的研究方面，赵玲玲从国内外图书馆立法的情况以及山西省图书馆事业发展的需求入手，运用翔实的调查材料和数据分析了山西省公共图书馆，尤其是市、县图书馆发展迟滞的主要原因，论证了只有立法才能保障山西省公共图书馆的生存，才能约束山西省公共图书馆事业迈入正规、健康、有序的良性发展道路。[164]吴静珍则选择了《北京市图书馆条例》《上海市公共图书馆管理办法》《深圳经济特区公共图书馆条例（试行）》《内蒙古自治区公共图书馆管理条例》《河南公共图书馆管理办法》等现行较有效的地方性图书馆法规进行比较研究，分析了这些法规的异同点及其出现的原因，探讨了它们对当地图书馆事业发展的影响。[165]

（三）与图书馆立法相关的法规、规章和标准研究

2009 年作为图书馆立法年，不仅图书馆立法研究空前繁荣，

与图书馆立法相关的法规、规章和标准的研究也有进一步的细化和深入。

李国新系统梳理了《公共图书馆建设用地指标》和《公共图书馆建设标准》历时三年多的编制过程，详细介绍了标准的性质、作用和七大特点。由于这两个标准覆盖了公共图书馆布局与建设的主要方面，吸收了近年来图书馆学研究的理论成果，首次提出了网点布局原则和服务半径指标，建立了以服务人口为主要依据确定建设规模的原则，形成了比较系统的基于现实水平且具有一定前瞻性的控制指标体系，提出了与现代图书馆服务方式相适应的内部布局与建设要求，充分关注了公共图书馆的环境建设，因此作为政府规范性文件，它们将为我国公共图书馆的建设提供决策标准、行为依据和监督检查尺度，其施行标志着我国公共图书馆设施建设开始步入规范化、法制化的轨道。[166]

张凤娥通过分析我国图书馆工作流程中涉及的有关文献信息资料的收集采购、加工处理、信息传播、服务等方面的法律法规的内容，如《出版管理条例》《电子出版物管理规定》《著作权法》等，提出在加快图书馆立法进程的同时，还应努力完善和健全图书馆的相关法律法规体系，不能厚此薄彼。[167]

有关图书馆法规、规章和标准的研究还有一个亮点，就是对国外相关情况的介绍较多。如刘璇在参考整理了大量文献后，介绍了美国公共图书馆标准的现状、指导思想、制定目的和内容、主要指标等情况，指出这些内容在公共图书馆服务人口的测算、馆藏标准、工作人员标准和设施标准等方面均可作为国际经验供我国借鉴。[168]王萱、徐珊则对英国、澳大利亚和日本三国与公共图书馆建设相关的规范性标准进行了介绍。[169]

（四）图书馆读者权利及保障研究

对读者权利及保障的研究近年来在图书馆法制建设研究领域也越来越受到关注，且取得了一些新的进展。

平等、自由、合法利用图书馆资源是读者的一种法律权利，经过过去几年的论证、宣传已被确认无疑。龙韬的研究进一步从法理角度阐释了读者权利的含义和基本内涵，并针对现实存在的种种读者权利保护误区，结合我国《公共图书馆法》立法支撑性研究工作方案，对读者权利法律保护的对策进行了深入的探讨，指出读者权利保护立法、执法中的政府职责、公共图书馆在读者权利保护中的法律责任和读者维权意识的培养才是实现读者权利法律保护的根本所在。[170]龙晓虹则提出了图书馆读者知情权的概念，认为图书馆读者有获得与他有关的情报信息的权利。她还归纳了影响图书馆读者知情权实现的四大不利因素，认为实现读者知情权是图书馆实现知识服务的前提，是图书馆事业自身发展的需要，也是有效保障读者其他权益的基础。她指出，实现图书馆读者知情权需要法制保障、完善图书馆管理机制、建立完整的信息传播网络和提高图书馆服务质量。[171]

随着图书馆法制研究的深入，一些学者提出，有必要建立专门的学科——图书馆法学。对于图书馆法学的研究体系，刘新蒙认为其主要是由图书馆法学理论、图书馆法原理、图书馆立法、图书馆法规体系、图书馆法律规范、图书馆行政行为、中国图书馆法史、外国图书馆法、中外图书馆法比较等内容构成的，指出图书馆法学是一门法学和图书馆学的交叉学科，研究图书馆法学的目的在于科学地总结图书馆法制建设的经验，指导我国图书馆法制建设的发展。[172]

参考文献

[1] 吴慰慈．中国图书馆学的发展与新一代图书馆学人的使命——在中国图书馆学会第八届学术研究委员会成立大会暨工作会议上的报告［J］．中国图书馆学报，2009（11）

[2] 黄宗忠．图书馆学的过去、现在与未来［J］．图书情报工作，2009（23）

[3] 吴建中．图书馆学的反思［J］．图书情报工作，2009（15）

［4］王宗义．专业思维与专业方法——关于当代中国图书馆学基础研究的散思［J］．图书情报工作，2009（21）
［5］王宗义．关于图书馆学基础研究的若干思考［J］．中国图书馆学报，2009（1）
［6］白君礼．准确把握图书馆学理论联系实际的内涵［J］．图书情报工作，2009（11）
［7］蒋永福．后现代图书馆学的理论品格［J］．国家图书馆学刊，2009（4）
［8］王平．“知识化”与“职业化”导向下图书馆学理论研究的冲突及思考［J］．情报资料工作，2009（5）
［9］傅荣贤．对图书馆学研究对象“知识说”的反思——从知识之学走向智慧之学的取向［J］．中国图书馆学报，2009（1）
［10］傅荣贤．对图书馆学研究中两个基本范式的反思［J］．中国图书馆学报，2009（1）
［11］钟丽萍，孟连生．论21世纪图书馆学研究新范式：询证图书馆学［J］．图书情报工作，2009（1）
［12］叶鹰．图书情报档案一体化的学理基础探讨［J］．图书馆杂志，2009（1）
［13］黄媛．对我国图书、情报、档案一体化管理研究的回顾与展望［J］．情报资料工作，2009（1）
［14］廉清．数学模型方法在图书馆学情报学中的应用研究［J］．情报探索，2009（12）
［15］王子舟．社会力量是近现代图书馆事业发展的原动力［J］．图书馆论坛，2009（6）
［16］柯平，洪秋兰，孙情情．公共文化服务体系中的图书馆与社会合作实证研究［J］．图书情报工作，2009（9）
［17］柯平，赵益民．基于实证的新中国图书馆事业发展若干问题研究［J］．图书馆论坛，2009（6）
［18］于良芝．公共图书馆服务的意义建构与认识盲点——对公共图书馆评估总结材料的话语分析［J］．中国图书馆学报，2009（7）
［19］蒋永福．公共图书馆与民主政治［J］．中国图书馆学报，2009（5）
［20］蒋永福．现代图书馆的五大基本理念［J］．图书情报工作，2009（21）
［21］刘兹恒．20世纪初我国图书馆学家在图书馆学本土化中的贡献［J］．

图书与情报，2009（3）
[22] 刘宇，罗方，王赞．论《图书馆学季刊》对民国时期图书馆学的贡献[J]．图书馆建设，2009（5）
[23] 顾烨青．民国时期图书馆学会考略[J]．山东图书馆学刊，2009（6）
[24] 范凡．民国时期图书馆学史上的一场学战[J]．山东图书馆学刊，2009（5）
[25] 张新鹤．国内外信息资源建设政策研究进展[J]．图书情报工作，2009（1）
[26] 肖希明，张新鹤．我国图书馆信息资源建设政策需求的调查与分析[J]．中国图书馆学报，2009（4）
[27] 张新鹤，肖希明．我国信息资源建设政策目标和重点研究．图书情报知识[J]，2009（11）
[28] 沙忠勇，孔令国．我国网络信息资源配置政策研究[J]．图书情报工作，2009（9）
[29] 郭太敏等．从江苏省高校图书馆特色数据库建设看特色库建设的发展[J]．图书情报工作，2009（19）
[30] 覃凤兰．广东省图书馆特色数据库建设的调查分析[J]．图书馆论坛，2009（6）
[31] 王婷，吴振新，高凡．国际网络信息资源保存的合作机制分析[J]．图书馆建设，2009（3）
[32] 刘兰．网络信息资源长期保存的问题与挑战[J]．图书馆杂志，2009（3）
[33] 王瑞．我国三大数字信息资源整合体系比较研究[J]．情报科学，2009（6）
[34] 刘瑜．图书馆信息资源整合模式探析[J]．图书馆学研究，2009（8）
[35] 蔡翠盟．浅论图书馆信息资源整合模式及其实现技术[J]．图书与情报，2009（5）
[36] 李朝阳，高波．英国图书馆信息资源共享模式研究[J]．图书情报工作，2009（3）
[37] 高波，王磊．澳大利亚图书馆信息资源共享模式研究[J]．图书情报工作，2009（9）
[38] 赖辉荣．图书馆信息资源共享形态之比较——联盟与集群管理[J]．情

报资料工作，2009（4）
[39] 孙瑞英，蒋永福．信息资源共享的效率与公平问题研究——基于“智猪博弈”模型视角分析［J］．图书馆建设，2009（2）
[40] 肖希明．应该重视信息资源共享系统的绩效评估研究［J］．图书情报工作，2009（19）
[41] 肖希明，文甜．信息资源共享系统绩效评估的理论意义与实践原则［J］．图书情报工作，2009（19）
[42] 李卓卓．信息资源共享系统绩效评估要素的分析与确定［J］．图书情报工作，2009（19）
[43] 卢娅，李卓卓．关于信息资源共享系统绩效评估方法适用性的探讨［J］．图书情报工作，2009（19）
[44] 张璇，肖希明．信息资源共享系统绩效评估指标体系的构建［J］．图书情报工作，2009（19）
[45] 牛琳琳．开放存取环境下图书馆馆藏发展政策研究［J］．情报理论与实践，2009（3）
[46] 黄如花．信息资源开放存取：国际组织的动向［J］．图书与情报，2009（5）
[47] 杨桂莲．开放存取对图书馆信息资源建设的影响［J］．图书馆工作与研究，2009（11）
[48] 赵研科．开放存取与数字图书馆信息资源共享［J］．图书馆，2009（5）
[49] 胡德华．开放存取期刊质量的学科差异与动态变化研究［J］．图书情报工作，2009（2）
[50] 贺霞．高校图书馆馆藏文献资源质量评价研究［J］．图书馆论坛，2009（1）
[51] 汪跃春．馆藏图书老化规律的实证及应用［J］．情报杂志，2009（3）
[52] 任通顺．图书馆数字馆藏质量优化研究［J］．图书馆工作与研究，2009（6）
[53] 倪皓，侯汉清．叙词间等级关系处理和显示的比较分析——兼论叙词词间关系处理和显示的新进展［J］．国家图书馆学刊，2009（3）
[54] 杜慧平．国外计算机辅助编制叙词表软件评价［J］．数字图书馆，2009（9）．
[55] 马张华，陈文广，赵丹群．对电子环境下分类检索应用的思考［J］．中

国图书馆学报，2009（1）

［56］陈立华．对《中国图书馆分类法》（第4版）沿革注释符号“{}”使用的实例分析［J］．图书馆建设，2009（7）

［57］孟英，肖宇锋，侯汉清．《中文新闻信息分类与代码》定量测评综合评述［J］．图书馆理论与实践，2009（10）

［58］霍艳蓉．浅议编目员如何应对 RDA 的到来［J］．山东图书馆学刊，2009（2）

［59］吴桂英．元数据 MODS 及其应用前景展望［J］．科技情报开发与经济，2009（8）

［60］刘圆圆，殷荣．DC 元数据与 MODS 元数据的对比分析［J］．图书馆论坛，2009（4）

［61］罗红燕，李章平，陈绍兰．MARC、DC、MODS、FRBR 等文献编目元数据比较［J］．图书馆学刊，2009（12）

［62］孙丰满．电子文件管理元数据元素语义的结构化探索［J］．中国图书馆学报，2009（1）

［63］石仙鹤，郑巧英．用 JAVA 实现 MARC 元数据向 DC 元数据的转换［J］．科技情报开发与经济，2009（21）

［64］黄建年，侯汉清．聚类搜索引擎探究［J］．图书馆学研究，2009（1）

［65］何琳，刘竟，侯汉清．基于《中图法》的多层自动分类影响因素分析［J］．中国图书馆学报，2009（11）

［66］卜书庆，刘华梅，王广平．近年来国内知识组织研究热点综述［J］．中国索引，2010（1）

［67］董慧等．基于数字图书馆的本体应用环境研究［J］．中国图书馆学报，2009（9）

［68］司徒俊峰，曹树金．面向个性化服务的信息组织本体模式［J］．情报理论与实践，2009（11）

［69］王雯，徐焕良．基于本体驱动的叙词表词间关系可视化系统的研究与实现［J］．图书情报工作，2009（5）

［70］欧阳宁，胡飞燕．基于本体的《中图法》类目可视化查询系统的设计［J］．图书情报工作，2009（3）

［71］秦长江，侯汉清．知识图谱——信息管理与知识管理的新领域［J］．大学图书馆学报，2009（1）

[72] 卜书庆，刘华梅，王广平. 近年来国内知识组织研究热点综述［J］. 中国索引，2010（1）
[73] 马狄伦，吴丹. 自由分类法的社会效应分析［J］. 图书馆学研究，2009（12）
[74] 高彧，郭利伟. Web2.0 环境下走向语义标注的 Folksonomy 研究［J］. 中国科技信息，2009（14）
[75] 羌丽，张学莲，侯汉清. 图书大众标注评介——以豆瓣网为例［J］. 图书馆杂志，2009（2）
[76] 王松林. 图书馆实体信息资源组织的两大发展路径［J］. 中国图书馆学报，2009（7）
[77] 曾伟忠. FRBR 的应用与我国目录工作的创新［J］. 图书馆学刊，2009（3）
[78] 黄艳芬. 基于 FRBR 的网络信息资源组织研究［J］. 图书馆，2009（4）
[79] 刘丽斌等.《中国分类主题词表》的 SKOS 描述自动转换［J］. 中国图书馆学报，2009（11）
[80] 王喜和，肖希明. 图书馆组织管理科层制分析［J］. 图书馆建设，2009（12）
[81] 王喜和，肖希明. 图书馆管理创新之路的探索——科层制管理与人本管理的融合［J］. 图书馆杂志，2009（11）
[82] 王琼. 高校图书馆总分馆管理模式研究［J］. 图书情报工作，2009（19）
[83] 李辉华等. 北京地区四所高校图书馆分馆运行现状调查分析［J］. 大学图书馆学报，2009（5）
[84] 孙杨，苏娜，周金龙. 数字时代图书馆管理危机［J］. 图书情报工作，2009（23）
[85] 韩毅，易飞. 数字网络环境下图书馆的危机与危机管理研究［J］. 图书情报工作，2009（23）
[86] 马学良，富平. 数字时代图书馆服务危机管理——基于 SWOT 分析及实现［J］. 图书情报工作，2009（23）
[87] 唐晶，马红健，张李江. 协作·共进：新时期参考咨询工作探讨与展望——2009 年“全国参考咨询工作会议”述评［J］. 图书馆建设，2009（12）

[88] 翁畅平. 图书馆参考咨询工作的范式演变及挑战 [J]. 图书馆学研究, 2009 (2)
[89] 冯向春. 图书馆虚拟参考咨询服务的变化与发展趋势 [J]. 图书馆论坛, 2009 (1)
[90] 曾翠, 盛小平. 国外信息共享空间研究进展 [J]. 情报杂志, 2009 (12)
[91] 刘青, 刘勤. 信息共享空间及其在中国的发展 [J]. 图书情报工作, 2009 (11)
[92] 宋惠兰. 从 IC 到 LC: 大学图书馆服务模式的构建与拓展 [J]. 图书馆学研究, 2009 (7)
[93] 李瑛. 学习共享空间: 内涵、特征与构建 [J]. 情报资料工作, 2009 (6)
[94] 胡立耘. 美国公共图书馆社区信息服务的特点 [J]. 图书馆建设, 2009 (5)
[95] 付璐, 李晓新. 近五年公共图书馆社区信息服务研究综述 [J]. 图书馆工作与研究, 2009 (5)
[96] 王知津, 张恒. 图书馆网络社区信息服务模式研究 [J]. 图书馆理论与实践, 2009 (3)
[97] 郝风素, 杨咏梅, 靳红. 高校图书馆学科化服务的特征及模式比较 [J]. 图书馆杂志, 2009 (4)
[98] 李红. "学科馆员—图情教授" 模式初探 [J]. 现代情报, 2004 (6)
[99] 黄欣. 学科馆员服务模式优化探讨 [J]. 图书馆建设, 2009 (8)
[100] 龙雪梅. 高校图书馆学科服务模式构想 [J]. 图书馆建设, 2009 (4)
[101] 苏海燕. Living Library——图书馆读者服务的另一扇窗 [J]. 图书馆建设, 2009 (11)
[102] 张立亚. Living Library 对大学图书馆服务创新的启示 [J]. 大学图书馆学报, 2009 (5)
[103] 施国洪, 王治敏. 图书馆服务质量评价研究回顾与展望 [J]. 中国图书馆学报, 2009 (5)
[104] 施国洪, 岳江君. KANO 模型在图书馆服务质量管理中的应用研究 [J]. 情报杂志, 2009 (8)
[105] 施国洪等. SERVQUAL 模型在我国图书馆服务质量评价中的适应性研

究——基于 Kano 理论［J］. 图书情报工作，2009（23）
［106］施国洪，刘潇，贡文伟. 论中国图书馆服务质量的差距及改进——基于服务质量差距模型的视角［J］. 图书馆学研究，2009（6）
［107］施国洪，陈敬贤，刘庆广. 大学图书馆服务质量读者感知与期望差距的实证分析［J］. 图书情报工作，2009（19）
［108］姚星星，屈鹏，谢静. 国内外数字图书馆研究与发展现状［J］. 图书情报工作，2009（7）
［109］李春旺，李宁. 2009 欧洲数字图书馆会议（ECDL）述评［J］. 现代图书情报技术，2009（11）
［110］吴彩丽. 国内外数字图书馆研究演进的可视化分析［J］. 图书馆理论与实践，2009（6）
［111］苏娜. 基于共词分析的数字图书馆领域研究主题及进展分析［J］. 情报杂志，2009（6）
［112］鞠彦辉，刘宏伟，牟冬梅等. 国外典型语义数字图书馆系统的比较研究［J］. 图书馆论坛，2009（6）
［113］奉和国. 数字图书馆体系结构研究［J］. 情报杂志，2009（7）
［114］李卓卓. 基于数字图书馆的 e-Learning 资源整合［J］. 大学图书馆学报，2009（2）
［115］吴志强，冉从敬，王义翠. 普适计算环境下的新一代数字图书馆［J］. 图书馆论坛，2009（4）
［116］张继东，许亮，李力. 基于语义网格的数字图书馆架构研究［J］. 情报理论与实践，2009（10）
［117］吴晓骏，刘翔. 论数字图书馆环境下长尾服务的实现［J］. 图书馆，2009（4）
［118］张成昱等. 关于移动数字图书馆建设的几点思考［J］. 图书馆建设，2009（9）
［119］何颂英. 区域性数字图书馆建设探究——以宁波市数字图书馆为例［J］. 图书馆建设，2009（10）
［120］王卫军. 基于知识挖掘的数字图书馆增值服务研究［J］. 情报资料工作，2009（2）
［121］焦玉英，袁静. 基于用户个性化需求的数字图书集成服务研究. 图书情报工作，2009（2）

[122] 袁静. 基于本体的数字图书馆个性化服务研究 [J]. 图书馆建设, 2009 (1)
[123] 鲍翠梅. 基于本体的数字图书馆个性化信息服务研究 [J]. 现代情报, 2009 (5)
[124] 丁雪, 张玉峰. 基于本体的智能数字图书馆个性化推荐用户本体研究 [J]. 现代情报, 2009 (12)
[125] 孙雨生, 董慧. 基于语义网格的数字图书馆个性化推荐研究——体系结构与总体框架 [J]. 情报理论与实践, 2009 (6)
[126] 吴颖红. OAI协议与数字图书馆互操作性研究 [J]. 图书馆理论与实践, 2009 (1)
[127] 毕强, 韩毅. 语义网格环境下基于元数据本体的数字图书馆互操作研究 [J]. 图书情报工作, 2009 (8)
[128] 刘成山, 赵捧未, 刘怀亮. 基于本体的数字图书馆语义互操作模型 [J]. 现代情报, 2009 (8)
[129] 李超, 王亮. 基于网格的数字图书馆体系结构及分布式检索的研究 [J]. 现代情报, 2009 (2)
[130] 王知津, 于晓燕. 基于网格的数字图书馆系统设计研究 [J]. 图书馆工作与研究, 2009 (12)
[131] 张自然, 董慧. 数字图书馆网格服务描述机制研究 [J]. 现代图书情报技术, 2009 (4)
[132] 王常武, 赵静, 张付志. 基于自组织的数字图书馆网格结构模型 [J]. 计算机应用研究, 2009 (4)
[133] 杨明芳, 袁曦临. 云计算环境下的数字图书馆 [J]. 图书馆建设, 2009 (9)
[134] 王文清, 陈凌. CALIS数字图书馆云服务平台模型 [J]. 大学图书馆学报, 2009 (4)
[135] 黄卫春, 徐茜, 黄雯等. 服务器集群技术在数字图书馆中的应用 [J]. 图书馆工作与研究, 2009 (8)
[136] 韩毅. 基于OWL-S的数字图书馆服务组合应用研究 [J]. 图书情报工作, 2009 (8)
[137] 朱晓燕. 异构数据转换在数字图书馆建设中的应用 [J]. 现代情报, 2009 (9)

[138] 徐健，张智雄．数字图书馆服务登记系统的功能及应用［J］．图书馆理论与实践，2009（5）
[139] 余倩．近两年国外数字图书馆资源建设中的著作权问题研究进展［J］．图书馆建设，2009（1）
[140] 周建强．数字图书馆发展与版权保护的若干途径［J］．图书馆工作与研究，2009（9）
[141] 冉从敬．规避数字图书馆知识产权风险的策略分析［J］．国家图书馆学刊，2009（2）
[142] 陈彩红，鲁欣．数字图书馆信息资源共享中的知识产权风险及规避［J］．现代情报，2009（1）
[143] 林爱群．数字图书馆知识产权评估探析［J］．图书馆，2009（3）
[144] 朱娜娜，马海群．授权要约在数字图书馆中的适用性探究及著作权制度效率改进［J］．情报资料工作，2009（5）
[145] 宗诚，马海群．数字图书馆视角的开放存取机制及著作权授权制度的优化［J］．图书情报知识，2009（5）
[146] 马海群，周丽霞．数字图书馆视角的著作权授权模式整合研究［J］．图书情报工作，2009（11）
[147] 吴建华，王朝晖．数字图书馆评价层次分析［J］．情报科学，2009（8）
[148] 李友诚．数字图书馆馆藏质量评价［J］．图书馆，2009（3）
[149] 吕娜，余锦凤．基于焦点团体的数字图书馆评价研究框架［J］．图书情报工作，2009（5）
[150] 赵丽梅，张庆普．基于模糊层次分析的数字图书馆绩效评价［J］．现代情报，2009（4）
[151] 王居平．基于群评价方法的数字图书馆读者满意度指数的测评［J］．农业图书情报学刊，2009（7）
[152] 黄水清，陈双喜，任妮．基于ISO27001的数字图书馆信息安全风险评估模型研究［J］．现代图书情报技术，2009（6）
[153] 李红玲等．基于公开密钥的高校数字图书馆体系信息安全中间件研究［J］．情报科学，2009（11）
[154] 张云芳．《中华人民共和国公共图书馆法》立法刍议［J］．湖北档案，2009（11）

[155] 陈国英. 公共图书馆法立法探讨 [J]. 消费导刊, 2009 (10)
[156] 赵晓强. 从国家利益看中国公共图书馆法 [J]. 前进论坛, 2009 (9)
[157] 王坚方. 对"公共图书馆法"两线伦理的考量 [J]. 大学图书情报学刊, 2009 (10)
[158] 郑敬蓉. 试析图书馆法的私法属性 [J]. 图书与情报, 2009 (1)
[159] 袁庆东. 图书馆法私法属性论质疑——兼与郑敬蓉女士商榷 [J]. 图书馆建设, 2009 (9)
[160] 宋义. 论图书馆法的立法基础 [J]. 高校图书馆工作, 2009 (4)
[161] 胡沐曦. 关于 21 世纪我国图书馆立法的思考 [J]. 晋图学刊, 2009 (4)
[162] 刘丽斌. 我国制定《图书馆法》的阻力因素分析 [J]. 图书馆建设, 2009 (5)
[163] 李高峰. 我国图书馆立法现存问题分析 [J]. 图书馆论坛, 2009 (10)
[164] 赵玲玲. 山西省公共图书馆立法浅议 [J]. 图书馆工作与研究, 2009 (3)
[165] 吴静珍. 我国地方图书馆法的比较研究 [J]. 图书馆杂志, 2009 (4)
[166] 李国新. 公共图书馆"用地"与"建设"标准的性质、作用和特点 [J]. 中国图书馆学报, 2009 (1)
[167] 张凤娥. 我国图书馆相关法律法规的内容分析 [J]. 图书馆建设, 2009 (5)
[168] 刘璇. 美国公共图书馆标准概况及启示——以《威斯康星公共图书馆标准》为例 [J]. 图书馆建设, 2009 (7)
[169] 王萱, 徐珊. 英国、澳大利亚、日本的公共图书馆建设指标 [J]. 中国图书馆学报, 2009 (1)
[170] 龙韬. 论读者权利的法律保护——以公共图书馆为例 [J]. 图书馆, 2009 (5)
[171] 龙晓虹. 图书馆读者知情权及其保障 [J]. 图书馆界, 2009 (1)
[172] 刘新蒙. 略论图书馆法学的研究体系 [J]. 图书馆学研究, 2009 (4)

(参加本课题研究的成员有: 北京大学信息管理系 2010 级博士研究生陆晓曦、于春明、尹培丽、黄红华、张勇)

分报告八：中国图书馆学会

中国图书馆学会是由全国图书馆及相关行业或机构科技工作者自愿结合成立的全国性、公益性、学术性、非营利性的群众团体，是党和政府联系图书馆工作者的桥梁和纽带，负有孕育创新思想、激发创造活力的重要功能，承担着促进学科发展和人才成长、推进自主创新、传播科学文化、规范学术行为、促进学术生态建设、提供服务和反映诉求等重要职责，因此，中国图书馆学会是我国图书馆事业发展中不可或缺的、发挥独特作用的一支重要力量。

2009 年是中国图书馆学会成立三十周年，也是换届选举年。在理事会的领导下，学会围绕国家文化、教育、科技事业发展大局，以满足图书馆事业、图书馆工作者和广大会员的需求为出发点，深入落实科学发展观，完善学会自身建设，倡导学术创新，促进资源共享，扩大交流合作，积极推进全民阅读与科普活动，为推动我国图书馆事业和谐发展作出了应有的贡献。

一、完善组织建设，健全荣誉体系，提高依法办会、民主办会的能力

2009 年 7 月，中国图书馆学会召开第八次全国会员代表大会，选举产生由 138 名理事组成的第八届理事会，实现了新老理事会的成功交接，为学会发展奠定了组织基础。召开了中国图书馆学会七届八次、九次和十次常务理事会，七届五次、六次和八届一次理事会等工作会议，审议通过《中国图书馆学会青年人才奖评选办法(试行)》等重要文件，体现了学会依法办会、民主办会的宗旨。召开了“2009 年秘书长联席会暨《中国图书馆年鉴》工作会议”，

与各分支机构和地方学会加强沟通与合作，促进了整体工作的协调与统筹。

学会为会员服务的能力稳步提升，首次设立了“中国图书馆学会青年人才奖”，全国27个机构和组织参与推荐，最终15位青年人才获奖；首次设立了“会员论坛之星”奖，20位参与中国图书馆学会网上“会员论坛”征文的会员获奖。这些奖项的设立对于完善学会荣誉体系、鼓励青年人才脱颖而出、提高会员参与度和归属感发挥了积极作用。2009年新发展个人会员1332人，单位会员14个，完成了会员数据库和“会员论坛”的更新与维护。

二、搭建学术交流平台，鼓励创新求实，促进图书馆理论与实践相结合，推动事业发展

11月2至6日，“2009中国图书馆学会年会暨三十周年会庆纪念大会”在广西南宁召开，会议主题为“中国图书馆事业：科学·法制·合作”，来自全国各地的业界代表800余人出席，会议共收到征文1363篇，其中711篇论文分获一、二、三等奖，27个机构和单位获组织奖。本次年会增加分会场设置，大大提高了与会者参与度和话语权，16个分会场形式灵活多样，内容精彩纷呈，气氛热烈有序，赢得代表一致好评。“中国图书馆学会三十年图片展”和“2009年中国图书馆应用技术与专业设备展览会”同期举办。

各专业委员会及机构搭建多元平台，围绕“数字资源建设与共享”、“数字图书馆与开放源代码软件”、“政府公开信息服务”、“中外政府信息公开制度比较”、“中小型公共图书馆的科学发展与创新”、“基层图书馆的合作与可持续发展”和“普遍开放、平等服务、以人为本——解读《图书馆服务宣言》”等主题举办研讨会、论坛等，1100余人参会，征文1340篇，693篇论文获奖。学术活动倡导“百花齐放、百家争鸣”，鼓励学术创新，为推动学科建设与图书馆实践相结合起到了积极作用。

三、加强决策咨询，参与图书馆立法研究，出色完成政府委托项目，推动行业标准规范落实

受文化部、国家图书馆共同委托，开展《公共图书馆法》立法支撑性研究工作，业界70余位专家学者参与，召开“新年峰会”等20余次专题会议，完成了百余万字的《〈公共图书馆法〉立法支撑性研究报告》，对推进图书馆立法进程作出了重要贡献。完成中国科协全国学会改革创新试点项目“《公共图书馆建设标准》的编制、推广及工作经验研究”，形成专题报告、论文、专著、展览、培训、政府咨询建议等18项成果，在科技社团承接政府职能转移的实践与经验方面做了有益的探索，学会自身的决策咨询和理论研究的能力得到了提升。受文化部委托编制《乡镇综合文化站建设标准》并进入送审阶段，体现了学会在建立和推广行业规范标准领域取得的新成绩；通过政协委员向全国政协提交了关于建立行业志愿者机制和加强农村、基层中小学图书馆建设等提案。

四、促进业界资源共享，深化行业服务，支持西部和基层图书馆建设

“2009志愿者行动——基层图书馆馆长培训”在重庆、宁夏、海南、江西和云南等地成功实施，来自全国各地的志愿者为622名基层图书馆馆长提供了培训服务；“全国图书馆志愿者行动”（2006—2008）荣获第三届文化部创新奖和2009年国家图书馆馆长特别奖，为支援基层图书馆建设树立了典范。“全国数字图书馆建设与服务联席会议”第七次和第八次会议围绕数字图书馆服务政策、资源建设和安全管理等主题展开讨论，形成共识，并签署了系统间的资源共建共享协议。实施中国图书馆学会专项资助项目，

颁发了 2009 年韦棣华奖学金。

五、巩固中国图书馆界的国际地位，成功实施政府项目，拓展民间交流渠道

受文化部委托，成功实施了“中美图书馆员专业交流项目”，这是中美图书馆界首次政府级项目。10 位馆长赴美研修，38 位美国专家赴北京、江苏、甘肃、陕西、广西等地，与 751 名中国馆员开展业务交流，该项目开辟了中美两国图书馆界交流与合作的新局面，是中美建交 30 周年之际重要的文化活动之一。推举中国图书馆学会副理事长朱强参加国际图联管理委员会委员竞选并获得成功；鼓励并推荐中国代表在国际图联专业组中担任职务，加大了中国在国际图书馆界的话语权。米兰“第 75 届国际图联大会”期间，学会为 80 余位国内代表参会提供专业服务，利用网站发布征文信息，鼓励中国馆员参加投稿，配合中文工作语言组，做好大会服务；在图书馆行业组织专题会场介绍中国图书馆学会的经验，赢得了与会代表的认可和好评。与德国歌德学院联合举办慕尼黑“图书馆与阅读论坛”，拓展了阅读推广工作的交流渠道。

六、推进“全民阅读”活动深入开展，加强科普工作，形成行业特色和规模效应

学会“全民阅读”活动以“让我们在阅读中一起成长”为主题，首次推出“全国少年儿童阅读年”，依托少年儿童图书馆专业委员会（现名未成年人图书馆服务专业委员会），在中宣部、文化部的支持下，以全国少儿图书馆与公共图书馆的各主旨活动为核心，全年共举办阅读活动 100 余项 3400 场次，400 余万青少年踊跃参与，活动水平高，覆盖面广，影响大，盛况空前，取得了良好的社会效益。“国家图书馆文津图书奖”推广活动在长春、重庆、

东莞、南宁和南京等5地成功实施，扩大了该奖项在全国的影响力。与中国建筑学会建筑师分会合作评选“建筑中国六十年暨第二届中国建筑图书奖”；参与主办“4·23国家图书馆文津广场活动”；召开“第三届全民阅读论坛”；与《新华书目报》、全国古籍出版社联合会合作，实施“全民阅读赠书计划”，向广西壮族自治区基层图书馆捐赠30万码洋新书。中国图书馆学会连续6年开展的“全民阅读”活动，得到了政府、社会和业界的充分肯定，被中宣部评为“全民阅读活动先进单位”。

学会配合全国科技周、科普日等，主办了“09湿地中国行”、“少儿科普作品成果暨建国六十年优秀少儿科普图书展”和“院士专家校园行”少儿科普讲座等科普活动；举办了“《全民科学素质行动计划纲要》科普展”11场、科普讲座62场，成为中国科协科普活动的一支颇具特色的生力军。

七、发挥专业出版物和公共媒体的传播优势，办好网站、会刊、会讯，服务学科建设、学术研究和事业发展

2009年《中国图书馆学报》进一步提高办刊质量，蝉联图书馆专业期刊排名第一；《中国图书馆学报》英文年刊的创办，标志着中国图书馆学会会刊逐步向国际化方向迈进。《中国图书馆学会工作通讯》全年发行量57 000册；创办《中国图书馆学会电子特刊》（试刊），推出“全民阅读”和“志愿者行动”专辑，突破原有的传播方式，加大了学会重要活动的宣传力度。编辑《中国图书馆学会史》《中国图书馆事业发展报告2008》《中国图书馆学会年会论文集（2009年卷）》和《基层图书馆实务丛书》等专业书籍，加强了图书馆理论与实践领域的研究，梳理和总结了学会的发展历程。2009年学会网站新增二级类目15个、稿件1600余篇、照片1600余幅，点击率增长了56%，总浏览量突破50万人，成

为业界信息交流的重要平台。重视发挥平面媒体、数字媒体和专题展览等传播平台的作用，2009 年平面媒体报道量达 26 万字，专版宣传量比 2008 年增加了 2 倍，有效地扩大了宣传工作的深度和广度，提高了学会的行业影响力和社会知名度。

八、经验与不足

（一）经验

1. 树立科学发展观是学会不断前进的基本理念

2009 年，学会以科学发展观为指导，各项工作稳步开展、立体推进。新老理事会顺利交接、学会荣誉体系不断完善、会员服务领域逐步拓宽，体现出学会依法办会、民主办会、科学办会的理念。学会着力推进公共图书馆立法进程，并提供支撑性研究，参与和指导行业标准的编制与贯彻工作，大力推广《公共图书馆建设标准》，制定《乡镇综合文化站建设标准》，推动图书馆事业沿着科学化、法治化的方向发展。

2. 承接政府项目为学会赢得广阔发展空间

随着政府职能的进一步转变，学会承接了若干政府转移或委托的工作，这使得学会自身的行业指导与协调功能得到了强化，发展空间得到了进一步拓宽。中国科协委托的改革创新试点项目，文化部委托的立法研究、《乡镇综合文化站建设标准》编制和中美图书馆员交流等项目，深化了学会工作内涵，拓展了工作界面，不仅发挥了为政府决策提供咨询服务的作用，也为各级各类图书馆提供了切实的帮助，有效地提升了学会的行业地位和凝聚力。

3. 服务立会是学会生存与发展的价值所在

服务会员、服务业界是学会的核心任务。2009 年学会服务工作在原有工作的基础上继续深化、优化，针对会员开展了先进学会、优秀会员和优秀学会工作者评选，首次推出了“青年人才奖”

和“会员论坛之星”评选活动；针对基层图书馆的需求，“志愿者行动”在5地实施并已覆盖了全国2/3的省份，受到了政府和业内的一致欢迎。事实说明，服务是学会的立会之本，也是学会的价值所在，只有做好为事业大局、为图书馆、为会员服务的工作，才能为学会发展赢得信誉、地位和机遇。

4. 开展广泛合作是学会发展的重要途径

学会积极拓展合作渠道，与国内外政府、非政府机构、媒体和各级各类图书馆开展合作，推动各项工作取得长足进展。“志愿者行动”、“中美图书馆员专业交流项目”、“全国少年儿童阅读年”、“国家图书馆文津图书奖”推广等活动的成功实施，都离不开政府的信任，同行的响应和社会的支持，是各单位通力协作的结果。实践证明，构建良好的公共关系环境，赢得八方支援是全面推进学会工作的必由之路。

5. 维权代言是学会应尽的职责

学会抓住参与立法研究、编制行业标准、提交人大或政协提案等有利时机，关注公众权益，立足行业发展，积极建言献策，努力成为保障公民文化教育权益和维护图书馆行业、图书馆工作者权益的代言人。

6. 国际交流与合作是提高学会工作成效的重要抓手

学会以承担“中美图书馆员专业交流项目”为契机，国际交流工作取得了重要突破。学会在图书馆，特别是基层图书馆国际交流领域的引领与服务作用得到了充分的彰显，中美基层图书馆交流的深度和广度得到明显加强。中美系列交流活动为学会赢得了良好的社会效益，为今后交流工作的持续开展积累了经验，奠定了基础。

（二）不足

事业发展和会员需求的增长对学会的服务能力提出了更高、更多的要求，因此，加强自身建设，提高服务能力的问题迫在眉睫。

在新形势、新政策和新技术环境下，学会各专门工作委员会要进一步发挥学术引领与交流作用，促进理论与实践的有机结合；分支机构要进一步强化责任意识，提高执行能力和运作水平。学会应进一步加强与图书馆相关企业的联系与合作，共同为图书馆各项工作提供服务、带来效益；应加强对基层及中小学图书馆的援助和扶持力度；应加强图书馆管理与绩效评估的研究与实践探索；应结合国家节能减排战略的实施和图书馆建设标准的贯标工作，倡导并推行节能环保理念，为图书馆和社会创造新的效益。

九、发展前瞻

2010 年是深入学习胡锦涛总书记在中国科协成立 50 周年大会上的讲话和李长春同志在庆祝国家图书馆建馆 100 周年大会上的讲话精神，进一步贯彻落实科学发展观，推进图书馆事业法制化、规范化、社会化和国际化进程，全面促进图书馆事业科学发展的重要一年。为“十一五规划”的落实和“十二五规划”的制订做好顺利过渡。中国图书馆学会要抓住时代机遇，深化服务意识，加强理论研究，积极投身图书馆实践，促进行业协调发展；要求真务实，积极参与推进图书馆立法进程，关注基层图书馆需求，倡导图书馆节能环保理念，丰富科普阅读活动，扩大国际交流领域；要以网站和出版物为阵地，扩大图书馆社会影响力，促进图书馆事业和谐进步。

（一）搭建学术交流平台，规范学术研究行为，促进图书馆学理论与实践的繁荣和发展

在吉林长春举办“2010 中国图书馆学会年会”，主题为：提升能力与效益　促进学习与创造。同期举办“2010 中国图书馆应用技术与专业设备展览会”。在江苏江阴举办“中国图书馆学会第三届百县馆长论坛”，主题为：构建体系、提升效益、持续发展。加强欠发达地区县级基层图书馆发展现状、新技术环境下图书馆发展

对策等热点、难点问题，以及图书馆在构建公共文化服务体系、建设和谐社会和学习型社会中的地位与作用等事关图书馆发展大局的宏观问题研究。加强图书馆行业科研诚信建设，促进学术创新，贯彻执行《科技工作者科学道德规范（试行）》和《学会科学道德规范（试行）》。依托相关专业委员会重点开展公共图书馆绩效评估机制和图书馆从业人员专业化问题调查及对策等研究。

（二）加强学会自身建设，制订发展纲要，完善组织体系，强化会员的责任和权利意识

成立新的分支机构国家图书馆分会，完成新一届专门工作委员会的组建。加强会员服务，构建学会文化，推出“会员日”、《中国图书馆学会会员手册》、图书馆文化系列展和《图书馆员的情怀》等。建立健全学会荣誉体系，积极申报设立中国图书馆学会科学技术奖。

（三）积极建言献策，加大参与度，为国家相关政策法规的制订提供支撑研究

在文化部的领导下，与国家图书馆共同完成《公共图书馆法》立法调研及咨询工作，并陆续推出研究成果。完成文化部委托的《乡镇综合文化站建设标准》编制工作。

（四）关注行业需求，为基层图书馆的发展提供援助，促进科研成果在图书馆实践中的应用

在浙江杭州举办“中国图书馆学会2010新年峰会”，讨论《公共图书馆法》立法、“志愿者行动”、“图书馆的统计与评价”等议题。在辽宁、福建、内蒙古、广东、浙江、江苏等地开展“志愿者行动”基层图书馆馆长培训。深入推进《公共图书馆建设标准》贯标工作，倡导低碳环保理念，为图书馆的新馆建设和节能改造提供专业咨询。实施年度专项资金计划，完成2010年度韦棣华奖学金评审等工作。在政府部门的支持下，组织召开“全国数字图书馆建设与服务联席会议”，开展数字图书馆服务政策、资源建设和安全管理等方面研究，推进各系统图书馆间的资源共享与协调发展。

（五）提升国际交流的层次和水平，以项目促合作，扩大中国在世界图书馆界的影响力

组织图书馆界专家学者参加瑞典哥德堡第76届世界图书馆暨信息大会（国际图联大会），并提供专业咨询与服务，主题为：“开放存取知识——促进可持续发展”。实施“中美图书馆员专业交流项目”。6月，实施“图书馆学教育专题交流子项目”和“图书馆技术专题交流子项目”；3、5、7月，在四川、重庆、广东、天津、山东、上海、安徽、吉林、黑龙江等9省市实施“图书馆专业普及交流子项目”；8月，完成苏州图书馆和东北师范大学图书馆的“中文信息共享平台试点子项目”，预计将有中美图书馆界同行1000余人参与。在北京与国家图书馆及美国国会图书馆和美国研究图书馆协会共同举办“第五届中美图书馆合作会议”，主题为：数字资源的共享及面临的挑战。组织中国代表赴韩国访问，并出席韩国图书馆协会年会。

（六）加强阅读推广工作，参与学习型社会建设，促进“全民阅读”向深度和广度发展

抓住“世界读书日”、“世博会”的契机，以“保障阅读权利，享受阅读快乐”为主题，组织多种形式的阅读活动，包括“手牵手——农村青少年阅读行动”、“和平杯”第二届全国读书漫画大赛、全国少年儿童“辛亥革命”百年纪念征文、“第三届中国建筑图书奖”评选、“国家图书馆文津图书奖”推广和第四届全民阅读论坛等。与歌德学院联合举办“德国当代童书插画展”及德国儿童阅读专家讲座；5月，在新加坡与新加坡国家图书馆管理局

CVPL机构联合举办“中新儿童阅读推广研讨会”，组织国内代表出席并发言，同时观摩“读吧！新加坡2010”国家阅读节活动。围绕低碳、节能、环保等主题，以图书馆为阵地在科技周、全国科普日和中国科协年会科普板块开展面向公众的科普宣传活动。

（七）发挥网站和出版物的阵地与传播作用，促进沟通，增强互动，服务学术与事业发展

完善学会网站，及时收集、发布学会及业内的各类信息，加强信息的整合与分析。编辑、出版、发行《中国图书馆学报》6期及其英文年刊；召开“第十二次全国图书馆学期刊工作研讨会”。编发《中国图书馆学会工作通讯》6期，制作《公共图书馆法》立法、“全国少年儿童阅读年”和“中美图书馆员专业交流项目”等电子专刊特辑。与国家图书馆共同主编《中国图书馆年鉴2009》；编辑《中国图书馆事业发展报告2009》；编辑、出版《中国图书馆学会年会论文集（2010年卷）》。加强媒体宣传力度，充分发挥《图书馆报》的作用，全面深入地反映图书馆界的现实状况、问题对策和发展趋势。

（八）依托分支机构、专业委员会开展多层次、多方面的学术与行业交流活动

依托专业分会举办“图书馆发展趋势”国际专家论坛和2010“专业图书馆信息技术的应用、服务和创新”学术研讨会；依托高校分会举办“2010高校图书馆发展论坛”和“中国图书馆馆员暑期培训班（美国伊利诺伊大学）”；依托中小学图书馆委员会举办第十届全国中小学图书馆工作高级暑期研修班和“2010年暑期中小学生读书系列活动”；依托党校图书馆委员会实施中央党校与各省级党校图书馆的三大数据库合作建库工作；依托医院图书馆委员会设立首届人才奖励基金，进一步深化科研基金课题成果，推动医院图书馆规范管理进程。

依托社区与乡镇图书馆专业委员会召开第九届中国社区乡镇图书馆发展研讨会，主题为“基层图书馆的创新服务与可持续发展”；依托图书馆史研究专业委员会召开第三届图书馆史学术研讨会，主题为“图书馆史志编纂规划与研究”；依托全国中小型公共图书馆联合会召开 2010 年研讨会，主题为“中小型公共图书馆的合作、改革与创新”；依托民族图书馆专业委员会召开第十一次学术研讨会。

附录

中国图书馆学会中小学图书馆委员会第四届理事会负责人名单

姓名	性别	工作单位	职务	学会职务
李玉先	男	教育部教学仪器研究所	副所长	理事长
原永堂	男	教育部关心下一代工作委员会秘书处	原秘书长	副理事长
曹志祥	男	教育部基础教育课程教材发展中心	副主任	副理事长
骆桂明	男	教育部中央教育科学研究所中国德育杂志社	原副社长	副理事长
顾　敏	女	教育部教学仪器研究所协调中心	处长	副理事长
哈　达	男	内蒙古教育技术装备中心	主任	副理事长
肖　京	男	辽宁省教育技术装备中心	主任	副理事长
陈金才	男	浙江省教育技术中心	书记	副理事长
彭学善	男	山东省学校生产供应管理处	处长	副理事长
李建新	男	湖南省教育生产装备处	主任	副理事长
余　跃	男	重庆市教学仪器管理处	书记	副理事长
曹　岩	男	陕西省教育厅教育技术装备管理中心	主任	副理事长
杨　明	男	新疆生产建设兵团教育技术装备管理中心	主任	副理事长
袁　华	男	南京师范大学图书馆	教授	理事长助理

中国图书馆学会中小学图书馆委员会第四届理事会秘书处负责人名单

姓名	性别	工作单位	职务	学会职务
骆桂明	男	教育部中央教育科学研究所中国德育杂志社	原副社长	秘书长
陆如俊	男	上海市教育委员会中小学图书馆工作委员会	秘书长	副秘书长
徐学鹏	男	北京市朝阳区教育局教育装备中心	主任	副秘书长
姜一平	男	江苏省教育装备与勤工俭学管理中心	副主任	副秘书长
康　敏	女	河北省教育技术装备管理中心	主任	副秘书长
陈德光	男	重庆市教育信息技术与装备中心图书装备部	主任	副秘书长
许方方	女	人民出版社人民书店总店	总经理	副秘书长
何雄健	男	三环出版社	副总编	副秘书长